无言之言——跨文化视域下中国和西班牙语族群的非语言对比

朱 凯 黎 妮 高洋洋 著

（2016年度大连外国语大学学科建设专项经费资助项目）

对外经济贸易大学出版社
中国·北京

图书在版编目（CIP）数据

无言之言：跨文化视域下中国和西班牙语族群的非语言对比 / 朱凯，黎妮，高洋洋著. —北京：对外经济贸易大学出版社，2020.8

ISBN 978-7-5663-2196-1

Ⅰ. ①无… Ⅱ. ①朱… ②黎… ③高… Ⅲ. ①汉语–对比研究–西班牙语 Ⅳ. ①H1②H34

中国版本图书馆 CIP 数据核字（2020）第 156796 号

无言之言——跨文化视域下中国和西班牙语族群的非语言对比

朱　凯　黎　妮　高洋洋　著

责任编辑： 史伟明

出版发行：对外经济贸易大学出版社
社　　址：北京市朝阳区惠新东街 10 号
网　　址：www.uibep.com
资源网址：www.uibepresources.com
邮政编码：100029
邮购电话：010－64492338
发行部电话：010－64492342
E-mail：uibep@126.com

成品尺寸：170mm×240mm
印　　张：16
字　　数：296 千字
ISBN 978-7-5663-2196-1
印　　刷：北京九州迅驰传媒文化有限公司
版　　次：2020 年 8 月北京第 1 版
印　　次：2020 年 8 月第 1 次印刷
定　　价：59.00 元

前　言

西班牙语热在我国已经持续了相当一段时间，国人在对这门外语感兴趣的同时，自然也关注到西班牙文化的特点，因为二者相辅相成，密不可分。缺失文化，语言将不复存在；不了解其文化，也很难真正掌握其语言。作为中国人，有必要从我们的东方视角去观察和研究以西班牙语为母语的各民族的文化，从而横跨东西方两种文化的领域，在不断研习的基础上，逐步扩大我们的视野，不断调整我们看问题的角度，不断丰富和加深我们思考不同文化的理念。于是我们进入了一个新鲜而有趣的空间：跨文化交流。

跨文化交流学也是这些年极受瞩目的一个学科。中国人大踏步地跨入国际社会的各个层面，迅速开展着与多种文化的交往，冲撞与交融在交叉进行着。

人类的交际史，或曰交流史，和人类的历史一样古老。其基本形式只有两种：语言交流和非语言交流。语言交流早已为人所知，所研习。而非语言交流似乎仍是雾里看花。本书邀请读者走进这一领域，而且是走进其中最有色彩、最有味道的一个园地——西班牙语国家的非语言交流，认识其形式和特点，并将其与中国文化中相应的交流方式做简单的对比研究。在这里，我们把西班牙语国家（包括欧洲的西班牙与拉美的 19 个西语国家和地区，非洲的赤道几内亚暂不列入）的非语言形式的交流文化作为一个板块，和东方板块并排放置，去观察、揣摩、比较、分析、认识。

20 世纪 90 年代以来，国内已经出版了不下几十种非语言交流的书籍。但是，本书是唯一一部把眼光投向那个以西班牙语为母语的将近五亿的庞大人群的著作，力图把他们的非语言交流习惯呈现在中国读者面前。这是个填补空白的工作。

下面我们进一步介绍一下本书的几大特色。

特色之一，是理论性与实践性的结合。

理论部分包括非语言交流的概念、分类、功能、主要意义符号、与文化的关系等等。但是作者的意图不仅在此，更重要的是把上述内容引入与社会学、人类学、心理学、民俗学、语言学紧密相关的跨文化环境中，也就是非语言交流的应用目的。因此，书中安排诸多中、西两种非语言文化的案例和相链接的知识，既可以验证理论，又可以推动实践；同时，也帮助读者不断思考，不断调整自己的思维和行为方式，以契合理论。

特色之二，本书的参照者是西班牙语族群。

之前，相关出版物多以英语、俄语、日语等文化群体为研究对象，几乎从未聚焦西班牙和拉美的西语国家。然而这个巨大的板块绝不容小觑，从近5亿的人口数量和约2 000多万平方公里的疆域上看，所占优势仅次于英语和汉语。而从其文化影响力来看，历史上的西班牙帝国在16、17世纪呈横跨欧、北非、北美、南美大陆之势，在亚洲还占领了菲律宾（注意它的国名，来源于西班牙国王费利佩二世，旧译腓力二世）。而且其殖民方式不同于大英帝国，它采取的是全方位的方式，即从社会制度、语言、信仰到生活方式一律模仿宗主国，全盘西化，或者起码是混血模式。这一过程几乎是削皮挫骨的大换血，以至于时至今日，不仅拉美的绝大部分重要国家（墨西哥、阿根廷、智利、古巴、秘鲁、哥伦比亚、委内瑞拉等），连距西班牙万里之遥的菲律宾也保持着许多与西班牙一脉相承的文化习俗，比如姓氏、地名、宗教信仰、传统习俗等。最关键的当然是语言的同化，由此脱颖而出了一个拉丁美洲(Latinoamérica)，也曾叫伊比利亚美洲（Iberoamérica）、西班牙美洲（Hispanoamérica）或者印第安美洲（Indioamérica）。自美国一墨西哥边界的布拉沃河（美国人称之为格兰德河）向南，直到南美洲最南端的合恩角，在这片无边无垠的土地上生活的人，彼此几乎都可以通畅交流，包括说葡萄牙语的巴西人。难怪有的欧洲人嘲讽道，“……整个南美大陆被打造成了语言学校，西班牙人把他们伟大的文化出口了。”（马克斯·胡贝尔 & 罗伯特·特来希勒，2009：61）

需要强调的是，在21世纪的今天，西班牙和拉美国家在政治、经济、贸易、金融、文化交流方面，和中国保持着密切的合作，在那片广袤的地域，五星红旗早已成为人人皆知的文化政治符号。

特色之三，本书的非语言交流特指跨文化交流背景下的非语言交流。

对非语言交流的研究有不同的范围和不同的角度，可以从心理学、社会学、人类学、文化学或社会学的角度来分析，其展现的舞台可以是在一国之内的地区之间、阶层之间或者民族之间，可以是国家之间，也可以是种族之间、大洲之间。本书是把非语言交流放在中国—西班牙/拉丁美洲的跨文化背景之下，研究各自的特点、彼此的差异、可能出现的冲突以及冲突的形式和形成的原因，而最关键的是，如何应对差异和解决冲突。

在跨文化交流中，语言交流是公开的，明显的，清晰的，其规律是有章可循的。而非语言交流是隐蔽的，模糊的，其规律可能是不为人熟知的。不同文化的非语言交流形式之间的差异往往会造成阻隔、误解、距离感，甚至冲突。对同一个手势，西班牙人、墨西哥人和中国人可能有不同的理解；在某种场合的人体距离，中国人可能会认为过于接近，西班牙人会认为基本合适，而墨西哥人会觉得距离太远。至于动作的节奏、音调的高低、话语的轮换方式、对时间的把控，沉默、微笑、眼神、手势、体势等等，不同文化群体会有一定相似和更多相异的表现和理解。现代人出于对交流（留学、旅游、商务、移民、涉外活动等）的需要，应该对此有所了解。

特色之四，是设置一定数量的“中—西—拉”非语言交流的案例分析和案例介绍。

有比较才有鉴别，有鉴别才能应对。中国文化的非语言语汇千姿百态，并且与西方符号千差万别，正是这样的个性才给外国人留下一个印象：神秘，深不可测，因为我们的特点几乎是独一无二的。比如，中国传统文化对色彩的特殊认知（大红——富贵吉祥，明黄——帝王之色，白色——卑贱或凶丧等），中国人赋予手势的特殊指称意义（如从一到十的数字演示），中国人对副语言的独到理解和运用（如沉默的深刻含义），中国人对空间的组织（四合院，北京皇城的布局，福建的土楼）等等。这一切与西班牙语族群文化有较大差异。本书对案例的解析，就是要帮助读者客观有效地缩短对“我们”和“他们”之间在非语言交流方面的距离。此外，还照相式地还原了一些案例，给读者提供了一个了解、思考和分析的机会。

特色之五，是引进了问卷调查。

针对每个篇章的主题，编者设计了一系列问卷，采访了来自西班牙和拉美一些国家的学生、教师以及其他职业的人，他们作为不同民族、年龄、性别、受教育程度和社会阶层的代表，分别表达了对相关问题的认知。问卷的内容将有利于读者对本书内容的进一步了解，同时也如同读者和被采访者的一次交流。

特色之六，是配置了部分西班牙语语例。

由于本书的研究对象是西班牙语族群，作者有意识地保留了一些引文的西班牙语原文（部分在注释里体现），还配置了若干西班牙语的语例，供西班牙语言文化专业的读者研习。

最后，需要强调的是，西语族群是举世公认的最善于用非言语符号进行交流的人群之一。放大尺度的肢体语言，个性鲜明的表情，频繁的目光接触，抑扬顿挫的语音语调，立体交叉的话语轮换，五光十色的配饰等等，都是他们用来表意的方式。我们和西语族群之间的差异是不言而喻的，值得研究和比对。

在有些章节的后面，我们设置了知识链接，作为正文的外延和补充。还安排了案例介绍及案例分析，前者如同课后提问，启发读者去思考问题，复习正文的核心思想；后者是范例，加深读者对相关问题的理解。大部分篇章之后都附上了推荐书目，这些书的内容与该篇的某些内容有关，可以帮助读者开扩思路，拓宽知识面。

此外，本书还采用了部分西班牙语的影视资料和网络资源，使读者能够直观地进入中国和西班牙/拉美国家的非语言环境中，去亲身体验差异，并结合书中阐述的相关理论和提供的策略加以判断和理解。

《无言之言——跨文化视域下中国和西班牙语族群的非语言对比》由三位作者合著，朱凯负责前言、第 1 章、第 2 章、第 3 章、第 4 章（4.2）、第 5 章（5.1、5.3、5.4.1、5.4.2）、第 6 章、第 7 章、第 8 章（8.1、8.3）和结束语的撰写。黎妮负责第 4 章（4.1、4.3）、第 5 章（5.2、5.4.3）和第 8 章（8.2.1、8.2.2）的撰写。高洋洋负责第 8 章（8.2.3）和附录部分的问卷采访的组织、设计和西汉翻译的工作。黎妮和高洋洋还兼管影视资料和其他文献资料的安排以及本书撰写的所有组织工作。采访录音语料转写工作由杨非凡、张单单、米娜、马胤妃、王佳丽、姚英静、吴芙蓉、洪城宇、沈青晋、田恬（排名不分先后）几名学生协作完成，特别表示感谢。

作者希望，读者可以通过本书由浅入深，由表及里，逐渐熟悉非语言交流以及西语族群的非语言系统的特点，进入中西比较的各个环节，并且掌握一定的策略和技巧，以应对当前跨文化大背景下的非语言交际。

最后，作者想表示一点遗憾。新冠疫情的突然爆发，席卷全球，对人类的非语言交流也造成极大的冲击，迫使人们改变自己沿袭已久的生活方式和思维方式。对此，许多国家反响强烈。作者本想将这些现象收入本书，但是时间仓促，资料的搜集和分析尚不能到位，只能留待合适的时机再做补充了。

目　录

第 1 章

走进非语言交流

什么是交流；什么是非语言交流；非语言交流的内容；非语言交流的功能

1.1 什么是交流（comunicación）

史密斯（A. D. Smith）说过，“哪里有人类交往，哪里就有交流，交流是人们生存与社会保存自身文化的必由之路。”[1]

确乎如此，不仅在人口稠密的大城市里人们在交流，即使在人迹罕至的安第斯山区和亚马逊热带雨林中，凡有人群活动的地方，交流就必不可少。人类社会和文化就是这样通过人与人的沟通得以保存、延续和发展。

那么，如何给**交流**下一个比较恰当的定义？

在学者们给出的约 200 个定义中，我们根据本书的宗旨比较认定的是：

✧ “人类交流就是出于某种关系、群体、组织和社会中的个人向环境，或相互之间发出的信息和进行反馈，以便与之适应的过程。”（鲁本&斯迪沃特，1998）

✧ “双方经由交换符号，来建立一个互相依赖关系的相互影响过程。”（陈国明，2009：18）

✧ “El proceso de la comunicación humana se explica como la transmisión de señales y la creación de significados.”（Clevenger y Matthews，12-14；176-179）（译文：人类交流的过程，就是传递各种符号和确立各种意义。）

众所周知，人类的交流方式基本有两种：语言交流和非语言交流。前者指说和写两种形式，即用口头语言和文字来进行交际；后者是指所有非经由语言系统传递的信息，例如前言中所提到的表情、体态、服饰、语音语调等所包含的符号。但是无论前者还是后者，都遵循交流的本质模式：信息发出者（emisor-codificador）通过编码（encodificar），通过某种渠道（canal）发出信息

（código-mensaje），接收者（receptor-decodificador）通过解码（decodificar）接收信息，再予以反馈（retroalimentación）。在这个沟通过程中，还要加上环境和噪音（ruido）两种要素。根据这个模式可以知道，人类的交流是一种互动的过程，以上要素贯穿其中，缺一不可。

按照美国学者拉里·萨默瓦（L. A. Samovar）的分析，交流具有如下特点：交流是一个动态过程，交流是系统化的，交流是符号化的，交流产生推断，交流可帮助自省，交流产生效果，交流是复杂的。

作为过程（proceso），交流不是静止不动的，而是在不停地变化，新的因素进来，取代旧的因素，旧的消失，新的在不断出现，就像奔流不息的大河，“后浪推前浪”。我们在进行交流时，自己在不断发出信息，对方在接收信息的同时，也在不停地反馈。信息不间断地置换，相互作用，转瞬即逝，从而推动了过程的延续。

所谓交流的系统化是指交流的发生必须与以下几个环节相关：

环境或背景、场所和场合、时间、文化背景、交流中的人数等。

我们可以把上述因素看作是环环相扣的系列：

——背景

交流发生在特定的环境下，会有特定的规则和要求，比如在美国进行一次商务谈判与在哥伦比亚就会有不同的交流方式。

——场合和场所

场合规定了具体环节，婚礼和葬礼就大相径庭，无论是着装还是行为举止都要遵循各自的交际规范。

——时间

时间为交流提供了有限的空间，影响着交流，在现代社会任何一次交流活动，哪怕是一次邂逅，一次谈话，都会有或多或少的时间约束。

——文化背景

文化背景的作用不言而喻，萨默瓦说，“一种文化的惯例、价值观、社会规范、传统、禁忌及习俗都影响着交流系统的其他各个部分”（2004：27）。

——交流中的人数

指在交流活动中，交流对象的多寡对交流本身产生的影响。例如多数人在私下交谈时更为放松，而在公众面前会显得紧张。不仅谈话者的情绪和精神状态受到牵制，连说话的方式和用语都有所改变。最明显的例子是电视访谈节目，即使是平日出口成“脏”的人，也会尽量出语谨慎，因为他知道他面对的是人数众多的电视观众。

交流的第三个特点是符号化。我们人类用各种约定俗成的符号——语言的和非语言的来互动，我们用符号来表达思想和情感，而这些符号因文化而异。在中国过节，讲究“张灯结彩”，灯和饰物往往是大红色。在西班牙和拉美国家过圣诞节时，虽然也张灯，但是习惯上用白色，街道上悬挂着用银白色灯组成的各种图案。在中国的寺庙里，善男信女用焚香来拜佛；而在斯里兰卡，信徒们用鲜花——莲花、茉莉等供佛。虽然他们都是表达一种宗教感情，但是所用的符号不同。

交流产生推断，这是因为人们只有互动才能促进对彼此的认知，只有通过语言和非语言表现，才能做出推断或结论。达摩面壁十年不等于他没有发出任何交流信息，否则后世就不会把他奉为虔诚和执着的化身。北欧人的交际风格明显和拉丁民族不同，而正是前者的简约式交际符号（如寡言少语、内向、装饰风格的“性格冷淡”等）帮助外界得出了芬兰、挪威、冰岛等民族具有含蓄和内敛的交流风格的结论。

关于交流促进自省这一特点，仁者见仁，智者见智，并非所有的文化群体都受其制约。但是可以肯定的是，通过交流，人们不仅认识了别人，也在不同程度上看见了自己，看见了自己的长处和短处，有理智的人会做出客观的比较，会自省。当然，有的反之。

交流产生效果。交流既然是一个动态过程，其序列的终端必然有结果。参与交流者会有意识或无意识地接收信息并予以反馈，这种反馈或反应均来自于文化。所以任何信息都会产生影响力，或大或小，或积极或消极。

交流是复杂的，这不言而喻。交流的程序有编码和译码、代码、意义以及控制这一切的文化因素，当然还有生理因素，它们的综合作用产生了交流。另外，人与人的差异，民族与民族的差别，文化与文化的距离，都使得交流变得更为复杂。

我们用两位大师的话作为本节的结语：

E. 霍尔：“文化即交流。”（2010：94）

季羡林：“世界上任何民族，不管是大民族，不管是小民族，从它有历史那一天开始，就是文化交流的历史。”（2016：100）

1.2　什么是非语言交流

1.2.1　非语言交流的定义

智利大诗人聂鲁达（Pablo Neruda，1904—1973）在他的《回首话沧桑》（*Confieso que he vivido*）中有一段关于他和格瓦拉初次见面的描述：

“我与切・格瓦拉的第一次会晤完全是另一种情景。这次会晤是在哈瓦那进行的。夜间将近一点钟的时候，我应邀到财政部他的办公室去见他。他和我约定的时间是半夜，可是我参加了一个没完没了的官方活动，又被安排坐在主席团里，因此我耽搁了。

切足登长靴，身穿军服，腰间别着手枪。他的装束与办公室的银行气氛很不协调。

切皮肤黝黑，说话缓慢，阿根廷口音很重。他是那种适于在大草原上一杯一杯地品着马黛茶，慢悠悠地交谈的人。他说话的句子简短，并总是以微笑告终，仿佛意犹未尽。”[2]

这段描述有时间、地点、场景和人物，有人物的外貌、言谈方式、口音、节奏、表情、动作、着装方式等，每一个成分都在传递着某种信息，来告诉读者，切是个什么样的人。用这类与语言和文字无关的方式进行的交流就是非语言交流。西班牙著名社会学家阿曼多·德米格尔（Amando de Miguel）的一段话对此是很好的诠释：

“良好的举止并不仅仅体现在说话或文字上。我曾经说过，还有另外一种语言，比如用身体、服饰和身边的器物来表达。很多人用自己的汽车说话，他们随时随地炫耀自己的爱车。而外衣翻领上佩戴的徽章就如同一份本人核心思想的宣言。在有关地域方面，说话的口音是身份的另一个标志，已经超过了阶级和意识形态。”[3]（1991：112）

再举一例，鲁迅先生有诗曰：“横眉冷对千夫指，俯首甘为孺子牛。”这里有一组相对立的非语言符号：“横眉”和“俯首”，前者是面部表情（expresión facial），后者是身体语言（lenguaje corporal），一个是面对敌人的铮铮铁骨，一个是对人民的披肝沥胆。诗句的具象表现给人留下了深刻印象。李白的“安得摧眉折腰事权贵，使我不得开心颜”，也提供了非常贴切的非语言交流的范例，既有动作，也有表情，而表现的是操守。

那么，具体来说什么是非语言交流？答案非常简单，如上所说，指所有经由与语言无关的途径所传递的信息。

有些学者的界定与此大致类似。例如，西班牙的塞斯特洛（Ana María Cestero Mancera）指出，非语言交流“具有极其广泛的含义，因为它包括所有有交流意义的非语言符号和非语言符号系统”。（“posee un significado extraordinariamente amplio，ya que alude a todos los signos y sistemas de signos no lingüísticos que comunican.”）（1998：7）

这个定义更具体些，包括了非语言的符号和符号系统。

拉里·萨默瓦（Larry A. Samowar）的定义是，“非语言涵盖了某种交流情景下的所有非语言刺激因素，这些刺激因素是通过信源及其对环境的利用产生的，并且对信源或信宿具有潜在的信息价值。”（2004：202）

罗纳尔德 · 阿德勒和普罗科特（Ronald B. Adler & Russell F. Proctor）的定义是“通过与语言无关的（nonlinguistic）途径呈现的信息”。这个定义排除了手语和书写文字，“但是却包括经由不具字词的声音所传达的信息——叹息声、笑声、清嗓子声和其他各种混杂的噪音。除此之外，这样的定义可以让我们探讨说话的非语言向度上的特征，包括音量、语速、音调，诸如此类。这也包括了更多抽象因素，比如生理外貌、沟通的情境、我们彼此或近或远的距离、我们用了多少时间等，当然，也包括大多数人所认可的非语言沟通特征：身体语言、姿势、面部表情等等。”（2016：214—215）有关这一部分，在 1.3 小节会继续探讨。

关世杰认为，非语言交流“指的是在交流环境中除去语言刺激以外的一切由人类和环境所产生的刺激，这些刺激对于交流双方具有潜在的信息价值。或者说，非言语是人类在语言之外进行交流的所有符号。”（2005：260）

本书的研究基本以上述界定为依据。

1.2.2　非语言交流研究的发展过程

很早以前，人类就开始了对非语言的研究。我们从《论语 · 乡党》中可以看到孔子对交际形式的重视。“朝，与下大夫言，侃侃如也；与上大夫言，訚訚如也。君在，踧踖如也，与与如也。”仪态在不同的社交场合有所变化，这在两千多年前已有定规了。

对于非语言交际的科学研究则始于达尔文的《人类和动物的表情》（*The Expression of the Emotion in Man and Animals*，1872），而对这一专题的全面系统的研究，起始于 1955 年，当时一些美国的精神病学家、人类学家和语言学家合作对人类的行为方式展开研究，其影响波及后世，催生了大量非语言交际的学术著作，从而带动了 20 世纪 80 年代非语言交流学的发展和兴起。

代表性的专著包括：

Birdwhistell，*Inroduction to Kinesics*，1952

E.T.Hall，*The Silent Language*，1959

Ruesch and Kees，*Nonverbal Communication：Notes and Visual Perceptión of Human Relations*，1956

Fast，*Body Language*，1970

20 世纪末，非语言交流学被引进中国，很快在学术界掀起一股热潮，许多经典被翻译成中文，特别是霍尔的几部名著（如 *The Silent Language*，*The Hidden Dimension*，*Beyond Culture*，等），更是为非语言交流学的研究和推广打下坚实的基础。与此同时，一些国内学者陆续发表了专著和论文，推动了这一学科在中国的拓展。例如：

耿二岭，《体态语概说》，北京语言学院出版社，1988
范蕴华、李杰群，《实用体态语》，北京出版社，1991
贾玉新，《跨文化交流学》，上海外语教育出版社，1997
胡文仲，《跨文化交际学概论》，外语教学与研究出版社，1999
毕继万，《跨文化非语言交际》，外语教学与研究出版社，1999
李杰群，《非言语交际概论》，北京大学出版社，2002
云贵彬，《非语言交际与文化》，中国传媒大学出版社，2007
车琳，《非言语交际成分多维度研究》，黑龙江大学出版社，2016
等等。

非语言交流学的研究热度至今仍在持续。

1.3 非语言交流的内容及分类

非语言交流不是一种单一的研究，而是跨学科的、涵盖宽泛的学说。

学者肯顿（Johe C. Condon）把非语言交流学的研究内容分为 20 种，而巴博和科里斯（L. Baber & N. Collins）则划为以下 16 种：人体语、面部表情语、眼神语、手势语、体态语、接触语、副语言、气味语、相貌服饰语、时间语、空间语、色彩语、图画语、艺术语、环境语、花语及其他。

根据目前对这一学科的理解，我们可以把交流领域中的多项元素归纳其中：表情、手势、肢体动作、身体节奏、目光、服饰、环境、人体间距、体触、标识、信号、时间观念、语言行为中的话语轮换及节奏和发音特点、沉默、色彩认知等等。

这个元素群看似包罗万象而且庞杂无序，实际上是包涵了种种潜在的信息，构成了一个长长的知识链，紧紧地环绕着交际或交流这一终极目的。

简单举几例以说明。

服饰：

只有在当代，服饰才主推时尚功能。而在古代有阶级以来，无论中西，其首要作用是社会功能。在中国，长衫与短衣，戴冠与无冠，衣饰有纹绣与白衣，黄袍加身与衣褐，都是不同阶层的符号。在西班牙，王冠和权杖象征帝王的身份，中世纪男人佩剑标明其武士或骑士的地位；此外，像教士的长袍、主教的戒指、摩尔人的包头巾……无一不是某种象征：身份、地位、种族、信仰、权力及其他。服饰是社会符号，随时随地在昭示其交际作用。

标识：

标识无处不在。比如在拉美地区，我们可以看到医院的红十字、天主教教堂的十字架、伊斯兰教清真寺的新月（例如在圭亚那）、大学的校徽、街道上的信号灯、禁止停车的标志、禁止拍照的标志、印第安保护区的标志、自然保护区的标志……特别值得一提的是拉美各国的国旗和国徽的象征意义及其丰富的文化历史内涵：墨西哥的仙人掌以及鹰和蛇、厄瓜多尔的大兀鹰、秘鲁的金鸡纳树、弗里吉亚帽等，都有明确的意义。

那么，非语言交流如何将这些广博的内容分类呢？分类的标准不尽相同，但是比较合理并且得到大多数学者认可的是下面这种。

非语言交流基本分为五类：

✧ 体态语（kinésica）

体态语的内容包括面部表情、目光、手势、人体动作和姿势。

✧ 副语言（paralenguaje）

指不具备实际语义的符号，例如哭泣声、笑声、哈欠、音质、音量、语速、话语的轮换以及沉默等。

✧ 体距学（proxémica）

指人类的空间关系，包括人体距离、人与环境、人的领地观念等空间与人类交流之间的关系。

✧ 时间学（cronémica）

主要研究人对时间的概念、掌控以及使用的方式。

✧ 客体语言（lenguaje objetual）

包括着装和化妆的方式、佩戴的饰品，以及所有具有交际功能的与人相关的物品，如烟斗、手包、家具、私家车等。

有些学者增加了艺术语（音乐、舞蹈、哑剧、雕塑、建筑学等艺术形式）、环境语（场合、室内装饰、温度、光线、色彩等）以及其他内容。（关世杰，2005：261）

笔者认为，非语言交流涵盖的范围基本被各家所认可，只是分类的方法和使用的术语不同罢了。比如上面的艺术语中的部分内容已被包含在体态语（kinésica）中，而环境语和客体语言互相渗透。本书采用的分类只是一个比较宏观的概括。

根据目前的研究，会有更多的元素被归纳到非语言交流学的领域中。

综上所述，我们可以认定非语言交流在人类交流中的重要性和不可替代性了。下面两组数据可以进一步予以确认：（1）莱伊·伯德克斯戴尔（Ray Birdwhistell）指出，“在两个人的交谈中，只有35%的交际信息是通过言词来传递的，其余65%通过非语言沟通的形式，也就是说通过说话的方式、身体动作、手势和表情以及对空间的掌握。”（2）阿尔伯特·梅拉宾（Albert Mehrabian）说，“从别人身上获取的信息中，7%是通过语言，93%通过非语言方式，其中38%借助于有声

形式（语调、音量、语速、音质等等），而55%是用面部表情来传递的。”（E.McEntee，1998：384）

1.4 非语言交流的功能

在一般情况下，非语言交流行为常常配合语言行为，起到如下作用。

强调（acentuación o afirmación）。当人们在表达一种观点或者一个意思时，常常不由自主地用一个非语言符号加以强调，如做一个手势，或者脸上流露出某种表情，或者用眼神或其他肢体语言加强自己语言的效果。

例如，当有人在愤怒地说“这决不可以”时，会重重地拍桌子，用这个动作加强语言的份量。

重复（repetición）。当人们说“Sí”时，会点头；说“No”时，会摇头；说“Yo”，有时会拍拍胸膛。这些非语言符号的作用就是重复语言表述的内容。

替代（sustitución）。有时人们不想用语言来表达感受，非语言符号便可以起到替代作用。例如，你问朋友“最近一切可好？”他的回答可能是用手作出OK的手势。你问孩子“这次考试成绩如何？”孩子可能低下头，眼睛看着地。在这种情况下，任何有经验的家长都明白，孩子考砸了。

补充（complementación）。语言没有说到的，非语言行为可以弥补。老师在指出学生作业中的错误后，轻轻地拍拍学生的肩膀，以示鼓励。

否定（negación o camuflagar）。指语言所表达的内容与非语言表达的内容互相矛盾，后者否定前者。例如，甲平静地对乙说“我不介意你没邀请我参加生日派对”，但是与此同时他紧皱双眉，表情冷淡，表明他实际上非常介意。

调节（regulación）。非语言可以调节或调整交际气氛。比如在开会时，发言者超过了时限，大会主席会夸张地看看手表，示意他尽快结束。

图像功能（graficación）。人们在描述某种物体或某个人时，常常用手势或者其他非语言符号来表示大小、高矮、胖瘦、长短等，或者用图示来表示特定的含义。在海军旗语中，信号员手执两面旗子，向下成45度角表示“N”，两面旗子一面指向上，另一面向下表示则表示“D”，“N”和“D”即是“核裁军”（nuclear disarmament）英文单词的首字母缩写。杰劳德·霍尔通（Gerald Holtom）将二者合为一体，化为简单的线条，又在外面画了一个圆圈，当今世界被广泛使用的反战标志就此诞生。

象征功能（símbolo）。指具有某种固定的象征意义的符号，这类符号是约定俗成的，往往受某种文化传统制约，其象征意义来源于这种文化背景。比如，镰刀和斧头组成的图案多为劳动党和共产党等左翼政党的标志；玻利维亚前总统莫拉莱斯（Evo Morález）一向采用艾玛拉（aymara）部族的装束，象征他的印第安人的身份。

此外，还有弱化功能、掩饰功能等等，在此不一一说明了。

1.5　非语言交流的特点

从性质上看，人类的非语言行为分为两种，先天的和后天的。婴儿出生后的许多动作和表情属于本能，而随着他的成长，后天习得的非语言行为会越来越多，其源头是他所处的环境的文化。

文化对于非语言行为的潜移默化的影响远远超出人的本能。一个婴儿的笑容是无意的，而一个三岁的孩子的笑容往往是有意的，和环境的刺激有关。一个成年人的笑容就复杂了，微笑、狂笑、冷笑、惨笑、狞笑、浅笑、凄楚的笑、得意的笑、礼节性的笑……这种种"笑"大多受文化的影响，所以才使得西方人有时不理解东方人的笑，因为其形式和内涵有自己的独特文化意义。在西班牙和拉美大部分国家，吻脸或贴面是一个再普通不过的问候方式，无论是在两性之间还是女性之间。在中国显然不可以（不包括部分少数民族地区），因为有悖于传统文化。总之，文化与非语言交流之间形成了制约和被制约的关系。

非语言交流的另一个特点是其"泄露性"。所谓"泄露性"是指非语言符号常常能揭露语言本身的虚假性，或暴露人的真实情感或情绪，因为非语言行为在某种程度上也受控于生理反应。比如人在说谎时，在企图掩饰恐惧时，在竭力控制紧张情绪时，他的目光、面部肌肉、腿的动作、音调、语速等都可能泄露真相。语言符号和非语言符号可以一致，甚至于重合，但是也会相互矛盾。在此情况下，一些有经验的人往往更相信后者，因为它有"泄露性"。正如弗洛伊德说的，"我们可能口出谎言，但是我们身上的每一个毛孔都渗出背叛的信号"。

我们在学习非语言交流时，非常忌讳把符号简单化或程式化：眨眼是挑逗，两手交叉在胸前是防卫，男人穿粉色衬衣是同性恋，戴十字架吊坠是虔诚的基督徒，目光躲闪表明在说谎，等等。经过实际调查，这些结论可能是对的，也可能是错误的，因为非语言行为具有模糊性，一个符号可以有多种解释，不同的使用者、不同的文化背景、不同的语境，都可以改变其意义。由于在现实生活中，例如商务谈判、外事谈判、学术活动、日常接触、社交活动等，都存在着大量非语言信息，所以在不同的文化环境中，特别是在国外，要学会了解并解码非语言沟通的特殊语汇，以促进交流的进行。否则，误会、误解乃至冲突会在所难免。

陈国明教授的观点是把非语言交流的特征归纳为三点：无所不在性、关系性以及文化制约性。第一点在上面已经提到，第三点在2.1节详述。关于第二点关系性，陈国明是这样解释的："非语言讯息虽然具有功利性的作用，诸如警察用哨子、双手或身体的扭动指挥交通，但它们更常常用于表现人与人之间的互动或社交关系。也就是说，比起语言，非语言讯息更能表达出人类相互包容（inclusion）、相互关爱（affection）及相互影响或控制（control）的社交需求（social needs）关系（Schutz，1958）。"（2009：118）

1.6 非语言交流无处不在

在人类的交流活动中，非语言交流是无处不在的，是全方位存在的（omnipresencia）。人在交流环境下，他的所有语言和非语言符号都被激活了，即使他一动不动，面无表情，默默无语，他的目光、服饰、站姿等无一不在"说话"。在一个环境中，即便是没有人出现，环境也在"说话"。在西班牙一些古老的小镇，仍可以看到旧日贵族的宅邸。阿索林（Azorín）在他的散文集《西班牙》（*España*）里逼真地描绘出岁月给这些当年的豪宅留下的痕迹：摇摇欲坠的族徽，沉重的巨大橡木门，残破的庭院，烟熏火燎的壁画，小教堂里曾经烛光摇曳的祭坛…… 这些细节就是交流中的非语言代码，明眼人可以从中读出主人家族的身份和往日的辉煌。（Azorín，*España.*）

在西语报刊或其他出版物（包括文学作品）中，常看到下面的例子：

1. Parece hace poco que los españoles，sentados ante la TV，llevan las manos a la cabeza al ver las barbariedades perpetradas por la mafia en el extranjero.

（参考译文：仿佛就在不久之前，西班牙人在电视上看到黑手党在国外犯下的罪行时，都惊讶不止。原文是"双手抱着头"，表示大惊失色。——编者）

2. China y crisis son antónimos. Por lo menos en el sector de automoción. Mientras los mercados tradicionales se lamen las heridas de la coyuntura económica global y los fabricantes bucean en los números rojos，el gran dragón pisa el acelerador y escupe fuego...

（参考译文：中国和危机这两个词是反义词。至少在汽车领域是这样。全球经济形势下的传统市场，在默默地舔伤口，而当工厂都跌入赤字危机的时候，这条巨龙踩下了油门并吐出火焰……）

3. En realidad me avergonzaba de mi hermana，del rebioso carmín de sus labios，de la insistencia por aparecer vestida con los modelos más llamativos y excéntricos，de la estela de perfume penetrante que，horas después de su partida，serpenteaba aún por galerías，corredores y cláustros...

—C. F. Cubas：*El año de gracia*

（参考译文：事实上，我为她感到羞愧：她那涂抹得猩红的嘴唇，她那种外出时必穿的招摇的奇装异服，她身上那种刺鼻的香水味。那股气味在她离开后几小时还在回廊间、过道上和修道院里萦绕不散……）

4. No he estado nunca en Sicilia. Mi imagen del deforme balón al que la bota italiana parece pegarle una permanente patada en el mapa está formada por películas，series，libros y reportajes en prensa.Y esa imagen la componen tipos de mirada torva，ceño fruncido y pistola en la cintura，calles peligrosas，oscuridad，ambiente cargado ...

—*Provincia*

（参考译文：在地图上，西西里就像个被靴型意大利踢扁了的皮球。我从未去过那里，对西西里的印象都来自于电影、电视剧、书籍和报纸，这些印象充斥着目光凶狠，疾首蹙额，腰里别着手枪的家伙们，危机四伏的街道，昏暗、沉重阴郁的环境……）

上述几例中，非语言符号（以手抱头、舔伤口、踩加速器、口红、奇装异服、香水、目光、表情、手枪、环境……）都能起到画龙点睛的作用，是不可替代的，同时也是随时随地存在的，是人类沟通的基本媒介。

当我们具有相当的文化敏感度时，我们会发现并准确地捕捉到身边的各种非语言交流信息，通过学习和研究，我们能进一步对信息进行解码，从而提高我们的交流能力。

◎ 案例介绍

古巴革命领袖菲德尔·卡斯特罗生前始终是各种新闻关注的中心人物，连他的着装方式都备受瞩目。古巴革命政权建立初期他总是穿一身咔叽布作战服，戴贝雷帽，一如当年在游击队时的装束。后来他穿正式军服，佩军衔，无论任何场合都不换，即使在联大会议上他也一身戎装出现在一群身着正装的元首中。只要稍微关注一下新闻图片就会发现，每逢他在群众集会上发言，每逢在公开场合抨击美国及其追随者的某些政策和行为，他都穿军装，像他的战友格瓦拉一样。军装就是他的标配。然而到了 20 世纪 90 年代，古巴与西方国家的关系有所松动，他破天荒穿起西服，打上领带，一时间成为国际头条新闻。他晚年患病时，穿上了休闲运动装，告别了军服。在他逐步退出政坛一线之后，常穿拉美传统的瓜亚维拉上装（guayabera）。这些非语言符号变成记者们分析卡斯特罗的政治态度、倾向、策略、情绪、状态等的有利参照物。这就是非语言交流的效果。

本章概要

*“哪里有人类交往，哪里就有交流，交流是人们生存与社会保存自身文化的必由之路。”

*非语言交流“指的是在交流环境中除去语言刺激以外的一切由人类和环境所产生的刺激，这些刺激对于交流双方具有潜在的信息价值。或者说，非语言交流是人类在语言之外进行交流的所有符号。”

*非语言交流主要包括体态语、副语言、客体语言、时间学、距离学等内容。

*非语言交流的特点基本可概括为系统性、符号化、模糊性、复杂性、无处不在性、受文化制约等以及其他特点。

本章推荐书目

毕继万. 跨文化非语言交际［M］. 北京：外语教学与研究出版社，1999.

Azorín，*España*，Colección Austral，ESPASA-CALPE.

注释

[1] A. G. Smith. *Communication and Culture*；*Reading in the Codes of Hunan Interaction*［M］. New York：Holt，Rinehart & Winston，1966.

西班牙语原文如下：

[2] “Fue muy diferente mi primer encuentro con el Che Guevarra. Sucedió en La Habana. Cerca de la una de la noche llegué a verlo，invitado por él a su oficina del Ministerio de Hacienda o de Economía，no recuerdo exactamente. Aunque me había citado para la medianoche，yo llegué con retardo. Había asistido a un acto oficial interminable y me sentaron en el presidium.

El Che llevaba botas，uniforme de campaña y pistola a la cintura. Su indumentaria desentonaba con el ambiente bancario de la oficina.

El Che era moreno，pausado en el hablar，con indudable acento argentino. Era un hombre para conversar con él despacio，en la pampa，entre mate y mate. Sus frases eran cortas y remataban en una sonrisa，como si dejara en el aire el comentario.”（p.359）

[3] Las buenas maneras no consisten sólo en lo que hay que decir，oralmente o por escrito. Yo he señalado que hay otro lenguaje，para empezar，el que emplea el cuerpo entero para comunicarse，sus gestos，su atuando，los objetos con que se rodea. Hay mucha gente que habla con el coche，que ostenta en todas las ocasiones que puede. Una insignia en la solapa como una declaración de ideas de intereses del que la lleva. El acento en el habla es el otro signo de identificación，en este caso regional，más que de clase o ideología.

第 2 章

非语言交流与跨文化交流

文化与非语言交流；非语言交流在跨文化交流中的作用；文化差异

本书的重点是探讨非语言交流在跨文化语言环境下的作用和特点，因此首先要了解两个概念：文化和跨文化交流，以及这二者与非语言交流的关系。

2.1 文化与非语言交流

首先，什么是文化？这个词的出现率极高，涵盖范围极广，过度的使用把它变得模糊不清，似乎是被雾化了。在当下，“文化”一词更是用滥了，宏观上文化可以分为国家的、地区的、民族的、团体的、历史的；也可以从微观上局限在一事一地一题，如茶文化、服饰文化、戏剧文化、客家文化等等。面对这样浩如烟海的类别，考虑到文化和非语言交流的密不可分的关系，我们只能尽量简洁地厘清这个中心概念的基本含义。

学者们给文化下的定义约 300 多条[①]，从不同的角度解读，凸现了不同的层面。我们根据交流学的特点，选取下面这 2 条定义作为本书的理论基础。

爱德华 · B. 泰勒（E. B. Tylor）：“文化是一种复合体，它包括知识、信仰、艺术、道德、法律、风俗，以及其余从社会上学得的能力与习惯。”

跨文化研究者伊莲 · 麦肯提（E. McEntee）在她的西班牙语版的 *La comunicación transcultural*（《跨文化交流》）中，也有一段精辟的论述：La cultura se puede definir como el conjunto de conductas aprendidas o la programación colectiva de la mente que distingue a un grupo humano de otro y que se transmite de una generación a otra，cambiando de forma gradual y continua.（p.163）

① 参阅克鲁克洪（C. Kluckhohn）和克洛伊贝尔（A. Kroeber）合著的《文化：概念与定义之回顾》。

（参考译文：文化可以定义为来自于某种思想的习得行为和集体编程的集合体，它使得人类群体彼此相区分，它代代相传，逐步而持续地演变着。）

文化作为人类社会长期的历史积淀并且是后天习得的行为，必然主导着交流，交流受制于文化，不同的文化产生不同的非语言交流的形式和内涵，这就是二者的本质关系。按照萨默瓦（L. Samowar）在他的《文化与传播》中表达的观点，文化与非言语交流密不可分，后者多数是文化习得的产物，人的非语言行为的形成与功效均来自于特定的社会文化环境。

下面用几个例子加以说明。

例 1：南美的印地安女性服饰

在南美的厄瓜多尔、秘鲁和玻利维亚等国家的山区，印地安妇女多数保持着一种奇特的混搭装束：裙装、短上衣、窄沿帽和披肩。这种打扮并非是传承自古代的印地安风格，而是出自 17—18 世纪的西班牙。当时的国王卡洛斯三世下达了旨意，既然印地安人已经皈依了天主教，就不能穿的像个异教徒似的。于是他规定美洲土著妇女模仿西班牙埃斯特雷马杜拉、巴斯克和安达卢西亚一带的劳动妇女的装束，连发式都规定为中分式。按照西班牙殖民者的理解，一个人的外表形象，代表了一种社会文化和社会身份，包括他的信仰。而印地安人身着宗主国的西式服装，就表明了他从里到外的臣服。服饰有了象征意义。

由此我们可以得出结论：美洲上述地区土著的女性服装样式是后天的，出自特定的文化环境，是特定的文化产物，也服务于特定的社会文化。

例 2：清朝男子的发型

清兵入关之初，做了一件令人匪夷所思的事：下达了“剃发易服”令，强迫所有的汉人男子剃头，改为满人的发型。自古以来，汉人就遵循身体发肤受之父母的思想，断发是件大事，意味着遁入空门或者因犯法而受刑。而满族人多是游牧民族，男人剃发留辫子源自于他们的生活习惯和他们的游牧文化，发肤与父母似乎并无关系。当满族人用武力一统天下后，便迫使汉人接受征服者的文化，而最明显的文化符号就是发型和服饰。汉人留发，表示遵汉制，不投降。汉人的反抗异常激烈，清朝统治者便用“留头不留发，留发不留头”相威胁。最后，为缓和矛盾，不得不对政令作了一定的修改，但是自那时起，汉族的男人便像满人一样留起了辫子，直到民国。辛亥革命之后，革新派的标志之一是剪辫子，把辫子视为封建、奴役、落后的代表。于是在社会上再次出现发型风波，这次是革新派剪辫与保守派留辫之间的斗争，最后当然是进步潮流取得了最终的胜利[①]。然而几十年后，在 20 世纪 40 年代，在某些乡村仍然能看到

① 可以参阅鲁迅先生的《阿 Q 正传》。

极少数留着小辫的老人，也许是愚昧，也许是留恋辫子所代表的那个时代。

除了上述例子，我们会发现不同文化群体的人，在交流活动中存在许多非语言差异。欧美人不理解日本人为什么频频鞠躬，中国人也不会像西班牙人和拉美人那样把“吻脸”当作问候的方式，“OK”的手势在不同的民族中有不同的解读，中国人的笑容有时会被西方人误解，拉美人在时间观上的率性会引起麻烦，等等，这些差异都受制于各自的文化背景，也就是说，“文化确定了非语言行为在何时进行，如何进行和产生什么后果的表现规则。”（Burgoon，Buller，& Woodal，1996，23）

2.2 非语言交流在跨文化交流中的作用

在 21 世纪，城市居民几乎天天都生活在跨文化交流之中，而农村居民也不再是仅仅“日出而作，日入而息”，偏于一隅，与外界无涉了，现在其交流范围日渐扩大。

跨文化交流的层面很广泛。首先文化可以分为区域文化、民族文化、社会文化、行业文化、性别文化以及其他等等。跨文化交流基本上包括上述文化内部不同层面的交流。比如，跨区域文化交流（comunicación cultural interregional）所指的是一国内的不同地区（省、市、县、乡等）以及世界范围内的不同地区（如北美、南美、东南亚、东北亚、北非、南欧等）的跨文化交流。各个地区——即使是处在同一个国家或者同一个大洲都有自己的特殊性，这些特殊性源自于本土的历史发展、自然环境、居民构成、社会形态等诸多因素。下面我们以西班牙为例。

一些西班牙学者喜欢用复数称呼自己的国家：Españas，意思是多个西班牙或多重西班牙。从气候和地貌来看，北部濒临坎塔布连海，气候湿润，属海洋性气候，终年郁郁葱葱，被称为绿色西班牙或者湿润的西班牙。中部为山地高原，是典型的大陆气候，干燥少雨，被叫做干燥的西班牙。东部和东南部面对地中海，是地中海型亚热带气候，气候温润，盛产果蔬稻米，景观异于其他地区。从传统文化上看，沿海一带在历史上大开门户，异族文明长驱直入，成为古希腊—罗马文明和伊斯兰文明进入伊比利亚半岛的通道。地中海文明浸染着加泰罗尼亚一带，近代的各种欧洲思潮也由此进入西班牙，许多改革者以这里为出发点或大本营，因此沿海地区被称为开放的西班牙。而中部的马德里一带则被叫做封闭的西班牙，因为那里是传统精神的摇篮，中世纪的骑士惯于给予外来势力迎头痛击，而不是开门相迎。南部曾被阿拉伯人占领长达近 8 个世纪，混血现象渗透到各个层面，东西方融合的民风异于欧洲其他国家。地域差别和民族差别是明显的，所以西班牙各个地区居民和各族群之间在交流上难免出现碰撞，甚至对立（例如加泰罗尼亚的分离主义），二者之间相互的调侃、嘲讽甚至语出不敬的攻讦层出不穷。

在中国又何尝不是如此。从“谁不说咱家乡好”到严重排他的网络上的“地域黑”，都能看到在跨区域交流中处处存在的差异，差异处理不好，往往会形成文化障碍。

有效沟通，有效排除障碍，这是跨文化交流的目的之一。

一国之内的跨区域交流仅仅是跨文化交流中的一个局部，覆盖面更广的是在不同民族和不同国家之间的交流。在这一过程中，语言作为沟通的手段，其作用是明显的、突出的。在重要场合，必须使用语言和文字的表述，比如政府声明、法律文本、商业信函、外交文件、国家元首的致辞等等。即使是人与人的日常交往，也倾向于用语言，因为语言是一种实在的、明确的、易于理解的交流媒介。然而，非语言交流始终伴随左右，如影随形，像霍尔所说的，是 silent language（无声的语言）。

作为无声的语言，非语言行为具有相当的隐蔽性和模糊性，因而在不同文化的交际中容易造成障碍。许多案例证明，相当多的文化冲突或者“文化休克”，都与这些无声的交流符号有关，因为彼此缺少系统的研究和深入的了解。这就是霍尔和德国学者马勒茨克（Gerhard Maletzke）等人发起和组织对于涉外人员进行有关跨文化交流的培训的初衷。

21 世纪初，某西语国家驻华使馆不公开地制作了一本介绍中国的小册子，提供给来华的该国企业界人士。文中谈到一些交际难题，比如他们这些外国人不理解中国人的笑，在谈判中双方出现争执时，中国人笑了；吃中餐时外国人不会用筷子，中国人又笑了；谈判结束，对方一无所获，中国人还是笑了。西方人认为，笑是愉快的表现，而中国人认为笑有更为广泛的内涵，上述情况有可能是为了缓和气氛，化解尴尬，或者予以鼓励。西方人的错误在于，他们站在自己文化的立场上，用自己的标准来衡量别国文化，必然会造成冲撞和误解。

我国前驻卢森堡大使卢秋田在他的《差异——一位中国大使眼中的东西方思维》中也多次谈到一些文化冲突的案例，比如中国式的干杯。在外事场合不少国人喜欢频频向外宾敬酒，并且要一干为敬（西班牙语是 al fondo）。而在国外，特别是在欧美国家，饮酒多少完全是个人的事，与别人无关。因此，当中方人员向他们殷勤劝酒，并且先干为敬，亮出杯底时，欧美人感到有压力，无所适从，甚至不快。有趣的是，碰杯的习惯并非来自本土。在古代，中国人在宴席上只是举起酒碗或捧起酒盏以示邀酒。西方人碰杯的传统据说是为了驱邪，所以现代的许多礼仪教材并不主张碰杯，但是在中国却成了礼仪。

如果上述案例发生在语言交流环境中，很容易解决。但是非语言交流符号的模糊性和文化制约性恰恰会加深和扩大跨文化交际中的碰撞。因此，我们必须加以研究。

2.3 文化差异

非语言交流中的冲突或误会，大多源自于文化差异。

世界上没有完全相同的两种文化，因为文化的复杂成因是不可能雷同的。即使在拉丁美洲——这个在血缘和人文地理关系上各个民族彼此都多多少少沾亲带故的大陆，文化差异依然明显存在。墨西哥文化不同于阿根廷文化，古巴文化异于秘鲁文化，连他们共同使用的西班牙语在词汇、语用、语音方面都有各自的特点。比如“聚会”，墨西哥人喜欢说 pachanga，波多黎各人说 fiestón，欧洲的西班牙人用 fiesta 或 movida；“啤酒”在有的国家是 chela，在阿根廷叫 birra，波多黎各称之为 palo，正式名称是 cerveza。差异大的时候会让人很不适应。西班牙语 tinto 意思是“红酒”，在哥伦比亚一杯 tinto 则是不加糖、不加奶的“黑咖啡”。

本书立足于中国—西班牙/拉美文化的比对，这二者之间的差距可谓“极差”（西班牙语，de polo a polo，两极之差）。早在 19 世纪和 20 世纪相交的年代，中国的一些有识之士已经开始关注中西文化对比这个庞大的题目，以期找到天朝的孱弱和“蛮夷”的强盛的原因。“五四运动”之后，不少进步人士更是孜孜不倦地投入了中西文化对比的研究。李大钊曾经发文加以论述，他的部分结论是：东方是自然的，西方是人为的；东方是安息的，西方是战争的；东方是消极的，西方是积极的；东方是依赖的，西方是独立的；东方是苟安的，西方是突进的；东方是因袭的，西方是创造的；东方是直觉的，西方是理性的；东方是空想的，西方是体验的；东方是精神的，西方是物质的；东方是艺术的，西方是科学的，等等。这些一个世纪之前的观点，囿于当时的历史局限，并非都是准确的和科学的，但是反映了部分事实。（季羡林，2016：113 – 114）而今，社会的发展，全球化的普及，东西方的文化差异在缩小，彼此在不断冲突，也在不断学习和磨合，出现了此消彼长、此长彼消的现象。

季羡林先生（2016：17）对差异的总结是准确的，“东方文化和西方文化有何区别呢？我认为最根本的区别是思维模式和思维方式的不同。”如今，大部分学者认为中国人和西方人思维方式的主要区别有以下三点：中国人以形象思维为主，西方人擅长抽象思维或逻辑思维；中国人偏好综合思维，西方人善于分析思维；中国人偏重“一统”或“统一”，西方人主张“对立”。

所谓思维模式与方式，从本质上说，都与生存环境、生产方式、价值观、信仰、历史传统、哲学思想、语言文字等有直接关系，这就是造成文化差异的源头。

我们可以回到非语言交流的题目上来了。

非语言交流有两个主要特征：生物性和社会性，相当于之前所说的先天性和后天性。生物性指的是人类共同具有的生物属性，高兴时会笑，恐惧时瞳孔放大，等等。而社会性是指后天习得的部分，实质上是某种文化的产物。以问候方式为例：佛教民族的双手合十，欧洲人的握手和拥抱，中国汉族人的作揖，日本人的鞠躬，穆斯林的以手按胸等都来自于其各自的文化背景。

在非语言交流学上有一个充分体现文化差异的概念：接触型文化（cultura de contacto），与之相对应的是非接触型文化（cultura de no contacto）。接触指的是人体接触，包括人体距离。在公开场合，中国人的两性接触是有严格限制的，而西语族群则放松得多。以吻脸为例，在西班牙和大部分西语国家吻脸是最普通的问候方式，特别是在年轻人之间，可以说吻脸比握手还普及，不分年龄和性别，也不分辈分，师生之间、亲友之间、长幼之间、上下级之间，甚至有时在初识者之间，均可用吻脸代替问候。例外情况是男性之间不可（除非是老人对儿童）。而在中国，两性之间在公共场合的身体接触有严格的界定，特别是在过去（比如 20 世纪 80 年代之前）。吻脸更是一个使用范围和使用对象都非常局限的行为。如果超出了社会认可的规范，就会造成负面影响，甚至丑闻。究其原因，我们可以追寻到传统文化中某些儒家观念的沉重影响，所谓男女授受不亲，所谓七岁男女不同席，所谓男女有别等等。在封建思想统治最为严苛的朝代，两性之间（夫妻、母子不在其列）的身体接触被那些封建卫道士们视为伤风败俗。这种观念渗透到文化传统之中，久而久之变成了习惯，至今虽然移风易俗，但是身体接触依然比欧美人少。因此，吻脸在中国文化中不是个非常普及的符号。

研究非语言交流，就必须要探究文化差异。

◎ 案例分析

这是一则来自网上的案例。2018 年 8 月 2 日，在丹麦哥本哈根的商业区 Horsholm，一名来自中东的妇女（简称 M）在那里漫步，浑身裹着黑色的布卡长袍，只有眼睛露在外面。这时一位本地女性（简称 D）走近她，要求她摘掉面纱，M 拒绝了，于是 D 就动手要摘掉前者的面纱。二人纠缠起来，惊动了路人并报了警。警察很快作了处理，对 M 罚款 1000 丹麦克朗（约合人民币 766 元），并向她提出：立即去掉面纱或者马上离开公共场所。M 选择了离开。

警方依照 2018 年 8 月 1 日开始实施的丹麦公共场所管理法进行了处理，该法规定，在公共场合禁止穿遮蔽全身和头部的服装，禁止戴头盔、面具或假胡须以遮盖面部，违反者将罚款 1 000 克朗，屡教不改者罚款 10 000 克朗。

对于上述事件的处理方式和法律依据使很多人感到不满，甚至因此而引发了部分人权团体和女性组织的抗议。抗议者认为，穿着打扮是个人的权利，法律无权干涉。

而支持者认为，着装方式不是简单的个人好恶，而是体现了一种社会现象。近年来，丹麦接纳了大量来自中东的难民，不同种族和不同信仰的冲突时有发生，社会矛盾加剧，甚至引发了恐怖活动。这项法规旨在方便各类安检，防微杜渐，并且引导难民逐渐融入丹麦社会。另外，支持者认为，布卡长袍本身就是对女性的压制和禁锢，这违背了丹麦的自由、平等、和谐的民族共识和价值观，所以不能出现在公共场合。

两派观点针锋相对。我们应当如何看待这个问题？应该从哪个角度去分析？这是民族间的冲突还是文化的冲突？着装方式是社会文化的体现还是个人的兴趣与利益所在？移民者应当如何看待目的国文化？目前在欧洲已有法国、比利时、奥地利、保加利亚、德国的巴伐利亚州等国家和地区颁布了相似的法规，说明了什么？丹麦等国的做法可取吗？为什么？

在学习了本章内容之后，相信读者能够给出自己的答案。

◎ 知识链接

西班牙语族群——非语言交流词汇最丰富的群体之一。

西班牙语属拉丁语系，这种语言的使用者集中在西班牙、拉丁美洲的 19 个国家和非洲的赤道几内亚；另外在菲律宾以及美国的西部和南部的多个洲，也有相当多的居民说西班牙语，总人数将近 5 亿，仅次于汉语和英语的使用人口。西班牙语是联合国的 6 种工作语言之一。

西班牙语族群指以西班牙语为母语或主要语言的群体，他们来自西班牙和拉丁美洲的绝大多数国家（除了巴西和少数几个加勒比国家）。这一群体的形成必须追溯到 15 世纪末地理大发现的年代。哥伦布和他的继承者们“发现”了新大陆，继之而来的是西班牙人不遗余力地对其领地实施了全面的殖民化，也就是进行了近乎彻底的文化混血和实质上的混血。

时至今日，整个拉美人口半数以上是混血人种，而且这个比例还在上升。语言也变成了西班牙语的天下，葡萄牙语次之，而土著语言却在大面积收缩，绝大部分已经消亡。

从整个西语族群来看，人口约 5 亿，分布广及四个大洲，横跨寒带、温带、亚热带和热带四个气候带，自身的血缘结构和文化结构比较复杂，然而又有其同一性，这同一性是由共同的历史划分、共同的信仰（天主教）、共同的血缘、相似的经济结构（历史上）、相似的社会制度和共同的语言（西、葡语为主）凝聚而成的。

在血缘关系上，除去血统纯正的美洲印地安人和黑人，余者绝大多数都属拉丁民族，或者有拉丁民族的血缘：西班牙人、意大利人、印欧混血人、黑白混血人等等。因此，这个族群有自身带来的拉丁民族的特点，而 300 多年的殖民化和 500 多年的共同生活或者文化熏染，使得拉美人和本土的西班牙人具有不少共性：外向型，强烈的个人色彩，表现欲，情绪化，张扬，情感外露，善言谈，交际能力强，等等。从交流的角度观察，丰富的非语言表达方式和特殊的内涵，也是其共性之一：善变的表情，夸张的手势，动态的身姿，闪烁的目光，独特的时间观，不同于其他西方民族的距离观念，集合了东西方民族特点的习俗，等等，都拉开了西语族群和其他文化群体的距离，使之卓然而独立。

◎ 语例实践

下列语例中有一些非语言交流成分，读者可以试着分析其意义。

1. Si tomamos，por ejemplo，la forma de vestirse，veremos que es un asunto de elección personal. Vestirnos como se supone que debemos hacerlo， es una manera de expresar nuestro respeto por una situación social existente y las personas que la integran. La manera de vestir puede alienar o persuadir. En la costa oeste de los Estados Unidos，media docena de estudiantes de psicología fueron a cometer pequeños robos en las tiendas para hacer un estudio sobre la importancia de la indumentaria. Mientras estaban correctamente vestidos –con traje， camisa y corbata—los otros parroquianos no se fijaban en ellos o trataban de mirar hacia otro lado. Por el contrario，cuando iban vestidos como hippies，los miraban en forma sospechosa en todas partes.（F.Davis，p.216）

2. Los hombres siempre han aprovechado su vestimenta y apariencia para expresar el significado de su situación personal. En el siglo pasado，la vestimenta de un hombre revelaba su status，su ubicación en la jerarquía social，mientras que para la mujer，servía a un doble propósito，como procedimiento de seducción. Los hippies han empleado el mismo método para significar su rechazo a participar en el juego del status. Su manera de vestir reflejaba al mismo tiempo lo que eran y lo que no eran；servía simultáneamente como medio de reconocimiento y como desprecio disimulado a la sociedad que rechazaban.Tomando la forma de vestir que es uno de los medios disponobles de demostrar respeto，lo emplearon para expresar su desafío al mismo.

Los que Goffman llama los “revolucionarios del decoro” emplean el mismo idioma básico que los más respetuosos miembros del conjunto de trepadores de la pirámide social，pero lo emplean de modo inverso，al estilo de *Alicia en el País de las Maravillas.*（Ibid）

本章推荐书目

Flora Davis，*La comunicación no verbal*，FGS，2010.

关世杰. 跨文化交流学［M］. 北京：北京大学出版社，1995.

毕继万. 跨文化非语言交际［M］. 北京：外语教学与研究出版社，1999.

卢秋田. 差异——一位中国大使眼中的东西方思维［M］. 上海：上海三联书店，2005.

第3章

体　势　语

体势语的分类；面部表情：目光与微笑及其他；问候方式：拥抱、亲吻及其他；身姿与动作；西班牙和拉美的宗教体势语和政治体势语

体势语，也称为体态语或身体语言（英语是 body language/body activities，西班牙语是 lenguaje corporal）。现在通常使用 Kinésica 或者 Kinesic 一词（源自希腊文 kinen，意为动作），被陈国明教授译为举止动态学，专门研究和人体相关的一切动作，包括面部表情、目光接触、手势、姿势、触碰等等。

体势语是人类交际的最古老的语言。据说在远古时期，人类最初用手势表达意思，用声音表达感情。如今虽然人类经过漫长的进化而进入高度文明的发展阶段，虽然有声语言和文字也经历数千年演变而达到极高的表意水平，体态语仍然是不可替代的交际工具。

具体到其功能，保罗·埃克曼（Paul Ekman）大致将其分为以下 5 个方面：

✧ 象征性功能（emblema）

用含义明确的非语言符号表意。例如象征胜利的 V 型手势，航海界的旗语等。

✧ 说明性功能（ilustración）

直接和语言相配合，说明话语的含义。例如用手势表示地点、方位、刻画物体的外形等。

✧ 情感表露功能（demostraciones de afecto）

对语言起到重复、夸张、否定等作用。例如在机场接人时会焦急地来回踱步，或手持花束面带微笑等。

✧ 调节功能（reguladores）

在面对面的交谈中可以维持并调节谈话。例如在谈话中，一方用目光示意始终沉默的对方开口，以使谈话得以进行。

✧ 适应功能（adaptadores）

指情绪的自我适应（用摸鼻、揉眼、理衣、搓手等动作），或者变换与交谈者的方位关系（多用手、臂、腿等变换姿态），或者客体适应（抽烟、玩笔/手机等）。这种方式往往体现了交际者自我适应和调节的需要。

3.1 面部表情：目光与微笑及其他

诺贝尔文学奖获得者、危地马拉作家 M. A. 阿斯图里亚斯（Miguel Angel Asturias）说过，"El semblante dice muchas veces más que las palabras."（面部表情远远胜过千言万语）

西班牙人常说，"La cara se lo dice."（看其面相，知其人）；"La cara es el espejo del alma."（脸是灵魂之镜）；某人"está siempre mirando a la cara."（某人总看人脸色行事）

这几句话表明，面部表情是最富于表现力的非语言符号，人的喜怒哀乐都可以通过眼睛、眉毛、嘴巴和脸部的肌肉及神经来传导，从而表现出上千种表情。从解剖学的角度看，人类有相似的表情，最基本的、与生俱来的表情是快乐、惊讶、悲哀、恐惧、愤怒和厌恶。埃克曼曾经在南太平洋的热带雨林和美国大学里做过一个实验，把人类最基本的这六种表情拍成照片，分别让来自美国、巴西、日本、新几内亚和文莱的人识别，其中大部分人都能比较准确地回答。最令人惊奇的是那些来自一个叫 Fore 的部落的居民，也能识别出这些表情，而那个部落还处在新石器状态，与世隔绝。（F. Davis，2010：66-67）

似乎这只是生理反应，其实不然。其表现的程度、方式、时间、对象等都与文化相关。Matsumoto 曾经指出，"不同的文化都认识到了面孔的力量，因而制定出许多规则来规范社交中面部表情的使用，以及如何注意在交流中他人的面部表情。"（转引自拉里・萨默瓦，2014：212）也就是说，每种文化都会制定出其特有的表现规则，有的表情可以放大、强化；有的表情可以弱化，甚至加以掩饰；有的表情不能出现在公众场合；有的表情在不同年龄和性别的人面前要有所调整，等等。我们只要比较一下意大利人和英国人，南美人和北欧人，阿拉伯人和日本人的面部表情就能理解上述观点。这三组人中分别代表了表情的放开—收敛，自由—自控，放大—缩小等几个维度。

具有一定人类学常识的人都知道，世界各民族和各个文化群体都具有一定的群体特征，或曰性格，这个特征必然会反映到面部表情上。以欧美人为例，大多数拉丁人和地中海沿岸的族群的面部活动较为张扬、丰富、夸张、有张力，表现力强，而北欧人以及盎格鲁—萨克逊人则显得内敛、沉静，面部活动较少。同样表现喜悦，意大利人的释放度比冰岛人要高很多，面部五官调动频繁，还要伴随着其他身体语言。在冰岛人看来，意大利人太夸张了，简直是在做戏。而在意大利人看来，冰岛人喜悦的表情就像他们的天气，冷冰冰的。在这些差异的背后，主要是文化的制约。

任何一种文化都不会忽略面部表情的重要性。西方人认为东方人——特别是中国人、日本人、高丽民族，表情语言单调，其实不然，在汉语中有许多成语和谚语表达了对面部表情的重视，“察言观色”或“鉴貌辨色”，就是人际交往中的一条定律，要从别人的脸上读出潜在的思想活动。“面色阴沉”“满面春风”“一脸不屑”“面带愧疚”“面带杀机”“面不改色”“面沉似水”“喜形于色”“顾盼自雄”……这类言辞都告诉我们，中国人的面部表情有很强的表达力，中国人也有很细腻的捕捉面部信息的能力。但是中国人的表情是有节制的，“眉目传情”“眉来眼去”在西语族属正常表现，而按照中国人的传统观念，就包含有一定的贬义了，如《红楼梦》中所说的，“眉眼有些不安生”。

埃克曼（Ekman）做过的另一个实验也很说明问题。他让一组美国学生和一组日本学生共同观看一部关于手术的纪录片，同时用摄像机记录下他们的表情。结果发现，他们对同样的场面的面部反应是相似的。然而之后对他们分别进行采访时，美国人的表情明显流露出对片子的反感与不快，基本符合他们观看片子时的表现。而日本人却没有什么反应。埃克曼的结论是，文化规则限定了哪种情感可以流露，何时可以流露。美国人和日本人的文化规则显然不同。

这是一个复杂的问题。不是简单的非此即彼，也不是非黑即白，让人一目了然。民族性格、民族文化和民族心理无法通过公式加以解析，而是要站在客观中立的立场上深入其中才能认识。以墨西哥民族为例，几乎所有研究跨文化交流和非语言交流的人都认为，墨西哥人（纯血统的印地安人除外）表情外露，个性张扬，但是帕斯（Octavio Paz）却说，墨西哥人的脸上永远带着“máscara”（面具）：“无论是老人还是年轻人，土生白人还是混血人，将军、工人还是律师，墨西哥人总是让我觉得是一种自我封闭和自我保护的人，他们的脸上带着面具，他们的笑容也带着面具。”[1]

西班牙语族群和中国人的面部表情相比，有不少相似之处，但是尺度不同，内涵有异，下面分别做对比分析。

3.1.1 目光

眼睛是心灵的镜子。中国唐朝大画家吴道子说过，“传神写照妙在阿堵”。“阿堵”就是眼睛。

研究者证实，眼睛的交流功能除了能传递喜、怒、哀、乐等情感，还能表达蔑视、仇恨、掩饰、诱惑、强化等意图，此外还有以下几点。

对信息反馈的调控。例如：主持研讨会或一般的讨论会的人，常常用目光对发言者和参与者进行调控，示意其结束或者继续。

保持信息接收者的兴趣和关注度。例如：在医院急诊室里，患者家属向护士咨询时，眼睛会牢牢盯着护士，以此控制她/他的注意力。

保持交流渠道畅通。在交谈时，说话的人在行将结束时，常将目光投向他希望能接着说下去的人，以使谈话延续或者使谈话者的观点或话题延续。

表明权力和地位。在许多文化中都能发现这一功能。在需要做决策或下结论时，最有权威者会用他的目光吸引所有人的注意力，目光的持续性强，专注，形成压力，对其他人会产生聚拢的作用。还有另一种情况，有的人自认为有无上的权威和权力，在交流时目光不是投向交谈者，而是左顾右盼，这是表示轻视甚至不屑。

有助于对别人形成印象。为了给交谈者留下深刻印象，目光的角度、持续性和频率至关重要。

等等。

眼睛的传神作用在不同文化中也有一定的差别，衡量的标准主要有三点：目光接触的角度，持续时间（la duración）的长短和频率（la frecuencia）的高低。

西班牙人和大部分拉美人（主要指白人和印欧混血人）主张，在交流时人与人的目光应直接接触，或正面接触，也就是直视。从心理上判断，这是坦诚、正直、无邪、无所隐瞒的表现。在交谈中，他们往往直视对方的眼睛或者脸部，认为这样才是最能赢得信赖的注视方式（当然，这种目光不同于“瞪”或者“直愣愣地盯着”）。目光躲闪，不正眼看人，顾左右而言它，这些目光符号都被理解为缺乏诚意，有所隐瞒，不坦诚，不诚实，甚至有负面情绪，轻视，蔑视，漠然，等等。所以，正视是坦荡的象征。西语族群有一种近乎固定的观念：目光躲闪（evitar la mirada）的人很可能在说谎。

在一次墨西哥大选的过程中，一个候选人的竞选声明中有这样一句话：“Sí les puedo mirar los ojos.”（“我可以看着你们的眼睛”）。在场的一些中国人不理解其含义，其实竞选者的意思就是“我是个坦坦荡荡的正派人，我不搞阴谋诡计”。

著名西班牙传记作家、电视节目主持人索雷尔·塞拉诺（Joaquín Soler Serrano）描述他采访过的约旦国王侯赛因时，写道：“哈希姆王朝的国王很有人缘，常常面带微笑，目光直视交谈者的眼睛，回答问题时畅所欲言。”[2]

西班牙的 ABC 报曾报道过泰国大使向当时的国王胡安·卡洛斯递交国书的场面。大使站在国王面前，垂下眼睛，恭敬地双手递上一个白色的大封袋。之后，使馆的外交官们依次觐见国王，都微微垂首，没有抬起眼睛。最后国王和大使进行了 10 分钟的礼节性谈话，大使基本上不直视国王。报道此事的马德里记者们似乎对这种表情评价不高，他们习惯上把目光躲闪或目光回避看作是负面的、消极的符号。于是得出结论：这是一些神秘的东方人。

凡事不可绝对。拉美文化和拉美人一样，也是混血的。其中西方文化是主导成分，包括犹太—基督教文明、古希腊—罗马文明和近现代的西方哲学等。但是印地安文化和一些东方文化也起着不可忽视的作用，特别是前者，其影响作为一种文化基因，已渗透在拉美人的血缘中。所以拉美群体的非语言符号还有一些不同于西班牙本土人的地方，如目光回避有时表示尊重，这一点和东方人相像。

中国人（也包括儒家文化圈的民族和一些东南亚的居民，如泰国人）对于目光接触有不同于西方人的看法，认为直直地看人是不礼貌的，而且有咄咄逼人之嫌，在下级对上级、晚辈对长辈、学生对老师的关系中尤其不合适。目光稍微回避表示谦恭、礼貌、温婉。

在电视上常看到我国各级领导人接见西班牙和拉美来宾的场面。入座后，我方在谈话中一般是浮光掠影式地看对方一眼，目光所向遍及眼前所有人，包括翻译；而对方在说话时一定直视我方领导，在说话过程中基本目不斜视。双方的目光交集时间不长。这表明，双方都在坚守各自的文化规则。

目光接触的持续时间的长短也是差别之一。

对于西语族来说，谈话中目光比较稳定，比较集中在交谈者身上，说明关注度较高；如果目光过分游移，东看西看，不断变换眼睛的“焦距”，说明关注度不够，对谈话不感兴趣，甚至不耐烦、漠视、轻视。儿童的表现基本符合这个理念。当他们对某个东西感兴趣时，关注度上升，目光的持续时间相对较长，会牢牢地盯着看；如果不感兴趣，他们会移开目光，去看别的吸引他们的东西。

对于中国人，一般目光接触时间不会保持过长，游移是很正常的。在和外国人谈话时，被对方持续地盯着看，会感到不自在。

我们可以观察一个中方接见外方（欧美国家）的涉外活动的场景。外方人员的目光游动范围相对较固定，比较有限，就是说目光接触的持续时间长。中方人员的目光接触时间较短，然后眼睛可转向其他人或物体对象，如看面前的桌子、水瓶、记录本等，这不算失礼。但是如果过度地转移视线并且旁顾左右，就有自我中心的意思了，至少会引起对方的猜疑。

但是，“持续地看”和“死死地盯着看”（mirar fijamente/ mirar fijo/ la mirada fija）是两回事。西班牙人和大部分西方人对于后一种目光非常反感。西班牙学者达维斯（Flora Davis）在她的《非语言交流》（La comunicación no verbal）中有一段生动的描述：

“想象一下，有一天您在一个公共场所坐着，抬眼一看，一个陌生人不动声色地盯着您，而且尽管您也盯着他回看，他的目光却一动不动。毫无疑问您马上会从愤怒转为警觉。

“这种死盯着看或凝视的方式不论对动物还是对人，都是一种威胁。一位研究热带雨林中山地猩猩的科学家，记录了雄性猩猩之间这类目光之斗。他本人曾冒险介入，以观察长时间瞪视动物的结果。”（2010：77）[3]

在人类历史上曾经流传过不少关于“毒眼”（mal de ojo）的传说，在西方尤甚。所谓毒眼，就是瞪视的目光，据说这种目光有某种威慑力甚至邪恶的力量，让看到的人不寒而栗，有受到威胁的恐惧感。与之相反的说法是，长时间凝视的目光有神秘的保护作用。地中海和爱琴海沿岸的渔民喜欢在自己的船首嵌上一只巨大的独眼，以此抵挡来自海洋的种种不测①。

需要提示的是，在西班牙或拉美一些地区的公共场合（大街上或公园等），如果女性被陌生人长时间地注视，还是谨慎为妙，不要简单地理解为好奇或热情，尤其不要频频回顾，因为双方来自不同的文化，对这一类目光的诠释是不同的。

在目光接触的频率方面，经验告诉我们，西语族的目光接触频率远高于中国人。前面举的例子已经说明，中国人在交流时，目光的交集可多可少，甚至可以不接触。例如，导师和学生谈话，指出该生论文中有抄袭时，目光频频注视着学生，而学生会低头看地，默认自己的问题。而在西语族的聚谈场合，可以观察到他们不停地注视着交谈者，用目光传递出语言的附加信息。在酒吧，即使是一个人在独饮，他也会不停地扫视着周围的人，用目光和熟人打招呼，向侍者要求添酒，向中意者调情，等等，目光在源源不断地发出信息。

西班牙语有许多以眼睛、目光为主体的短语或熟语，例如怒目圆睁（con los ojos fuera de las órbitas），使眼色（hablar con los ojos），熟视无睹（cerrar los ojos a），轻视或小觑（mirar por encima del hombro/sobre el hombro），斜眼看（mirar de reojo/de soslayo），做媚眼（hacer ojitos a），引人注目（ser el blanco de todas las miradas），目不转睛或关注（tener la mirada fija），求助无门（no tener a quien volver la mirada），回顾（echar una mirada retrospectiva），抬眼看（levantar la mirada），抬眼望天、祈求（alzar los ojos al cielo），死盯着某人（comerse a uno con la vista），挤眼（hacer guiño/guiñar el ojo）等等。

“挤眼”（hacer guiño）是一个在西语族群中使用广泛的表情符号，不分性别、

① 参阅【英】德斯蒙德·莫里斯著《裸眼》。

年龄。有第三者在场时，甲向乙做这个动作，表示心照不宣、默契。有时在同样场景下，乙处于被动或消极不快的状况，甲向乙挤眼，表示同情或者暗示。演员、主持人等在表演或主持节目时，对观众俏皮地挤眼，意在争取观众的好感，与观众联络感情，使气氛轻松。有时挤眼配以特殊的动作和表情是引诱和挑逗的信号，只用在男女之间。

关于挤眼，中文中虽然没有类似的语例，但是确有大量的词语证明我们的文化也是非常看重眼睛的表现力的。《世说新语》中谈到阮籍善“青白眼”，就是说有时正眼看人，表示尊重，所以有“青睐”一词；有时给白眼，表示蔑视。古时男女交往受到很多限制，有情人之间常常眉目传情，于是造出了“秋水”“秋波”这些非常灵动的词。“秋波流慧”“惊鸿一瞥”都与女性的眼神有关。形容人怒不可遏时的样子，叫“金刚怒目”。《史记·项羽本纪》夸张地描绘了樊哙在鸿门宴上的神态：“哙遂入。披帷西向立，瞋目视项王，头发上指，目眦尽裂。”目眦尽裂变成了成语，流传至今。与眼睛的动作相关的汉字也不少，如眄、盼、眨、眯、睁、眺、瞄、瞪、盯、瞥、瞅、睨、睚（睚眦必报）等等。

但是在交流中，中国人直视对方的角度、持续时间和频率与西方人不同。正如前面所谈及的，正视对方眼睛的时间很短，频率也较低，这是表示尊重，比如男对女、幼对长、下对上、宾对主、臣对君（在古代中国，臣子觐见君王时，非恩准不可以抬眼看君王；在封建制的家庭里，儿媳在公婆面前也常常是低眉顺眼），有时目光会转移到对方眼睛以下的部位或周围，这种回避直视目光的目的是调整节奏，是缓和直视所带来的紧张感和压迫感，并非西方人以为的不坦诚、有所隐瞒等等。长时间以来，这种方式的目光交流便成了相当多中国人的习惯。

与西语族的重要差别在于，在中国的传统礼仪中，过多的眉眼动作被视为不庄重，尤其对女性而言。中文有不少与此相关的短语，大多带有贬义或意思暧昧，如眉来眼去、眉目传情、暗送秋波、挤眉弄眼等。眉眼动作过于呆板也不被看好，如低眉顺眼、死眉瞪眼。动作过于夸张也会遭到非议，如怒目横眉、眉飞色舞、眉开眼笑。似乎很难拿捏这个分寸。总之，中国人的眉眼语言不像西语族那么放开，那么恣肆，即使在完全开放的今天也如此。

在跨文化交流中，彼此应尽可能地了解对方的目光交流特点，避免产生误会甚至冲突。达维斯（Flora Davis）说过，英国人的头部动作很少，他们用凝视的目光看着交谈者，以表示关注程度；美国人的注视没那么固定，会有所移动；以色列人即使在大街上也可以盯着陌生人上下打量；中国女性在公众场合被异性长时间盯视，会感到不舒服甚至恐惧；恰恰相反，法国女人在美国觉得受到冒犯，因为在大街上没人盯着她们看。

因此外国人提问，既然如此，中国人为什么那么喜欢围观？特别是围观外国人？

这种情况在一线和二线城市很少见，因为外国人的出现已是司空见惯了。但在一些小城镇、偏远地区或农村，围观现象时有发生，因为那里的外国人稀少。一旦出现外表和中国人迥异的老外，人们便上去围观。但是他们的目光并非直视对方的眼睛，而是尽量避开对方的眼神，他们只是对一个外来者感到好奇，此外来者不是本国人，不是本族人，也不是本地或本村人，只是一个外人，所以他们的“看”，实际是“打量”。

◎ 案例介绍

一位在华工作的西班牙志愿者阿尔贝托在浙江小镇旅游时被围观，他身高约 1.80 米，一头黑色卷发，一部络腮胡子，形象引人注目。当地人围在他左右，好奇地盯着他看，议论纷纷，有个别人甚至伸手去摸他的胡子以确认胡子的真假。无奈之下，他选择了匆忙离去。事后，阿尔贝托不解地对他的中国同事们说，看来这些人没有恶意，他们的目光和嬉笑像小孩似的。但是自己被他们长时间地像看怪物似的看着，指指点点，而且被他们包围，甚至产生身体接触，因此感到非常不舒服，好像被侵犯了。

3.1.2 笑容

无论对中国人还是西语族，笑容传达的信息基本是积极的、正面的，承载的是幸福、快乐、愉悦、善意，是交际中最常见的表情符号之一。在日常生活中、外交礼仪上、社交场合、朋友相聚等，笑容是必不可少的交际语言。父母对子女、师长对晚辈、老师对学生，情侣之间、朋友之间、同事之间，笑容所包含的是爱、爱护、呵护、鼓励、赞同等。

西班牙语谚语云：La fortuna te sonríe。直译是：命运向你微笑。其来源是命运女神向某人微笑，意指命运眷顾某人，某人有好运，生活美满等意思。微笑显然是充满正能量的非语言符号。

无论身处哪个文化圈，笑容是最容易辨别和被接受的。即使我们身处异国或在陌生人中间，一个单纯的微笑就能使我们放松。在微笑的诸多特点中，其保护性非常突出，它可以缓和矛盾，降低攻击性，缓和气氛。比如，约会迟到，或者忘记了母亲的生日，或者给老师交作业时拿错了本子，此时一个充满歉意和尴尬的微笑，往往是关键的。

不过，像其他表情符号一样，笑也受到文化的制约。中国文化和西班牙—拉美文化在这一点上有很大的差异。西语族的“笑”内涵简单，符合“笑”的定义。但是在频率和持续度上比盎格鲁—撒克逊民族要多而长，而且笑得夸张，声音响亮，尺度（如果笑也有尺度的话）较大，特别是女性。在他们的文化势力范围内也有一定的区别，比如西班牙南方安达卢西亚的居民比北方的加泰罗尼亚人笑的频率更高，拉美热带地区的居民比温带和寒带的人更显得笑容可掬。

与此同时，人们也给笑赋予了其他功能。在智利伟大诗人聂鲁达的回忆录《回首话沧桑》（*Confieso que he vivido*）中，我们可以看到不同色彩的笑。下面仅举几例："凄然地笑了"（sonrió melancólicamente），"他们彼此对看了一眼，尴尬地笑了笑"（Se miraron y sonrieron confusos），"把脸洗得干干净净，而且发出米粒般灿烂的微笑"（con la cara lavada y una sonrisa de arroz），"爱伦堡笑了，是顽固的怀疑论者那种苦笑"（Ehrenburg sonrió，con su sonrisa amarga de escéptico contumaz），"她永远对我面含友好的坦诚的微笑，那是在她那黑面包似的脸上徐徐绽放的笑容"（Para mí tuvo siempre una sonrisa abierta de buena camarada，una sonrisa de harina en su cara de pan moreno）……（林光译）。

还有其他例子：狂笑（risa nerviosa），富有感染力的笑（risa contagiosa），讥笑（risa sarcástica），苦笑（risa triste），讥讽的笑（risa burlona），哈哈大笑（reir a carcajadas），奸笑（risa sardesca），强忍住笑（comerse de risa），笑出眼泪（llorar de risa），笑死了（morirse de risa），付之一笑（tomar a risa），假笑（risa fingida），捧腹大笑（despedazarse de risa）……

但是相比之下，中国人的笑要复杂多了。一位在国外孔子学院工作过的老师回来说，她曾经和哥伦比亚同事讨论过中国人的笑。那位外国同事在中国获得了经济学硕士学位，对中国文化有一定了解，而且汉语水平不错（HSK5 级）。即便是这样，她很怕中国人的"笑"，因为她读不懂"笑"里的含义。就像前文所述，哥伦比亚人的笑就是"高兴""满意"等正面的含义，很单纯，但是中国文化里的"笑"太让人费解，有时候甚至让人生气。她说有一次在中国超市里，她碰到一件十分尴尬的事情，在场的中国人都对她笑，让她感到很不愉快。虽然从解剖学上说，笑是面部肌肉运动的结果，但是我们的文化却赋予笑容更丰富的内涵：积极的和消极的，真实的和虚假的，正面的和反面的，进攻性的和防御性的，装饰性的和礼节性的，不一而足。有笑容可掬，也有笑里藏刀；有灿烂的笑容和甜蜜的笑容，也有狞笑、奸笑、狂笑、冷笑、胁肩谄笑；有女性的抿嘴一笑，也有男性的开怀大笑；有甜笑，也有苦笑；有俏皮的笑，也有苦涩的笑；有傲慢的笑容，也有谄媚的陪笑；还有假笑、礼节性的笑、皮笑肉不笑、幸灾乐祸的笑、憨厚的笑容、孩子般的笑容、惨然一笑、莞尔一笑、笑里藏刀等等。在交流场合，上述笑容大多可见。而在涉外场合，那种礼节性的笑容，小心翼翼的陪笑，是常见的符号。在电视剧、戏剧舞台和电影中，角色们

（男性为主）常常会朗声大笑，特别是在官场上，似乎在弥补交流空间的空白（反观西语国家的影视作品，这种没来由的笑确实罕见。）但是，无论笑的表现形式有多少，主流还是积极的、乐观的。这就是为什么外国记者和旅游者来到中国后，一个普遍的印象是大多数人都很知足，因为他们脸上都洋溢着笑容，即使是一个拾荒者也如此。对于中国人，“笑”表明活着的希望，所以中国的圣像大多面带微笑（佛、菩萨），特别是深受中国百姓推崇的弥勒佛，总是一副笑容可掬、大肚能容的喜相。有两副对联勾画出了弥勒的特点：“笑到几时方合口，坐来无日不开怀”（济南千佛寺），“大肚能容天下难容之事，开颜便笑世间可笑之人”（北京潭柘寺弥勒殿）。而西方的圣像则一脸悲苦（耶稣、圣母、圣徒们）。

不少西方人对中式多元笑容表示不解，西语族当然也在其中，而且有的评论语出惊人，称之为 hermético（神秘，深不可测），incomprensible（无法理解，莫名其妙），hipócrita（虚伪），incómodo（让人不舒服）等等。在华人和西语族的人发生争执时，有外国人说，我讨厌你的笑容！在某国使馆发布的“在华商务指南”中有这样一段：“Algunas veces los chinos se ríen ante cualquier contratiempo. Es debido a que aplican el refrán de *a mal tiempo buena cara*，pero no debe confundirse con humor.”（有时候，任何不顺的处境都能让中国人发笑，这是因为有谚语称，面对逆境，笑脸相迎。不过不要将其和情绪相混淆。）

中国人民的老朋友聂鲁达这样评论中国人的笑：

“中国人是世界上最爱笑的人。他们的笑经历过残酷的殖民主义，饥饿和屠杀，没有任何一个民族比他们更懂得笑。中国孩子的笑容是众多人口所获得的最美好的稻米收成。

不过，中国人的笑有两种。一种是麦色脸上自然而然地流露出的灿烂的笑容，这是农民和广大人民的笑容。另一种是瞬息万变的虚伪的笑容，在鼻子底下可以随时贴上，也可以随时撕下。这是官员们的笑容。

我同爱伦堡第一次到达北京机场时，我们费了不少心思来辨别这两种笑。真诚的美好的笑容陪伴了我们许多日子，这是我们的中国作家朋友——以崇高的好客之情接待我们的小说家们和诗人们。”①[4]

“这里没有任何自然产生的东西，连一个微笑都不是。”[5]

中西两种文化在此产生了碰撞。

聂鲁达和爱伦堡的观察和感受代表了欧美人，两位大文豪都对中国人十分友好，没有任何偏见。他们区分了笑容的真伪：人民的真诚美好的笑容和官员做作的笑容。其实，使他们反感的“虚伪的”笑容也是要加以区分的，做作的

① 林光译，《回首话沧桑》，257 页

并非都是虚伪的，中国礼仪文化要求人们用笑容来传递好意、礼貌、谨慎、歉意甚至逆反之意，领命而行的接待人员有时处在两面夹击的状态下，会不由自主地在脸上挂上那种不得已的笑容，那笑容可以是门面（fachada）或面具（máscara），理解了这一点就明白了其苦衷，那未必是虚伪。

也许，西式笑容比较单纯，但是也并非都如此“纯净”，上面列举的西班牙语短语中就有形形色色的笑，莎士比亚笔下的笑容多达十几种。不过总的来说，表示高兴和满足的笑容占主流。

交际双方所需要的是互相理解，遵从跨文化交流的基本原则。

◎ 相关策略和建议

文化也要与时俱进，中式笑容中消极的、掩饰的、过于自我矮化的形式也应该从现代人的面部表情谱中剔除，特别是在下级对上级和中外交流的场景中。

在下级对上级的交流时，存在着权力距离，参杂着权威关系和利害关系，谄媚的笑、阿谀奉承的笑、低眉顺眼一类的假笑只会给自己减分，降低自己的人格、尊严、能力和可信度的水准，使自己在交流中始终处于下风。这一类假笑不仅虚伪，还有奴性的成分。作为一个正直的、有自尊的人，脸上不应挂着这种笑容。

至于在中外交流的场合，假笑同样不可信，也是自我矮化的表现，屈己从人不适用于对外。表现宽容大度的方式很多，但是要始终保持自己的独立人格，即使在必要时以退为进，也要以平等为前提。既不要有自诩“天朝大国”的妄自尊大，也不要有鸦片战争之后某些人患上的惧外、媚外的软骨病。假笑的面具应该扔掉。

3.2 问候方式：拥抱、亲吻及其他

世界上问候的方式多种多样，非语言类多与身体语言有关，与中国和西班牙—拉美相关的方式主要是拥抱、亲吻和握手。

问候属于礼仪范畴。中国是礼仪之邦，自古以来就把礼仪纳入我们传统文化的核心位置。作为一种文化事项，礼仪发挥着维系功能、调节功能和教育功能。仅以交际礼仪来说，远在上古时期就有了“礼”的雏形，甲骨文中出现了“拜”字，形如双手着席，是尧舜时代已实行的礼节。而在周朝，《周礼》的制定意味着一整套复杂的礼制已经在社会上开始实施。这也许是世界上第一部比较完整的关于礼仪典制的书。“礼仪三百，威仪三千”（《四书·中庸》），“不学礼，无以立”。

中国的交际礼仪内涵丰富，其中的非语言部分更是体现了传统文化的特点，特别是问候的礼仪。中国人的问候方式经历了漫长的演变，古代实行作揖、稽首、跪拜、磕头、请安等，20 世纪初期西风东渐，又引进了鞠躬、握手、打招呼、拥抱。这个过程真实地体现了中国社会从封闭走向了开放。可以看到，过去的问候形式的特点之一是人体距离，即人与人没有身体接触，无论是在同性之间，还是上下尊卑之间。封建制度严格的等级划分以儒家思想的尊卑有序原则为基础，这种有序也严格地界定了人与人之间的距离。皇帝坐在宝座上召见臣工时，双方保持了一段较长的距离，绝不会像英国亚瑟王宫廷那样召开圆桌骑士会议，也不会像阿拉伯苏丹那样有群臣围绕。作揖、跪拜、请安，都是施礼者和受礼者面对面行礼，身体不接触。清朝末期，西方的握手礼进入中国，当时只有出使国外的使节和维新派人士接受，社会主流基本还是排斥，认为是伤风败俗，因为双方的手有接触。拥抱是完全的身体接触，传自西方和俄罗斯（苏联），最初也是遭到冷遇，但是现在被接受了，不过仍有某些限制，比如区域、性别、阶层、等级、年龄等。鞠躬是保留至今的特殊问候方式，并且仍被普遍使用。先秦时已有，身体微倾，略俯首，表示恭谨。身体弯曲度越大，表示越恭谨。这也是一种“不接触文化”的符号。

（关于鞠躬，尚有两点说明：一是中国式鞠躬和日本式的有差异，甚至有人说，单凭鞠躬的姿势就可分辨出中国人和日本人。后者鞠躬的角度大，站姿更标准，双臂紧贴身体两侧，深深俯首；中式行礼要显得更放松和随意，头微低，眼睛尚能看着对方。二是和西班牙的鞠躬相比也有差异。西班牙人一般不鞠躬，但是有一个例外，就是在觐见国王或王储时，女性行屈膝礼或者握手，男性握手或先鞠躬再握手。这种鞠躬方式很特别，双脚并拢，身体挺直，陡然低头，动作很快，有棱有角，是一种明显的表示恭敬甚至臣服的姿态，应该是从古礼演变过来的。需要说明的是，即使在西班牙这样的君主国，这一礼节也在式微，仅君主派和保守派人士严格遵从。从电视媒体的报道上可以看到，在觐见王室成员时，中左派的社会党政府的官员们大多用握手礼取代鞠躬和屈膝礼。）

这些结果说明，社会文化的变化直接导致习俗的变化，宏观影响微观，大环境影响小环境，过程是缓慢的，循序渐进。

西语族的现代问候方式就是握手、拥抱和亲吻，都有身体接触。在此主要分析后两种。

3.2.1 拥抱

欧美人并不是都把拥抱作为交际习俗，上面所说的接触文化和非接触文化往往以身体是否接触作为区分点（在以后的距离学中详谈）。但是拉丁民族显然是属于接触文化，在交际场合男性之间的拥抱似乎更为常见，除了紧紧的拥抱，还会使劲拍打对方的后背，适用范围包括朋友、亲属、同事、两性之间等。关于其由来有两种说法，一是源自古代的武士，相拥表示自己身上没带武器。二是源自古代阿拉伯人，游牧民族一向佩戴各种冷兵器，敌对部落的人见面互相搜身，拍打对方身体的某些易于藏匿武器的部位，久而久之竟演变成友好的问候礼节，而且从西方延展到东方。

热情的拉美人把拥抱扩展到他们视之为朋友的所有人，包括陌生人和外国人。在《西班牙国王胡安·卡洛斯一世》（*Todo un Rey*）一书中，有如下描写：

“国王和所有的人（指 20 世纪 70 年代在联邦德国的西班牙移民——作者）谈了话，询问他们的工作；人们告诉国王返回西班牙的困难与痛苦……国王紧紧地拥抱一位退休老人，后者拉着国王的衣兜盖，不顾一切地哭着哀求他：把我带回西班牙吧。”（1990：41）[6]

“拉丁美洲国家领导人的拥抱与众不同，显得更为热烈，更为真诚……就在这次访问中美洲时，王后接受了当时的总统梅尔卡斯·卡斯蒂将军一次又一次的拥抱，他想用这种方式来表达自己对西班牙国王和王后来访的巨大热情。”（1990：42）[7]

“在一次去巴拿马的访问中，他（国王）差一点就要露一手。到达该国的当天晚上，他与王后一起在拉卡斯总统和托里霍斯将军的陪同下走进总统府。这时，一个男人躲过所有的安保人员扑向国王，而国王马上做好反击的准备。所有在场的西班牙人和巴拿马人都大吃一惊，然而他们并没看到异常搏斗。此人离国王不到一米远时，便喊道，他是西班牙人，只想拥抱他的国王。于是他拥抱了国王，但是之前他差一点挨顿好揍。”（1990：46）[8]

“拥抱”是这三段引文的核心词，其文化内涵、实施的环境和实施的对象是中国交际文化所没有的。

引文 1 的背景是 20 世纪 70 年代，当时在联邦德国有不少西班牙劳工，他们迫于贫穷而远走他乡。国王夫妇在访问期间非正式地和他们见面。“拥抱”在这里已经突破了礼节的限制，国王如此，那位老人也如此，“紧紧拥抱”把君主与百姓的关系恢复到人与人的关系，表现了同情与信赖。

引文 2 也发生在 20 世纪国王夫妇出访拉美期间。拉美人对前宗主国怀有极为特殊而复杂的感情。一方面西班牙征服、奴役过美洲殖民地，另一方面又是大部分拉美人的母国。面对代表民主西班牙的胡安·卡洛斯和索菲亚，总统们展现了极大的热情和友好以及对母国血缘的眷恋，不顾外交礼节，一再地拥抱国王夫妇，这是对王室领袖少见的率性的礼遇。

引文 3 的背景是由于国王的军人素质和与此有关的各种体育技能训练，因此在出现意外时，他本人准备好自我保护，但“袭击者”只是想“拥抱他的国王”。“拥抱”再一次突破礼节，一介平民突破安保人员的重重护卫，用这种朋友和亲人之间的问候方式来向国家元首致意，表现了西班牙百姓对国王参与并引领的民主化的认可，和对国王本人的敬仰。

但是这一切不会发生在我们的文化氛围中，中国平民对领袖的敬仰需要保持距离，身体接触仅限于握手。东方文化大抵如此，日本人见天皇，泰国人见泰王，人体距离都有严格的限制，绝对没有拥抱，那是不为礼法所容的。二战前的日本天皇被尊为“神”，他出行时，沿途都要“净街”，百姓不得偷窥。可以想象，连目光距离都远而又远，何谈身体接触。

在某些情况下，中国人也会成为拉美人拥抱的对象。在友好的气氛下，中国人可以接受这种礼节，但是不一定非得用同样的方式回礼。最重要的是，中国人不要完全站在自己文化的角度去猜度或破解拉美人拥抱的含义，以为有失体面或带有性暗示等意图。在通常情况下，对于大洋彼岸的拉美人来说，这个体势语符号只是个简单不过的示好的动作而已。

3.2.2 亲吻

西语族在交际场合的亲吻只是一个简单的非语言代码，可以表示问候、善意、亲切、友爱、亲近等等，总之是在示好。其方式不同于情侣或夫妻之间的表示爱意的吻，而只是在两面脸颊上轻轻一触，嘴作出亲吻的口型并发出声音。这是一个象征性的亲吻，但身体稍有接触，脸挨着脸，所以也被称为贴面礼。

这个动作也有个演变过程。在民主化进程（始于 1978 年）之前，西班牙是个非常封闭落后的国家。佛朗哥利用军队控制了国家，利用教会控制了人们的思想，把西班牙拉出了欧洲发展的轨道。一位美国旅行家曾感叹道，“西班牙比美国落后了 200 年。”仅就社交礼仪来说，许许多多的清规戒律给人以中世纪的感觉。比如，当局禁止两性之间在公众场合有亲吻拥抱等有性爱嫌疑的举止，否则就以“escándalo público”（公开的丑闻）的罪名课以罚款；电影和文学作品里所有与此相关的镜头或描述都遭到非难，而执掌新闻检查大权的是教会。

在一本关于西班牙文化的教科书中，编者引用了 C. 费尔南德斯（Casto Fernández）的一段话，很说明问题：

“... Me refiero a las numerosas parejas de jóvenes que se besan y acarician en los transportes públicos，en los bares，en los parques y en las calles de Madrid，y de España en general. Aquí y allí，a cualquier hora del día o de la noche，sin que les importe la presencia de nadie，los jóvenes se abrazan，amorosamente ajenos a todo. Un hispanista，que conocía el Madrid de la dictadura，a la vista del nuevo Madrid de los jóvenes, me comentó: ustedes conquistaron la libertad de expresión y ellos la libertad de efusión."(*Contenidos culturales de la enseñanza del español,* p.335)(参考译文：我指的是那些许许多多的年轻的情侣，他们在公交车上，在酒吧里，在公园里亲吻抚摸，随时随地，不管白天黑夜，也不在乎是否有别人；他们爱意绵绵地搂搂抱抱，忘乎所以。这现象不仅发生在马德里，也发生在整个西班牙。一位熟悉独裁时代的马德里的西班牙研究者，在看了年轻人的新马德里之后，对我说，你们赢得了言论表达自由，而他们赢得了情感发泄自由。)

关于吻礼还有一种目前较少的形式：吻手礼。在古代西班牙，骑士和贵族见王室女性，如王后、公主等，或见贵妇时，行吻手礼，可以用单腿下跪的姿势，也可站立；女性略伸右手，男性抬起对方的手，俯首做吻手的姿势。这是个隆重的礼节，往往在正式场合使用，行礼和受礼者应该着正装。在王宫举行的国宴或王室招待会上可以看到这一场景。如今在日常生活中很少见到有人行吻手礼，如果有，必定是郑重表达尊敬、仰慕、崇拜等情感。不过也不排除有夸张的成分，比如拉美男士有时会在某些较为普通的场合，对德高望重的、年长的、地位高的或者极受尊敬的女士行吻手礼，这是一种很个性的、民族化的绅士风度。

从西班牙语的一些短语中，还可以看出“吻”的其他交际作用：

besar los pies 吻脚，意为匍匐在您脚下；

besar el suelo 吻地，教皇出访时常做的姿态；

besar la tierra que otro pisa 亲吻某人走过的地方，表示对某人的爱或极度崇拜；

besar el anillo 吻戒指，觐见教皇或大主教时的礼节；

comerse a besos a uno 狂吻；

beso de Judas 犹大之吻，意为口蜜腹剑，等。

拉丁文化属于接触文化，所以“吻”的含义和功能远多于东方人。吻的部位包括前额、嘴唇、脸颊、手背、手指、衣服（裙裾）等。亲吻自己的指尖是一个使用颇广的动作，表示“好极了”。亲吻某人的前额，通常是长辈对晚辈（偶尔也有平辈、朋友），表示亲切和慈爱。上面短语中的“吻脚”是我们的文化所不可能有的概念，但是我们常常能在西班牙和拉美的文学作品中接触到。例如：

“Como loca se arrodilló ante los hombres que guardaban la puerta. Luego luchó con ellos. Luego volvió a arrodillarse ante el Auditor, a quererle besar los zapatos.

—¡Señor, por mi hijo! ”

——Miguel Angel Asturias, *Señor Presidente,* La Habana, p.145（译文：她疯了似的跪倒在那些门卫面前，然后又和他们厮打，然后又跪在法官面前，企图亲吻他的鞋。“先生，为了我的儿子啊！”——《总统先生》）

她是一位绝望的母亲，为了救出她的陷入冤狱的儿子，面对狱卒和法官采取了近乎疯狂的举动，甚至屈辱地要吻法官的鞋。这是一位无助的母亲所能做的极限。

再比如："Se retorcía las manos，y cayendo de rodillas，besó los pies de su madre.——*Doña Perfecta*，p.55"（参考译文：她扭绞着双手，跪倒在地，吻她母亲的双脚。）

这是《唐娜·裴翡达》中的一个情节，女儿哀求母亲裴翡达放过她的爱人，这个姿势表示了女孩子为了救人，匍匐在她母亲脚下，谦卑地吻她的脚，屈辱地向这个保守势力的卫道士屈服，仿佛后者是一个至高无上的神。

在同样的情况下，旧时代的中国女孩会跪倒在地，向母亲磕头，磕响头，她面对的是一个不可忤逆的形象。

两种体势语不同，因为文化不同。

3.3 身姿和动作

身体也能说话，能通情表意。双手、双臂、站姿、坐姿、步态、头部动作，都属于身体语言。

但是，不同文化群体的身体语言也有差异。在梵蒂冈的圣保罗广场上聚集着来自世界各地的游客，可以看到形态各异的身体代码，一队修女静静地站着，目不斜视；几位美国旅游者不停地左顾右盼；一群墨西哥人兴奋地晃动身体，似乎要跳舞；一些中国人不停地用手机拍照，在人群中穿来穿去地寻找最佳位置……当教皇在阳台上出现时，在场的人的身体语言大致揭示出了他们各自的信仰程度：眼含热泪的，默默流泪的，泪下如雨的，痛哭失声的，双手合十的，高举十字架的，跪地祷告的，颓然倒地的，虔诚凝视的，热烈欢呼的……而那些非天主教徒一般是饶有兴趣地观察，手忙脚乱地拍照，或是漠然凝望。

手臂是身体符号中最有表现力的部分。西班牙的弗拉门戈舞蹈者的手臂动作异常丰富，女性的动作秀美中饱含倔强，男性则阳刚中充满狂放。但是同为欧洲艺术的爱尔兰踢踏舞却完全抛弃了手臂的动作，舞者仿佛把双臂捆绑在身体两侧，仅凭双腿和双脚舞出大河的旋律。

西班牙人和拉美人的手和手臂有极大的表现力，这些非语言符号凝结成语言的短语，游走在口语和文字中间：

alzar la mano 举起手——威胁

alargar la mano 伸出手——行乞

abrir la mano 放手——放宽限制

abrirse paso a codazos 推撞，用肘开路——开路
alzar las manos al cielo 举双手向天——祈求，祈祷，求告
apretar la mano 握手——问候，示好
a mano abierta 手松，手张开——慷慨
apretar los puños 握紧双拳——愤怒
a puño cerrado 挥舞拳头——断然地
besar la mano 吻手——恭敬，谦卑
con las manos cruzadas 双手交叉——一无所获
chuparse los dedos 舔手指——垂涎
chuparse el dedo 吃手指——傻
chasquido 打响指——引起注意
codo con codo 肘挨着肘——捆绑，被捕
con los brazos abiertos 张开双臂——欢迎
con los brazos cruzados 交叉双臂——旁观，漠然
darse una palmada en la frente 在前额猛击一掌——猛醒；竭力回忆
dar con el codo / codazo 用肘碰了一下——引起注意，提醒
dar el brazo 伸臂——邀请，帮助
dar palmadas en la espalda 拍背——亲切，友好
dar una bofetada 打耳光——羞辱
darse las manos 握手——和解
enseñar los colmillos y las garras 张牙舞爪——威胁
echar mano a la espada 伸手拔剑——剑拔弩张
frotarse las manos 搓手——满意，幸灾乐祸
hacer dedo 伸手指——路上要求搭顺风车
hacer codos 支双肘——学习
hablar por la mano 用手说话——打手势
la mano derecha 右手——得力助手
lavarse las manos 洗手——脱身，概不负责
mano sobre mano 两手相叠——懒惰
morderse las manos 咬手——懊恼
meter la mano en el pecho 以手扪胸——思索
ofrecer la mano 伸出手——和好
ponerse el dedo en la boca 把手指放在嘴上——嘘，别说话
poner el dedo en la llaga 把手指放在创口上——点中要害

santiguar 划十字——上帝保佑！

con las manos en la cabeza 双手抱头——懊丧，失败

等等。

一般来说，西语族的手臂动作比中国人多，也比北欧人多。动作幅度大，表意丰富，形式多样，常常伴随着语言进行交流。比较典型的例子是开会或议会辩论时的场面，发言者很少老老实实地站在那里念稿子，而是常有各种身体语言配合：情绪激昂时挥动手臂；指责对方时，伸手直指论敌；愤怒时甚至捶打讲台，极富戏剧性。西班牙前首相 F. 冈萨雷斯在议会回答反对派议员质询时有一个招牌姿势，左手插在裤兜里，右手扶着桌前的话筒。据说，这位激情四射的塞维利亚人用这种方法来控制自己的手势，以免过度暴露情绪和内心活动。

体势语有时是自然流露的，即使手臂被控制，身体的其他部分依然在"说话"。例如 20 世纪末期巴拿马政坛领袖托里霍斯将军，就是一个典型的表面冷峻、内心狂狷的人物。加西亚·马尔克斯这样描述他："El general Omar Torrijos vio por TV la rueda de prensa de Carter en su casa de la playa de Farallón，unos 150 kilómetros al oeste de la ciudad de Panamá，donde suele pasar la mitad de la semana descansando sin descansar. Escuchó las palabras de Carter inmóvil en su sillón de playa，chupando el cigarro apagado，y no dejó traslucir ninguna emoción...—J.S.S. p.30"（参考译文：托里霍斯将军在他的海滨别墅里看电视播放的卡特总统在记者招待会上的讲话，这个别墅距巴拿马城 150 公里，他通常每周有一半时间在那里，休而不闲。他听着卡特的讲话，一动不动地坐在沙滩椅上，嘴上还不停地吸着已经熄了的雪茄。）chupando（吸着，嘬着）是动态，暴露了他内心在紧张地活动着，而 inmóvil（静止不动）只是他能控制的部分，是表象。

政治家喜欢深藏不露，虚虚实实，令人捉摸不透。

手势还可以表示数量（多/少）、人称（你/我/他）、方位（这里/那里/远处）、程度（高低/胖瘦/大小）、动作（走路/说话/打电话/饮酒/吃饭），状态（饥/饱），还可以表现抽象概念（好/坏），以及情绪和思想等。几乎无所不包。例如：

"Los jóvenes ganadores o perdedores utilizan una riquísima gama de gestos，sobre todo con los brazos，para expresar su alegría ante el triunfo o su decepción ante la derrota. Tirarse al suelo，romper una raqueta，quitarse la camiseta en medio de la cancha，santiguarse，etc.，forman parte también del *show gestual* del mundo del deporte. –*Contenidos culturalesen la enseñanza del Español*，p.337"（参考译文：那些年轻的运动员，无论赢了的还是输了的，都用手臂来表达他们的胜利喜悦和失败的沮丧。躺倒在地上，摔球拍，在场地中心脱掉运动衫，划十字等，这些

都是体育场上的身势语。)

"Diciendo esto, el canónigo cruzaba ambas manos sobre el pecho, inclinando la cabeza. —*Doña Perfecta*, p.55"(译文:神父一边说,一边双手交叉在胸前,低下了头。)

"Porque hay sociedad, porque hay conciencia, porque hay Dios—afirmó gravemente Rey, levantándose y alzaba el brazo al cielo.—Ibid.p.134"(译文:正因为有社会,有信仰,有上帝——莱伊严正地说,一面站起身,一面扬起手臂,直指上天。)

政府首脑及内阁成员宣誓就职时,面对宪法举起右手,手掌张开。自古以来,摊开的手掌表示手中没拿石头或者其他可攻击的武器,意为坦诚、忠实。宗教仪式上,神父也多以手掌示众。

简单的手势还可以表示怀疑。用食指轻轻敲打鼻翼,配合稍作怪相的表情,表示对某事或某人有怀疑,相当于 Esto me huele mal /Esto me huele a chamusquina/ Aquí hay gato encerrado,如同"这里有猫腻"。

另一个常用的手势是起警示作用。用食指按住一只眼睛的下面,往下拉动眼睑,使眼睛睁大,扩大视觉效果。意思是"当心!"一般用来警告对话者或在场的第三者。还有一层意思,在谈话中,甲对乙做这个动作,表示"小心,我知道你的意图是什么。"西班牙语的!Mucho ojo¡ ¡Ojo¡即是此意。

在公路旁常常有人朝着过往的汽车伸出大拇指,"hacer dedo",这是西班牙和墨西哥等国要求搭车的手势,拇指要朝着汽车行驶的方向晃动。而在哥伦比亚的公路上,主要是长途公路上,也会看见军人做这个手势,含义是"一切顺利"。据说是乌里维总统执政时期形成的手势,现在也就留下来了。中国没有这个手势语。

在西语国家,手和臂还能起到骂人的作用。

比如,el corte de mangas,直译是断袖,挺臂。动作是弯曲左臂,右手放在左臂的臂弯处。这是很严重的侮辱语汇。

cornudo,直译是带角的。动作是食指和小拇指垂直竖起做角状,伸向某人。侮辱性的语汇,指对方被戴了绿帽子。

司机们在开车时,受空间的局限,只能按喇叭或从车窗伸出左手表示感谢、反感或辱骂。全世界的司机在高压之下,或者受到周围某种条件的刺激,都本能地要通过非语言的方式宣泄情感和情绪,手臂便担当此任。拉丁民族的花样更多些。在拉美,天主教信徒的比例相对较高。有宗教信仰的出租车司机每次途径路边供奉着圣徒像的地方,都会鸣笛一声,以示对"主"的尊敬。

有两个手势极易引起中国人的误解。

一是鼓掌。鼓掌本是一个国际化的手势，表示欢迎、祝贺或鼓励等正面意思。但是在西班牙还有其他的功能，在葬礼上人们也可以鼓掌，通常为一位备受敬仰的逝者，或者为英烈，也为那些死于事故或非正常死亡者献上敬意。几年前，西班牙阿斯图里亚地区发生了一起矿难，当遇难的矿工遗体被抬出来时，人群中发出掌声以示敬意和祝福。

二是拍脸蛋。数年前，在一次国际体育赛事的颁奖礼上，国际奥委会主席萨马兰奇给冠军邓亚萍颁奖，然后微笑着拍了拍她的脸蛋。西班牙人和拉美人都能理解这个手势的含义，就是喜爱和鼓励，特别是长者对晚辈。在危地马拉著名作家、诺贝尔文学奖获得者 M.A. 阿斯图里亚斯（Miguel Angel Asturias）的名著《总统先生》（*Señor Presidente*）里，有一段话："Antes de salir，Cara de Angel se volvió para darle con la mano un golpecito cariñoso en la mejilla de la chica—¡Calmada!"（译文：临走之前，卡拉·德安黑尔转过身，在姑娘的脸颊上爱抚地轻轻拍了一下，说，放心吧！）但是，如果是用手掌或手背轻拍自己的脸，含义便完全被颠覆了，其含义是某人真卑鄙，脸皮真厚（!qué cara¡!caradura¡）。

也许更具西班牙民族特点的体势语出现在斗牛场上。这应该属于另一个范畴，包括弗拉门戈舞蹈的艺术语言。但是此处可以稍微提及斗牛士的一些典型动作以及场上观众的某些互动手势。比如，斗牛士出色地杀死了一头牛之后，在观众狂热的欢呼声中，他高昂着头，挺胸，扬起右臂，一动不动，如同一尊雕像般接受观众的叫好。这种象征胜利的姿态令人回忆起史书中描写的恺撒，或者那个英雄时代的军事将领奥古斯都和屋大维等。观众们挥动白手帕、翘拇指和拇指朝下的动作都来源于古罗马的角斗场。斗牛本身也曾是罗马帝国的习俗。

中国人对手、臂动作语言的开发是惊人的。也许是出于东方人的细腻和智慧，古代的中国人就会用手指代表数字。外国人的方法是用两手的十根手指代表 1～10，一根手指是 1，两根是 2，若想数到 6，就得用另一只手的手指做加法，如此数到 10。而中国人仅用五根手指就可以数到 10。用手指既可做出中文数字的形状（如：八），也可按数字计量（如：三、四），还能比成阿拉伯数字的形状（如：9），还可以把手指加叠，喻加法（如：七）。也就是说，中国人的抽象化能力和具象化能力都很强。

中国人的另一个特殊身姿是"蹲"，特别是双腿下蹲，有人称之为"中国蹲"或者"亚洲蹲"。这个姿势主要流行在乡村和市镇，应该是农业文明的产物（在高度工业化的西欧和北美很少见到）。由于田间劳动的需求，农民时常蹲着操作，即使休息也会保持这个姿势。在中国农村的某些地方，过去人们吃饭、喝水、抽烟、聊天也喜欢蹲着，甚至蹲在条凳上。有一种解释：过去农民的物质生活条件一般，甚至简陋，座椅少，其他家具也只能满足最基本的生活需求，因此蹲在地上，蹲在院子里，就是一种“因地制宜”的选择。之所以这样说，是因为现在农村人喜欢蹲在地上吃饭和聊天的人大大减少了，吃饭有饭桌，聊天有座椅，环境的改善也改变了人的习惯。最后还有一个关乎生理学的解释：亚洲喜欢蹲的民族大多个子偏矮，身材偏瘦，这样的身高和体重不会给弯曲的双腿造成很大的压力。设想一下北欧那些维京人的后裔，1.85 的身高，接近 100 公斤的体重，“蹲”显然是一种冒险。中国南方有不少城市，卫生间的设施习惯用蹲便，而不是坐便，这让很多外国游客十分苦恼。其实不少身材匀称的外国人，膝盖确实无法像中国人那样弯曲，做到大小腿紧贴。我国古人是席地而坐的，即“安坐”，两膝着地，两脚脚背朝下，臀部落在脚踵上。如臀部抬起上身挺直，就叫跽，又称长跪，是将要站起来的准备姿势，也是对别人尊敬的表示。或许这个对我们的生理结构有一定影响，哪怕后来我们也坐凳子了，但是大部分人完成“蹲”的动作还是轻而易举的。

从社会学的角度分析，“蹲”有一定的阶层局限。过去的士大夫和近现代的所谓高端人群的着装方式，限制了蹲的动作，只有短打扮的阶层可以轻而易举地屈腿并重心下沉。另外，人的动作一旦延伸到公共场合，便有了审美上的意义。伸懒腰在私密环境中是正常行为，但是如果放在正式场合便是失礼，是不雅动作。“蹲”也如此。在一些交际场所或较正式的环境下，某人在众人环绕之中，众目睽睽之下，当地蹲下，也会被视为不雅、不当，举止失措。“蹲”的社会意义还可以通过另一个实例来说明。中国警察在抓捕嫌犯时与美国警察不同，后者命令嫌犯双手抱头，转过身去；前者是大喝一声：“蹲下！”嫌犯的尊严立刻消失了。

3.4　宗教体势语和政治体势语

关于西语族群的文化特点，必须提到两点：较强的政治敏感度和较强的宗教感。著名学者 M.皮达尔（Menéndez Pidal）在他的 *Los españoles en la historia*（《历史上的西班牙人》）一书中，引用的中世纪西班牙士兵们的一个战斗口号最能说明问题：Por la honra pon la vida，y pon las dos，honra y vida，por tu Dios.（p. 110）意思是：“献出你的生命吧，为了荣誉！献出你的生命和荣誉吧，为了上帝！”上面所说的两个文化特点都被囊括了，所以体势语包含一定的宗教色彩和政治意义就不足为怪了。同样，在中国也能发现为数不少的实例。

3.4.1 有宗教含义的体势语

宗教自诞生之时起，就始终有非语言形式相伴随。以基督教为例，早期的基督教流传于罗马帝国疆域内的下层百姓中，宣扬平等和宽容，因而受到统治阶级残酷的迫害，被宣布为异教。处于绝对劣势下的基督徒采用各种隐语和符号来传播教义并彼此沟通。这些秘密的代码逐渐系统化、固化，成为以后教会举行活动和仪式时的仪典，而教徒们在社会生活中习惯性地予以模仿。在以天主教为主的西语社会，在胸前划十字，吻主教或教皇的戒指，在圣像前单膝或双膝下跪并划十字，双手合十或双手交叉在胸前的祈祷姿势，跪地将双臂平伸做十字架状等，都是为西语族群耳熟能详的体势语。此外，任何一种宗教都带有神秘主义色彩，这是维系信徒对神的膜拜和对超自然力量的恐惧的必然，而神秘主义的表现形式之一就是对非语言代码的运用。

公元 598 年，当时的西班牙统治者雷卡雷多（Recaredo）国王宣布皈依基督教并以之为国教。在此后的几个世纪中，西班牙的宗教热度不断上升，伊比利亚的文化中浸染的基督教色彩越加浓烈，语言和非语言交流自然受到影响。仅就体势语而言，下面几种形式值得介绍。

双手合十或双手交叉胸前的祈祷姿势

在格列科（El Greco，1541—1614）那些宗教题材的画作中，这两种姿势频频出现，是圣徒和信徒们在祭坛前表示虔诚、虔信和献身精神的典型姿态。例如《圣弗朗西斯科双手抱胸沉思冥想》（作于 1577 或 1580 年）所描绘的圣徒，就是把这个姿势凝固在画面上，他睁大双眼，牢牢地盯着右前方天空射下的一缕神秘的光芒，充满对天主的敬畏和神往。

在日常生活中，这两种姿势传递的意思是虔诚或无害。

划十字

十字是基督教的符号，分为拉丁十字、希腊十字、埃及十字等多种，天主教的标志是拉丁十字。西班牙人划十字的形式是抬起右手，用食指和中指（古代还要加上拇指）从前额到胸前，从左肩到右肩划出十字形。可以在别人身上划，表示祈福或赐福；可在器物上划，表示驱邪禳灾；可在自身上划，表示惊讶或祈求护佑。常常可以看到拉美和西班牙运动员入场时，会虔诚地划十字祈求保佑，进球后也有同样的动作，是感恩的意思。子女即将远行或参加重要活动时，临出门，母亲会对孩子 santiguar（划十字），表示祝福。当然，现在使用有时也有夸张之意。

濯足

每逢圣诞节或其他基督教的重大纪念日，教皇、大主教等高级教职人士有时会找来若干流浪汉、乞丐、穷人或者囚犯，亲自为他们洗脚。传说耶稣曾经为他的 12 个门徒洗脚，以示谦卑和仁慈。格列科于 1567 年创作的祭坛画《耶稣为门徒们洗脚》真切地再现了这一场面。现在的教皇弗朗西斯即位不久就做此举，为几个囚犯洗脚，宣示基督教精神。

吻地

其他宗教似乎没有这个习惯，而基督教从上至下都在不同场合使用过这一体势语符号。教皇在出访时，刚一踏上别国土地，常跪地亲吻脚下的土地，表示虔敬与爱。约翰·保罗访问拉美时，年事已高，从教皇专机下来之后，还没有问候接机的高官显贵们，首先虔诚地匍匐在地，前额触地，以这样的礼节向东道主国家致意。有时目的国并不是基督教国家，教宗行此礼的意义更显示包容性。普通人在去国多年或离乡背井许久之后，踏上故土时也可跪下吻地，或表示感恩，或表示深深的依恋和爱。西班牙内战后，大批共和派人士被迫流亡国外，30 多年后才得以返国。不少人刚一走下飞机或刚一登陆，就扑倒在地，亲吻自己朝思暮想的祖国的土地。

自残式许愿

在西班牙等欧洲国家已经不多见，但是在墨西哥等拉美地区的天主教节日中，仍能看到。信徒为了向神祈求重要的恩赐（如救亲人的命、免除灾难、治病、减除刑罚等），鞭打自己的身体，或者用铁蒺藜缠在身体上，用跪爬的姿势走很远的路，来到某个圣地祈福。这样做也许是受到耶稣受难的启示，用折磨自己的血肉之躯的赎罪方式，来换取亲人的平安。

燃烛祭悼

2004 年 3 月 11 日马德里遭恐怖袭击之后，在事发地人们自发地摆放鲜花和写着悼念话语的卡片，并点燃一根根蜡烛寄托对死者的哀思。这个习惯可能来自教堂的仪式，适用于大部分西方国家。2015 年 11 月 13 日，巴黎遭受了史上伤亡最惨重的恐袭，次日乃至以后很长时间，出事地点都摆满了鲜花，入夜人们便点燃蜡烛，荧荧烛光传递着人们的哀悼。

宗教的其他非语言形式将分别在副语言和客体语言中介绍。

在中国的历史上，没有任何一种宗教能被称为国教而延续千百年。佛教的影响力比较大，但是也无法与天主教在西语世界的影响相抗衡。所以佛教的非语言代码并非都进入百姓的生活中，即使佛教徒本身也不能对庙宇中的全部符号予以解释。寺庙中的佛像有各种手势和身姿，传递着丰富的信息，像如来的拈花微笑，观音的手托净瓶，韦陀的手持金刚杵，达摩的十年面壁，天女散花，佛的各种手势，旗幡上的图案等。与此相应的是僧人和信徒们日常功课中的体势语，如焚香、打坐、顶礼、坐禅…… 久而久之，一些符号走入了文字，其固化形态扩展了语义，被应用至今，如五体投地、衣钵相传、顶礼膜拜、面壁功深、醍醐灌顶、涅槃、法宝、烧高香等等。

在日常生活中，中国人还保留了一些来源于佛教礼仪的身体语言，例如表示祝福、求告、祈求时，会双手合十，做祷告状；在沉思默想或饮茶时，会焚香静坐，等等。

3.4.2 有政治含义的体势语

用身体语言来表达带有某种社会意义的诉求或主张，既有本能作为基础，也有后天习得作为发展。示威游行时高举拳头，是人宣泄愤怒的本能姿势，表现出进攻和战斗的冲动。在许多国家，其政府首脑及内阁成员宣誓就职时，面对宪法举起右手，手掌张开；或者把手掌放在胸前。摊开的手掌表示坦诚和光明磊落，此俗源于古代的武士们，他们用这种方式表示手中没有武器。

在西班牙和拉美的社会生活中，可以观察到不少政治性的身体代码：在左翼力量领导的罢工和集会上，人们习惯高举右臂，紧握拳头；当年埃塔（ETA）多次发动恐怖袭击，许多巴斯克人在胸前配带蓝色丝带，象征反暴力；反对阿斯纳尔政府出兵中东的示威者把右手涂成白色，呼吁和平；加泰罗尼亚地区反对斗牛表演的动物保护主义者，在身体上涂上红色，躺在地上，象征垂死的牛。静坐示威是另一种政治符号，这种和平示威方式也许是源自圣雄甘地，近年来被广泛使用，成百上千的示威者静静地坐在广场上，或者公共机构的外面，无声地提出他们的抗议。这是非暴力抗争的典型方式。

敲平底锅（el golpear de cacerolas）是不少西语国家常见的抗议方式。平底锅是做西餐必备的炊具，家家都有。遇到物价上涨、食物短缺、收入下降等和百姓生活直接相关的问题时，人们便成群结队地涌上街头游行，敲打着平底锅表示强烈抗议。阿根廷金融危机期间，首都和大大小小城市都回荡着铿锵的敲锅的噪音，很有威慑力。

中国的国情不同于西班牙和拉美，有政治含义的体势语有限。首先，从民族性格的角度来看，中国人比较内敛、内向，同时儒家的行为规范长久以来对中国人行为举止有很大的制约，因此后天的影响大于本能，肢体语言没有得到全面开发，相应的语汇较少。而政治诉求的内容往往比较复杂，似乎只有语言和文字才能准确圆满地予以表达。因此中国人的含有政治意义的体势语没有西语族那么丰富多彩。

3.5 手势与身姿的应用与文化差异

手势与身姿的起源不外乎两种：一是产生于人类活动本能的指示功能。无论是哪个民族的人，表示吃东西，都会做出用手掌往嘴里送食物的动作；表示睡觉，都会合起双手放在脸颊下面，头微微倾斜，闭上双眼；表示愤怒，会双拳紧握，怒目圆睁。这些符号都是基本的生理和心理的反应。二是产生于某个历史环境和社会环境。《礼记》是中国古代一部重要的典章制度选集，主要记载先秦的礼制，目的在于确立严格的社会格局，维护宗法制度和道德规范。随着社会的发展，当时的一些礼仪逐渐演化成后世华夏民族的身体语言，如坐姿、站姿、行礼等等，这些身体代码是那些儒家文化圈之外的外国人所没有的。比如在农村给长者祝寿时，晚辈有时要跪下磕头，而在西班牙及拉美在同样的场合，晚辈会拥抱和亲吻老人。西班牙和拉美国家的一些足球运动员进场比赛时，常常在胸前划十字并以手触地，意在求上帝保佑或赐好运。在中国，无神论者占人口绝大多数，所以没有这类代码。由此可以看出，中、西/拉的体势语的差别本质上是文化差异。

文化差异的影响大致可以细化为以下几个层面。

3.5.1 意识形态和宗教的影响

在欧洲西北部以及西班牙的巴斯克地区，流行用食指和中指交叉做十字架状的手势，据说起源于早期基督徒表示对上帝虔诚的秘密符号。当时，基督教受到来自罗马帝国统治阶层和其他教派的迫害，教徒们不敢公开宣示其对基督的信仰，就用两指交叉的小动作既避开了敌人的耳目，又能和上帝做到心到神知。这个动作的含义是借助于神圣十字架来自佑、护身、辟邪、驱除敌意、求好运等，做这个手势时，动作较快，手要马上背到身后，表示只需自己或一两个人知道。如今双指交叉的含义有所发展，可以理解为友谊、发誓、消除谎言，甚至绝交。既然是基督教的代码，非基督教的文化就不可能加以采用。

3.5.2 习俗差异的影响

中国文化属于非体触文化，"亲吻"被限定在一个十分狭小的范围内，与"吻"有关的体势语基本被排斥，不可能出现。而《圣经》中提到的犹大之吻告诉人们，在公元前吻礼已经在东亚之外的广大地区流行，表示爱、好感、恭敬等正面情感。吻来自于原始的嘴对嘴喂食的人类行为，经过逐渐演变，嘴的接触便被诠释为爱。西班牙语短语中许多与"吻"相关的例子，证明了其形式与内涵的不断扩展，如吻手、吻脚、吻脸颊、吻前额、吻土地、飞吻、吻指尖等等。以吻指尖为例，在西班牙、意大利和美洲的一些地区，每逢提到一种令人垂涎的美味，或是一件精美诱人的物件，或者一位美女，人们常把五指撮起，放在嘴唇边，轻轻吻一下指尖，再猛地张开五指。这个动作表示赞美和致意。根据某些记载，古罗马人和古希腊人向他们崇拜的神圣之物（神像、祭坛、神庙、墓碑）表示敬意时，不敢贸然靠近去亲吻，便先吻自己的指尖，然后向圣物“抛过去”，如同一个飞吻。这就是吻指尖和飞吻的由来。

又如西班牙的习俗 tocar madera，即敲木板，这本是一种迷信的习惯，用敲击木板的动作配合语言表达：Toquemos madera（让我们敲木板吧）！意在驱邪，禳灾。此俗来源不清。人们的习惯做法是用手敲打木板或板状物，如果没有，也可做出虚拟的敲击状。中国人没有这个体势语符号，表达驱邪常用的手势是双手合十，做出佛教徒的祈祷状，意在求神佛保佑。也有人在说出不吉利的话语后，连连发出“呸！呸！呸！”的声音，也是驱邪的意思。

习俗的区别也体现在打响指（chasquido）上。历史上几乎从未听说过中国人有此手势，近代也只在受西方影响的大城市里才有，通常被视为俏皮，不够庄重。现代人偶尔用之，频率不高。（此处所说的中国人主要指汉族，新疆的维吾尔人则不然，他们的舞蹈中包括大量的打响指的动作，很有表现力。）但是对西班牙人和拉美人来说，这却是个普普通通的表意符号：可以叫人（叫侍者、报童、的士司机），引起注意（可以配合口中发出的“嘶”声），表示兴奋（可以双手同时动作），在舞蹈中响指可以配合节奏等。如果突然发现某件事的端倪，或找到某个问题的答案，或想通了某个难题，会在靠近太阳穴的地方打个响指，表示“¡Ya lo tengo!”（我知道了！我知道答案了！）

3.5.3 社会阶层差异

自阶级产生以来，社会就分裂出不同的阶层，而阶层之间的差异不仅体现在宏观上，如生产关系和生产资料的占有上，在微观上亦然，非语言交流体系上便有清晰的体现。以体态语言为例，中国自周朝以来，就建立了严格的行为规范，用来约束人的行为举止，特别是约束“士”以上的阶层，而对所谓“百姓”则没有太多的讲究，百姓也忙于生计，无暇顾此。差距由此产生。士大夫们遵从形形色色的规矩，不苟言笑，喜怒不形于色，行动自律，动作不张扬，情感不外露（如《世说新语》有云，“王戎云：与嵇康居二十年，未尝见其喜愠之色。”），坐有坐姿，站有站相，“立毋跛，坐毋箕”（《礼记·曲礼上》）。而百姓的举止就顺其自然，故而常被士人批评为不懂规矩。

以哭为例。在中国农村的丧葬仪式上或普通市民的类似场合，经常可以看到遗属们嚎啕大哭，边哭边念叨，甚至倒地哀哭，如果不这样会被视为不孝或不懂规矩。但是在城市的追悼会上，越是规格高的，场面越肃穆。二者的区别十分明显。

时至今日，差距依然存在。有些肢体语言被一个阶层接受，却被另一个阶层拒绝、排斥，甚至蔑视。阶层的划分是一个因素，与此相关的教育层次和价值观的区别是另一个因素。

3.5.4　语言差异

在非语言交流中，语言的影响不可忽视，因为有些非语言符号就来源于语言形式。比如，用食指和拇指比划的“八”与汉语的“八”是对应的。抗战期间，在北方敌占区这个手势是暗指八路军。敌人进村搜查，汉奸问老百姓：有没有这个？边说边打“八”的手势，意思是有没有八路军。手势可以比语言隐晦，可以缓解语言的清晰度和强度，此处暴露了汉奸们对八路军的畏惧。又如，在西班牙一些年轻人在聊天时，某人絮絮叨叨，话题乏味，别人只要伸出手做剪刀状，他就明白了，人家让他闭嘴。手势是用食指和中指上下开合，作剪刀的动作，表示¡Corta el rollo!，直译：剪断这个絮叨。寓意是“停止这个讨厌的话题吧”，或者“打住吧，别说了！”在西班牙还有一个十分常用的手势，双手食指和中指成剪刀状，静止分别放置在头部的左右两侧，仿佛一对立体的引号。此动作表明说话的内容和实际不符，所以这个动作适合与话语搭配使用，而且说话人和做手势者是一个人。

西班牙语族不会理解中国人“八”的手势，中国人也不会明白西班牙人的剪刀手势的含义。语言的差异变成了障碍，阻止人们对异文化中某些手势的破解。

3.5.5　体势语的误解

中国和西班牙/拉美之间的文化差异浸染到各个层面，极易导致隔阂甚至冲突。所以，在使用异文化的体势语时务必谨慎，必须要考虑到每一个词语或代码的背景、语境和表达方式的分寸，避免语义和语用上可能出现的混乱。

比如 V 型手势，人们普遍认可的含义是“胜利”，但是在不同地区却有完全不同的解释，而考证其历史根源，发现其最初的意思竟然是猥亵。早期在欧美一些国家已经出现了 V 型手势，其含义无一例外都是性侮辱。转折点出现在第二次世界大战，反法西斯力量选用 V 型手势表示必定战胜敌人获得胜利的决心，而后英国的战时领袖丘吉尔把它推向全世界。但是表示胜利的 V 手势是掌心朝外，手背对着使用者的身体。如果反之，V 手势所标示的依然是侮辱。

前面提到的“八”字手势，与西语族的“手枪”的手势近似，使用时曾经出现过误会，外国人误以为是一种威胁。

再如，吹口哨（silbar）。在拉丁民族中间，吹口哨是个极普通的非语言符号，男女老少皆可用之，可以表示惊奇、高兴、不满、失望、挑逗；在剧场演出时吹口哨通常表示喝倒彩（如：Han silbado la obra estrenada. 首演的剧目被嘘了，或首演的剧不受欢迎。又如，Ese actor nunca ha sido silbado.那位艺人从未被嘘过，或那个演员一向受欢迎），但有时也可表示欢迎；在球场上吹口哨表示反感或抗议；在街上、公园或其他公共场合向女性吹口哨，可以表示赞美，也流露出轻佻和挑逗的意思（见**知识链接**中的 hacer piropo）；有时，口哨只是想引起注意。在中国，传统上不看好吹口哨，认为轻浮、不庄重，使用有限，而且一般只有男性会在某些场合使用。近年来情况有所变化。

一种体势语代码的出现通常会伴随着一系列的因素，在它的传播过程中，又会有若干新的成分加入，于是其含义和表达形式也会发生变化。以中国城市青年所熟悉的“葛优躺”为例，其原型是 20 世纪 90 年代情景剧《我爱我家》中春生的一个习惯性姿势，葛优扮演的这个人物是从农村出来的混混，好逸恶劳，好吃懒做，谎话连篇，以坑蒙拐骗为生。他混吃混喝之后，就四仰八叉地躺倒在沙发上，十足的痞子形象。多年后，“葛优躺”这个身体符号发生了演变，特指那些优哉游哉、随性的、不拘小节的、懒散的城市青年，从负面意义变成了中性特质，从穷困潦倒的混混变成了衣食无忧的懒人，连躺的姿势都发生了变化：最初的躺姿是不加修饰的、符合生理需求的动作，很粗糙；如今的姿势是打磨过的，添加了些许慵懒，代表了无所事事的状态。由此可见，对体势语的解释也得随时而变。

在跨文化交流的过程中，为了尽可能准确解码异文化的体势语，除了学习相关的知识，还要从主观上排除文化偏见，跨越时间和地域障碍，而深入观察和分析实例也是不可缺少的。

◎ 案例分析

在改革开放初期，我国政府派出一些文艺演出团体和体育代表队到墨西哥等拉美国家访问。某歌舞团在墨西哥城演出时，观众对精彩的表演除了报以热烈的掌声，场上还爆发出震天的跺脚声和吹口哨声。此举着实让中方大吃一惊：这是表示欢迎还是在喝倒彩？卸妆后，几位漂亮的女演员走在街上，竟有若干男人在她们后面大声吹口哨。这几位演员极其气愤，而且感到害怕。同样的情况也发生在中国女排队员身上，她们用怒视来回瞪那些吹口哨的墨西哥小伙子。双方之间到底发生了什么？

在这个案例中主要有两个体势语代码：1.跺脚，2.吹口哨。中国观众习惯于用掌声和喝彩来表达对演出的肯定。近年来年轻人会添加一个新的符号：尖叫。这是西风东渐的产物。而在墨西哥等西语国家，跺脚、口哨、尖叫和大声喝彩（¡Bravo!）都可以表示对演出的欢迎和喜爱。最初，中国人对此并不了解，误认为是起哄。而男人对漂亮女性吹口哨是在墨西哥等地区惯常见到的场景，其内涵复杂，可以包含赞美、调侃、调情、挑逗、引起注意等多重意思。而在中国，类似的情况会被看作是举止轻浮，甚至是流氓行为，以至于中国女排的姑娘们会对那些吹口哨者怒目而视。

A. 德米格尔说过，"西班牙人一般都是激情澎湃的演员，对于观众的掌声和跺脚声非常敏感。"（El español suele ser un apasionante actor y es muy sensible a los aplausos o pateos de su público. —*Los españoles*，p.29）

确实如此。

◎ 知识链接

意大利人和西班牙人之间渊源很深：地理位置和血缘关系都相近，历史上的关系盘根错节，西班牙曾为罗马帝国的行省，意大利曾为西班牙帝国的属地，西班牙王室也有两西西里王朝的血脉，二者的文化基本相通，基础都是古希腊—罗马文明和犹太—基督教文明。所以，在谈到非语言交流时，两个民族可以互为借鉴。

路易吉·巴尔齐尼著的《意大利人》（Luigi Barzini，*The Italians*）中，深刻而全面地介绍并剖析了意大利人的肢体语言，下面摘引两段。

"再说手势。意大利人的手势也很出名。他们的手势确实比别国人用得更多、更有效和更有想象力。他们用手势来加强语气，把意思表达得更为清楚，暗示不便说出的字眼和意思；有时距离太远，听不见说话，便直接用手势来传递信息。在今天这个繁忙的世界上，为了节省时间，手势的应用也越来越广泛了。司机们再也不像几年前那样，放慢车速、浪费宝贵的时间来互相叫骂或训斥行人，而是向他要骂的人伸出一只手，这只手除了食指和小拇指外全部卷曲起来。这个手势表示，被骂者已经长了犄角，或应该长犄角，或很快就要长犄角，也就是说他的妻子（或者是未婚妻、情妇）给他戴了绿帽子。有些手势是任意编造的，有些是根据传统，就像聋哑人的手语或美洲印地安人的符号语那样，但是多数手势是以自然与本能的动作为基础的，它适合于大多数人，尤其是西方人。它精细、强烈，有风格，能传神，已经成为一种艺术。像其他伟大的传统艺术一样，它能够被广泛理解，没见过的人也能一看就懂。"（1986：63）

"对古人手势的解释只占该书很少的篇幅，大量的内容是独特而完备的手势，不论在那不勒斯还是在别处，人们都可以用这些手势来表达一切或几乎一切意思而无须开口……把该书翻到题为《愤怒》的那一章，它列出了不用语言就可以表达的 10 种主要姿势。让我们只引述标题而略去详细的描述，它们是：（一）咬嘴唇；（二）咬手和手指；（三）扯头发；（四）抓脸；（五）一手握拳，另一只手包此拳，用力揉搓以至关节发响；（六）咬牙咧唇；（七）嘴唇神经质地颤动；（八）猛力跺脚；（九）双掌对击尤如鼓掌，但只击一两下，而且用力。唯一不好理解的是第十种，假装咬自己的肘部。它来源于意大利人的习惯语，即我要想尽一切办法去报仇，即使是不可能的事，夸张一点说，哪怕是咬自己的肘部这样的事，也要去干。”（1986：65—66）

《意大利人》这本书值得一读，可以用来对比西班牙人的体势语。此书由三联书店于1986年出版。英文版由 Atheneum Publisher 出版社于1972 年出版。

◎ 知识链接

德斯蒙德·莫里斯（Desmond Morris，1928—）是英国著名的动物学家和人类行为学家，发表了一系列有关人类行为学的著作，如《裸猿》《人类行为观察》《裸眼》《手势语言》等，其中《手势语言》（*Gestures—Their origins and distribution*）是其代表作之一。作者历时三年，考察了25个国家（包括西班牙），40个地区，收集了各种各样的手势，对其进行分类和科学描述，并对其民族特性、来源、分布范围和社会特性逐一分析。在这本书中，作者分析了主要流行在欧洲的19种手势和体势语言，其分析方法和着眼点值得研究非语言交流的人去了解和学习。

此书的中文版由百花文艺出版社于2003年出版发行。

◎ 知识链接

西语世界的体势语中有一则非常特别、非常民族化的符号：hacer piropo 或者 piropear，其意思是用语言和动作向某人献殷勤，通常是男人向女子 hacer piropo。作为体势语，这是男性赞美女性的一组符号，并且往往要配合语言表达，通常在公共场合使用，比如大街上、公园里、广场上，总之是有很多人的地方。当一位外表很出众的女性经过时，一个或多个男子对她吹口哨，打着各种手势，甚至会跟着她走，嘴里说着赞美的言辞，通常是夸赞她的美貌、衣着、优雅的体态、绰约的风姿等。piropo 在西班牙和拉美许多国家流行。对于拉丁文化圈之外的欧美女性来说，它近乎一种骚扰；而对于中国女性来说，那简直是恐怖。近些年 piropo 也发生了变化，首先是女性也可向自己心仪的男士发出 piropo。例如西班牙国王菲利佩六世还是王储时，在出访中，总有大群的女性朝他欢呼、吹口哨并狂喊：“¡Guapo! ¡Guapo!”（美男子！美男子！）。其次是，在某些地区由于女权主义者的抗议，Piropo 被禁止了。

◎ 语例实践

在下列语例中均含有体势语符号，试理解其意义。

1. Se cuenta que alguien,en mesa cercana a la tertulia de don Jacinto Benavente,mordió el puro y lo introdujo en la copa de coñac.

—¿Ha visto usted qué tío asqueroso? –se enfureció un amigo del Premio Nobel—.¡Es para matarlo!

—Hombre –contestó suavemente don Jacinto—,estoy de acuerdo que es una porquería... Pero tanto como para matarle...

(Fernando Díaz-Plaja,p.195)

2. En uno de los tibios otoños madrileños me senté en la Plaza de España,de Madrid,a tomar el sol. Había un fotógrafo ambulante,y un turista quiso la clásica fotografía frente al monumento a Don Quijote y Sancho. Para ello tuvo que pisar la hierba.

—¡Fuera! –gritó a mi lado y con voz necesaria para que le oyera a cien metros,el guarda—.¡Fuera!¡Fuera! –los gritos eran tan desaforados como los gigantes cenrvantinos. El turista dejó rápidamente su sitio.

Hasta entonces no había ocurrido nada excepcional.El guarda se había quizá excedido en la voz y el gesto,pero,al fin y al cabo,cumplía con su deber. Estaba prohibido pisar el césped. Pero lo que me asombró fue su cara congestionada cuando se volvía,su misión terminada. Los ojos despedían llamas.

—Un palo hay que darles... un palo...

(Ibid,p.199)

3. (Mi abuelo)por ser el mayor,debió abandonar la escuela y buscar empleo para mantener a su madre y educar a sus hermanos menores. Mucho después,cuando se había convertido en señor de fortunas ante quien los demás se quitaban el sombrero,me confesó que la peor pobreza es la de cuello y corbata,porque hay que disimularla. Se presentaba impecable con la ropa del padre ajustada a su tamaño,los cuellos tiesos y los trajes bien planchados para disimular el desgaste de la tela.

(Isabel Allende,*Paula*,p.12)

4. China y crisis son antónimos. Por lo menos en el sector de automoción. Mientras los mercados tradicionales se lamen las heridas de la coyuntura económica global y los fabricantes bucean en los números rojos,el gran dragón pisa el acelerador y escupe fuego.

注释

[1]（西班牙文原文）：Viejos o adolescentes，criollo o mestizo，general，obrero o licenciado，el mexicano se me parece como un ser que se encierra y se perserva：

máscara el rostro y la máscara la sonrisa.（*El laberinto de la soledad*，p.26）

[2]（原文）：El rey hachemita tiene un admirable don de gentes，sonríe muy a menudo，mira a los ojos del que le habla，y responde sin vacilaciones.

（*Personajes a fondo*，p.3）

[3]（原文）：Imagínese que un día mientras usted está sentado en un lugar público，levanta la vista，y se encuentra con la mirada fija de un desconocido que lo observa inexpresivamente，y que no se altera aun cuando usted le clava los ojos. Con seguridad，usted mirará rápidamente hacia otro lado y luego de unos segundos se volverá hacia él para ver si todavía lo sigue observando. Si continúa haciéndolo，usted lo mirará de hito en hito varias veces y a medida que lo haga，si la persona persiste en su actitud，usted pasará rápidamente de la ira a la alarma.

Esta forma de mirar fijo，sin variante，es un medio de amenaza para muchos animales como así también para el hombre. Un naturalista que estudió el comportamiento de los gorilas montañeses en la selva，registró esta especie de "combate de miradas fijas" entre los machos. El mismo se expuso a un ataque si miraba a un animal fijamente por un lapso prolongado.（2010：77）

[4]（原文）"El pueblo chino es uno de los más sonrientes del mundo. A través del implacable colonialismo，de revoluciones，de hambrunas，de masacres，sonríe como ningún otro pueblo sabe sonreír. La sonrisa de los niños chinos es la más bella cosecha de arroz que desgrana la gran muchedumbre.

Pero hay dos clases de sonrisas chinas. Hay una natural que ilumina los rostros color de trigo. Es la sonrisa de los campesinos y la del vasto pueblo. La otra es una sonrisa de quita y pon，postiza，que se pega y despega bajo la nariz. Es la sonrisa de los funcionarios.

Nos costó distinguir entre ambas sorisas cuando con Ehrenburg llegamos por primera vez al aeropuerto de Pekín. Las verdaderas y mejores nos acompañaron por muchos días. Eran las de nuestros compañeros escritores chinos，novelistas y poetas que nos acogieron con noble hospitalidad."（*Confieso que he vivido*，p.239）

[5]（原文）"（En China）Nada espontáneo existe：ni la sonrisa. "（Ibid，p.265）

[6]（原文）"...el Rey habló con todos，les preguntó por su trabajo，le contaron las dificultades del regreso a España...y el Rey abrazó estrechamente a un jubilado que，llorando，le cogía de las solapas y clamaba con desgarro：¡Lleveme a España!"（*Todo un Rey*，p. 69）

[7]（原文）"Los abrazos a los dignatarios latinoamericanos son más distintos，

más fuertes，más sinceros y，por ejemplo... En esta misma gira por tierras centroamericanas la Reina recibió un interminable abrazo del entonces presidente，general Melgas Casti，que quería así manifestar su enorme entusiasmo por la visita de los Reyes españoles."（Ibid，p.69-70）

[8]（原文）"En un viaje al extranjero，a Panamá，estuvo a punto de demostrar que se encuentra físicamente en forma. Cuando la noche de su llegada，y acompañados por el presidente Lakas y por Omar Torrijos，entraban en el Palacio Presidencial，un hombre esquivo todos los servicios de seguridad y se abalanzó sobre el Rey，que estaba ya en guardia dispuesto a rechazar el ataque，cosa que pudieron apreciar todos los sorprendidos españoles y panameños que se encontraban allí. Cuando estaba a un metro del Rey，el hombre gritó que era español，y que sólo quería abrazar a su Rey，y lo hizo. Pero estuvo a punto de recibir un buen golpe."（Ibid. P. 72-73）

本章推荐书目

Ramón Menéndez Pidal，*Los españoles en la historia*，Espasa Galpe，1991.

第 4 章

副　语　言

副语言定义；沉默的意义和作用；西语族群的话语权和话语轮换的方式；非语言的声音（包括语音、语调、方言）；中西副语言对比

4.1　何谓副语言

副语言中的“副”字可以理解为“伴随”。《灵山秘叶》中所载：“察其声气，而测其度；视其声华，而别其质；听其声势，而观其力；考其声情，而推其征。”伴随声音的“气”“华”“势”“情”同样也能传递出信息。巴塞罗那自治大学的交际分析实验室曾做过一项实验，研究声音与感知关系，得出的结论十分生动有趣：声音低沉意味着成熟，能赢得他人的信任；如果声音过于深沉，则会让人感到阴郁；声音坚定让我们觉得这个人出类拔萃，身居高位；说话音量低让我们觉得这个人或是缺乏力度或是笨拙；嗓音尖锐者让人难以产生信任。

当人们在交际过程中传递信息的时候，除了信息本身的内容（lenguaje），我们的声音往往会表现出不同的特质（paralenguaje），身体也会摆出相应的姿态（kinésica）。这种特质和姿态使交流内容更加清晰地传递给信息接受者。语言、声音特质、体势共同构成了一条完整的信息，三者正是波亚托斯（Poyatos，1994a）所说的话语三重结构（triple estructura）。波亚托斯发现人们在说话的同时总是会借用某些声音和体态的元素，这些元素也就是特雷格（G.L.Trager，1958）和伯德惠斯特尔（R.L.Birdwhistell，1952）分别提及的副语言和体势语，但是并不是所有人都关注语言、副语言、体势三者之间的关系，不过在他看来这三者共同构成了话语的三重结构，不可分割。

... ha sido el mayor fallo en el análisis del discurso y de la comunicación interpersonal en general：no ver esa triple e inseparable realidad del lenguaje vivo，hablado，que existe sólo como un continuo verbal para lingüístico-kinésico formado por sonidos y silencios y por movimientos y posiciones estáticas，es decir，lo que desde entonces empecé a estudiar como 'la triple estructura básica de la comunicación'.（Poyatos 1994：129-130）

（参考译文：没有认识到鲜活的交际语言中存在不可分割的三重结构，而只是把它当作声音、沉默、动态或静态体势构建的语言—体势系统中的一个语言拓展项，这是语言分析和人际交际中的莫大缺失，于是，从那时起我便开始研究"交际中的基本三重结构"。）

副语言让信息更加生动、完整地传递出去，也让交际活动变得更加有趣，副语言本身没有携带语义信息，却体现出交际者的个体特征（例如音质、音色等）、语言特点、心理活动、身份角色、文化特色等，这些都是跨文化交际中重要的组成部分。

4.1.1 副语言的界定

副语言（paralenguaje）又称为类语言或伴随语言，一般指的是伴随话语而发出的无固定语义的声音，说话时的语音、语调以及沉默和停顿。萨默瓦（2013：198）认为副语言"涉及讲话的语言要素，也就是说话的方式，而不是指所说话语的实际意义"。安娜·塞斯特洛（Ana Cestero）受波亚托斯话语"三重结构"的理论影响，认为副语言和体态语是非语言交际的两大基础体系。在交际活动中，两者之间交互帮衬传递信息，或者也可以独立使用。在交际话语中，语言与非语言协同合作，传递语义信息。（2016：3-4）[1]

美国语言学家乔治·特雷格（G. L. Trager）在20世纪50年代提出副语言的系统分类，他将副语言分为"声音性状"和"发声要素"两个类别；第二种类别为"发声特征"（窃笑、哭泣、叫喊、呻吟等）、"声音特征"（声音的强弱、声音高低、声音长短等）和"发声游离因素"（如填补音）三个方面[2]。

萨默瓦（2013）直接将副语言分为声音修饰词（音量、音高、音律、音频、共振、音调）；声音特征词（笑、哭、喊、呻吟、哀鸣、打嗝、打哈欠等）和声音区分词素（如 un-huh，shh，uh，oooh，mmmh，humn……）三类。陈国明（2009）在其《跨文化交际学》一书中把副语言称为"声调学"，指出是"专门研究人类沟通时声音、音调或音色的使用与变化"的学科，同时，在纳普（M. Knapp）以及特雷格研究的基础上，把语声线索归纳为：语声品质、特征性语声、限定性语声、顿语。在我们看来，陈国明分类中的特征性语声同萨默瓦提到的声音特征词是同一概念；语声品质和限定性语声同属于声音修饰词，前者倾向于声音的生理属性（例如：声音尖锐、鼻音重等），更多用来辨识个人身份。后者是语用性语声，即客观因素对语声特性的影响，例如职业、地域、身份等。陈国明提到的“顿语”其实包括两类词：一是多位专家均提到的发声游离词或叫声音区分词素；二是起功能作用的插入短语。陈国明（2009：136）把这类词叫做“垃圾语言”，他认为这类插入性短语除了起到打断言语的作用以外，没有其他正面性的功能。

我们每个人的声音基本上是与生俱来的，这也是我们相互区别的一个特点。特定情况下也可以对天生的声音加以修饰，使其更加完美，或者更加适合某些需求。安娜·塞斯特洛（2016）基于波亚托斯的前期研究，将副语言体系分为四个方面的内容：音质与声音修饰词（cualidades físicas del sonido）、生理及心理表现词（sonidos como reacciones fisiológicas o emocionales）、类词汇元素（elementos cuasi-léxicos）、间歇与沉默（pausas y silencios）[3]。

音质与声音修饰词主要指声调（tono）、节奏（ritmo）、音量（volumen）或强度（intensidad）、音色（timbre）、音速（tempo）等。通过声音本身的特点，我们可以辨识不同的人。但闻其声，便知其人。除此之外，在日常交际当中，声音的高低、强弱、快慢、甜美或是干涩，也可以传递出说话人的情绪状态。同样的一句话，或是情绪高昂，或是萎靡不振；或是神色慌张，或是淡定自如；或是柔情万种，或是冷酷无情……情绪调控的关键点不是文字，而是表述文字时附和的不同声音。

生理及心理表现词其实就是萨默瓦提到的声音特征词。笑声（la risa）、哭声（el llanto）、抽泣声（el sollozo）、叹息声（el suspiro）、叫喊声（el grito）等能反应出一个人的心理状态；而咳嗽声（la tos）、清嗓声（el carraspeo）、哈欠声（el bostezo）、打嗝声（el eructo）、打喷嚏（el estornudo），（胃胀气引起的）胃鸣（las flatulencias）、屁声（el pedo）等往往表现出人的生理状态。

在类词汇中，安娜·塞斯特洛特别提及了四种情况：

✧ 非词汇性感叹词（las interjecciones no léxicas）：如 ¡Eey!——喂，哎（引起他人注意），¡Uy!——表示疼痛，¡Uff!——热等。

✧ 拟声词（las onomatopeyas）：如 Pi-piii——哨子声，Zas——击打声，Chu Chu——火车声，¡Muac!——亲吻，¡Ñam-ñam!——吃东西，Quiquiriqui——公鸡叫，Cococoooo——母鸡叫，Cof——咳嗽，Achís——打嗝，Glup——吞咽等。

✧ 发声动词（emisiones sonoras que tienen nombre）：如 chistar——说话，sisear——发出嘘声，lamer——抿舔声，roncar——打鼾声，resoplar——喘粗气声，gemir——呻吟声……

✧ 其他声音表述词（填补音）：如 Puaj——恶心，Uff——松口气 Hmmm——思考，质疑，Brrrr——感觉冷，Shu——速度，Scratch——挠，抓，¡Ah!——吃惊，¡Ay!——抱怨，¡Ja，ja，ja!——大笑，¡Je，je，je!——坏笑，¡Ji，ji，ji!——

偷笑……[4]

沉默同样传递信息，而且可以传递出更多的信息。对沉默的不同解读往往构成中西文化交际中的障碍。安娜·塞斯特洛和波亚托斯在这一点上是存在共识的，所以将“间歇”与“沉默”列入副语言体系的最后一个类别，并且介绍了门德斯（Méndez）研究中的几种沉默：

✧ 话语性沉默：表示赞同、反对、欺骗、掩饰等语义或者起到相关交际作用。

✧ 结构性沉默：交谈过程中话轮转换时话轮交接、转换话题、祈求协助等情况下出现的沉默。

✧ 认知性沉默：出于谨慎态度或是情绪所致的沉默。

✧ 习俗性沉默：由于社会规则、文化习俗造成的沉默。[5]

可能是因为安娜·塞斯特洛本身从事西班牙语言教学领域研究的关系，她对语言本身较为关注。她在类词汇中特别突出了发声系列动词（发出……声音），这一类型同西班牙语构词方法有密切的关系。西班牙语中不少动词是由“名词+词缀”构成的，描述动物叫声的动词就是这种情况。我们汉语中几乎都可以用“叫”字来解决，当然少数几种动物的叫也可以找到对应的动词，例如：犬吠、鸡鸣、鸟啼、狼嚎、虎啸、狮吼……但是对于西班牙语来说，不同动物的叫声必须要使用不同的动词来表达：arrullar/zucear——鸽子叫（el paloma arrulla），aullar/ladrar——狗叫（el perro aulla/ladra），balar——鹿/羊叫（el oveja bala），barritar——大象/犀牛叫（el elefante barrita），cacatear——母鸡叫（la gallina cacatea），chillar——老鼠叫（el ratón chilla），croar——青蛙叫（la rana croa），gruñir——猪叫（el cerdo gruñe），maullar/mayar——猫叫（el gato maulla），piar——鸟鸣（el pájaro pía），rebuznar——驴叫（el asno rebuzna），relinchar——马叫（el caballo relincha），rugir——狮子/老虎吼（el tigre ruge）……

4.1.2 副语言的作用

副语言借助声音特性、身体姿态等方法来传递信息或加强信息内容。正如前文所述，我们可以通过副语言分析出很多信息。

“从人们发出的声音可以做出许多关于讲话内容和讲话者特征的推断。举例来说，副语言可以帮助你推断出一个人的情绪状态、社会经济地位、身高、体重、民族、年龄、智力、种族以及地区背景和教育水平。”（萨默瓦，2013：198）

我们常常说“某某人讲话的腔调如何”，“腔调”二字正是副语言的一种体现。拉丁美洲人讲西班牙语时，其语音语调和西班牙人就很不一样。伊比利亚西班牙语和美洲西班牙语相比，语调相对平缓一些。我们感觉美洲人讲西班牙语时带唱腔，其实就是语调上转音较多。哥伦比亚人和秘鲁人讲的西班牙语相对比较纯正（puro），所谓“纯正”，其实就是与伊比利亚西班牙语相比较，二者的相似度更多。每个拉美国家、同一国家的每个地区都会有自己的地方语调。这种地区性的口音（acento）就是副语言的一种表现。久居拉美的人，甚至可以辨别出说话人的国籍。“少小离家老大回，乡音无改鬓毛衰。儿童相见不相识，笑问客从何处来。”生活环境熏染出的语言特色对说话人有莫大的影响，并非朝夕瞬间就能轻易改变。正是因为这个原因，学习汉语的外国留学生在学期初期免不了让人觉得“洋腔洋调”。当然，如果在国内久居，再加上后天自身的努力，也可以成为讲一口地道汉语的“中国通”。

目前，国内高校教授的西班牙语基本上都是伊比利亚西班牙语，即卡斯蒂利亚语（el castellano），外教大部分也是西班牙人，即便个别学校有少数来自拉丁美洲的外教，也不足以影响到学生的语音语调。西班牙语是拉美近 20 个国家和地区的官方语言，所以理论上讲，伊比利亚西班牙语在拉丁美洲不会有交流障碍，可事实上，当地人更希望你和他们用当地的西班牙语交谈。对于初来乍到的外乡人，热情好客的拉美人会立即察觉出你讲的西班牙语和他们不一样，而且直截了当地指出你讲的是卡斯蒂利亚语，当你慢慢模仿着用他们的语音语调，甚至是词汇同他们交流时，他们会十分高兴。一位中国老师在 2000 年去墨西哥讲学时，系里的同事说她讲话像个 cachupina，这个词的含义是“在拉丁美洲定居的西班牙人”，但是带有贬义成分，抱有对前殖民主义者的反感。好在这位老师多年前曾在墨西哥留学，于是快速地恢复当年熟悉的墨西哥口音，对方立马接受了她。

我们在学习西班牙语的过程中，也会碰到不少同副语言相关的问题。在语速方面，西班牙语的语速总体比汉语要快。一般而言，汉语的语速是每分钟 150 个字左右（每秒钟 2.5 个字），央视播音员说话全都控制在每分钟 120 个字（每秒钟 2 个字）。纳瓦洛·托马斯（Navarro Tomás 1982）曾估算西班牙语的语速在每分钟 200 词左右（每秒钟>3 个词），而洛佩雷特（Loperete 1984）又指出西班牙语的常规语速是每分钟 120～150 词（2 个词>每秒钟>3 个词）。随后，布朗德特（Blondet 2006）接着又提出了三种委内瑞拉西班牙语的语速：慢速、常规速度、快速。慢速每秒钟大概是 3.49～4.1 个音节（Darcy Rojas & Hernán Martínez 2011）。汉语属于孤立语，通常一个字即是一个音节；西班牙语也有一个音节构成的单词，但是西班牙语词汇以 2 个音节或 3 个音节居多，3 个以上音节的词也有。两相比较，西班牙语的语速比汉语要快一些，这是入门级西班牙语学习者普遍的心理感受。但是经过长期不间断的练习，语速就会慢慢加快，最终达到日常交际的语速。

与生俱来的声音特征可以经过后天的修饰发生变化。配音演员固然天赋异禀，但是后天的专业训练会让声音更具可塑性。西班牙的一些老年活动中心会为社区的老人开设一些文化课程。朗读课的老师就会教学员如何停顿，如何控制语速、音量，以达到最佳的朗读效果。在公共场所不宜大声喧哗，即便日常谈话也需要控制音量，避免打扰到周围的人群。初到国外留学的中国同学在公交车上说话音量略高，其他乘客屡屡投来不悦的目光，觉得同学缺乏公共礼仪常识，而这些都应该是家庭或学校教育中应有的内容。打喷嚏是人的一种本能行为，但在后天的教育和学习中，我们会对打喷嚏的声音和方式加以控制。在哥伦比亚受过良好教育的女孩子会学习如何在打喷嚏的时候尽量不要发出声音；而我们的一些学生在国外留学时曾因自己打喷嚏声音过大而惊扰到周边的当地人。所以，先天的赋予加上后天的修饰才是最后呈现出来的声音。我们常常说"眼睛是心灵的窗户"，其实声音可以成为风景。加拿大著名作曲家、音乐教育家、文化学者和环境思想家雷蒙德·默里·谢弗（Raymond Murray Schafer）在 20 世纪 60 年代便提出了"声音的风景"（soundscape）、"听觉生态"（acoustic ecology）理论并展开实践。按照谢弗的观点，声音也可以同服饰、建筑等一样成为文化标记，听觉文化研究开始成为文化研究的新领域。

我们也可以通过声音感知说话者的心情和健康状态。依据中医理论，肺主气。肺气足，则声音洪亮，精神状态佳；肺气虚，则声音低弱无力，气短乏力，情绪低迷。心情舒畅时人会哈哈大笑；心怀鬼胎时会露出奸笑；幸灾乐祸或是暗自欣喜时会窃笑……这些都说明了副语言和心情之间的紧密联系。正因如此，内容完全一样的话，不同人在不同语境下说出来会呈现出不同的效果。由于文化背景不同，副语言有时也会给交际带来一定障碍。很多外国人不理解为什么中国人在描述自己或别人的某些遭遇时，面部仍然微笑。其实，在讲话者面带微笑叙述自己遭遇的时候，可能已经是一种释怀的心态；再者，中国文化中确实有一种"笑对人生百味"的处世态度。如果听者不了解中国文化，可能会质疑说话者的品行，尤其是在谈及第三者遭遇的时候。

随着科学技术的不断进步，很多社会服务都开始采用网络或是电话途径以提高工作效率，于是 servicio telefónico 在西班牙或是拉美很多国家已是日常生活中不可或缺的一部分，例如网络故障报修、网上银行开户等。刚到国外的同学往往惧怕这类服务，担心语言能力不够，听不懂电话里人工服务的内容。其实，一方面，电话交际切断了一部分的副语言交流，增加了交际的难度；而另一方面，虽然电话接听员接受过专业训练，但是在经过几番交际失败后，对方的无奈情绪依然可以通过电话线传到拨打电话的一方，无形中让原本就心情忐忑的同学更为紧张。如果接听电话方是人工智能，同学的情绪波动会稍微小一些，因为无非就是多拨打几遍，直到听懂为止。这些都是非语言信息对交际者心态的影响。影视剧制作用重金打造音乐也是一样的道理，因为声音对观众有极大的感染力，也是剧情跌宕起伏不可或缺的元素。

信息要成功传递出去，我们需要“说到位、做到位、表达到位”。“说”出该说的内容，“做”出应有的动作，“表达”出所持的态度。声音本身也是名片，是个人形象的一个方面，是完成交际的一个工具；声音也可以表达冷暖亲疏，声音也可以传递出优雅庸俗，声音细节也会影响人际关系的建立。

步入 21 世纪，我们的社交平台越来越多，越建越大。过去无法设想的事情，今天一个按键就可以解决问题。当我们都已经习惯用微信和亲朋好友分享美妙时刻的时候，声音社交又悄然成为了交友时尚。吱呀、soul、音遇等社交 APP 越来越受到大家的追捧。陌生人因为声音而相识、通过 K 歌来相知。在各种声音直播平台上，声音显然成为了一种商品，声音经济由此进入了现代语言词汇表。声音社交为忙碌的人们提供了一种新的交友方式，或许是快节奏都市生活的一盏霓虹灯，希望这样的平台是健康的、积极的，因为它很可能会成为年轻人的一种习惯，与社会的发展息息相关。

◎ 案例介绍

国内一位西班牙语教师因工作需要被派到哥伦比亚交流。刚刚到哥伦比亚的时候，她听到最多的一句话是：“¡Hablas el español de España!（你讲西班牙的西班牙语！)”。每每认识一个人的时候，基本上是以这句话做为谈话的开场白，慢慢地她也就习以为常了。麦德林的中国人不是很多，中国学生就更少了。在那里学习语言的外国人自然是学习哥伦比亚西班牙语。这位老师的发音确实不太常见，或者说和他们的预想不太一样。这位老师的本科阶段是在国内完成的，后来到西班牙完成硕士课程，并在马德里生活过两年。虽然在本科阶段以及后来的工作和生活中接触过拉美籍外教或是朋友，但是其西班牙语一直保持着西班牙马德里地区的语音语调。在去哥伦比亚之前，她对拉美地区的西班牙语和伊比利亚西班牙语的差异性是有了解的，不过，当地人对其讲话语调和方式的反应还是超出了她的预料。

大概过了有大半年，在一次工作例会之后，外方同事笑着对她说：“Ahora ya hablas más suave”（你现在讲话柔和多了）。她分析“suave”主要源自两个地方：一个是 Z 的发音，另一个是语调的起伏。因为哥伦比亚西班牙语中的 Z 依然发 [s]，她在日常生活中也慢慢地受到了影响，其实她学习西班牙语时恰恰经常把 S 发成[z]，以至于在国内教学的时候，有丰富教学经验的教授还特别让她注意这个问题。至于语调，她偶然发现，自己不知道从什么时候开始说话中喜欢插入 ¿cierto（是真的吗）？这种反问的方式可能增加了语言的起伏度。交流结束回国后她好像还有这个习惯。说话腔调的差异并没有给她的工作带来太多的阻碍，只是后来发现外方同事似乎很喜欢她后期说话语气的“弱化”，在他们听起来会更亲切一些，无形中也拉近了彼此的距离。

4.2 沉默的意义和作用

在非语言中，沉默占有重要的地位。沉默就是不说话，但是不说话不等于不表达，不等于没有意义。现代人的沉默很少是表意和交流的空白。从交流学的角度看，沉默也是一种语言，是无声的信息。在任何文化中，无论是东方的还是西方的，无论是中国的还是西班牙/拉美的，沉默都有其意义。萨默瓦说过，“沉默不失为一个强有力的信息。”（2004：227）虽然有意义，但是欧美文化（排除北欧文化，但包括拉丁文化）普遍认为是消极意义，因此在社交场合，沉默被视为冷场，通常只能持续几秒钟，否则主人和在场的人都会觉得尴尬。为此还出现了一句熟语，“黑天使从天上飞过”，以此化解尴尬。而对于大部分东方人和北欧人来说，沉默也是一种交流或表达方式，可以是回应同意或反对；可以传递高傲或轻蔑，也是谦卑或自抑的表现。

沉默不是零信息，所以要加强对它的认知。关键问题在于，如何站在跨文化交流的立场去认识和理解异文化的沉默，而不是受制于母文化的模式。

4.2.1 沉默的作用

萨默瓦在《跨文化传播》中，深刻地分析了沉默的作用。他说：“沉默影响人际交流，它可使交流稍有停顿，给参与者一些时间去思考，去反思，或压制一种情感，去编制一个冗长的回答或引入一个新话题。在整个交流过程中，沉默也有助于反馈信息——告知交谈双方某个思想是否表达清楚或者这个思想的重要性。沉默可释义为同意、缺乏兴趣、感情受到伤害或轻蔑。像嗅觉信号、触觉信号一样，沉默也会超越语言渠道，揭示话语里隐含的内容。同其他非语言信号一样，对沉默的跨文化含义也多种多样，克里斯托说明了这一点：

“何时讲话、何时保持沉默或某种沉默有何意义等此类问题存在着广泛的跨文化差异。‘你愿意嫁给我吗？’回答这一问题时，英语中沉默表示犹豫不决；日语中，沉默可以理解为接受。对伊卜人（Igbo）来说，如果女方仍然站在那里就表示拒绝，如果她跑开则表示接受。”[6]

梳理上面的话，对沉默的功能可以简单概括为：

——沉默可以传递和交流信息，诸如肯定和否定、积极和消极、赞成和反对，这一切均取决于文化背景。

例如：西班牙语有一个习语，“Quien calla otorga”，意思是“沉默即允诺。”在此，沉默表示同意、答应、肯定。

《红楼梦》第九十七回“林黛玉焚稿断痴情 薛宝钗出闺成大礼”中，凤姐用“调包计”拆散宝黛姻缘，贾母求薛姨妈许嫁宝钗。书中说，“次日，薛姨妈回家，将这边的话细细的告诉了宝钗，还说'我已经应承了'。宝钗始则低头不语，后来便自垂泪。” 对于她而言，沉默不语是一种消极的反对；对于别人而言，是她的默认。宝钗的态度是封建礼教教育的结果，三从四德，唯长者之命是从。

在《红楼梦》第一百二十回（高鹗）里，袭人离开荣国府后嫁给蒋玉函，从被劝说辞别贾家，到被劝说出嫁，到过门，始终没有言语。作为婢女出身的她，即使心有不甘，也不敢抗上，以不得已的沉默顺从了别人安排的命运。

这两个例子对于西方女性而言，可能太消极了，因为书中两位女子连一个断然的“不”都没有说，而对于封建时代的中国女子来说，沉默中已经包含着不满，尽管这不满是微弱的、被压抑的。

——沉默可以改变或调整交流的节奏，可使之加强或放松，使说话的人更好地自我控制，对谈话予以改正或修正。

在面对面的交谈或辩论中，一方的沉默有时犹如一个短暂的休止符，可以用来思考，调整思绪，改变说话的策略，甚至可以改变话题。有时辩论双方唇枪舌剑，言辞激烈，一方突然沉吟片刻，造成瞬间的冷场，于是节奏骤然放缓，双方都冷静下来，辩论趋于理性了。也有相反的情况，短暂的沉默如同狙击手在重新调整瞄准器，再装子弹，然后辩论进入白热化状态，论点更尖锐，言辞更富于进攻性。

——沉默有助于疏导情绪和思想。

在某些环境中，人们受其影响而不能自拔，沉默可以帮助人凝神思索，提升理性，控制不当的情绪，疏导负面情绪和想法，从而能做出比较合理的判断。

4.2.2 中国式的沉默

——缘由

中国文化深受儒学、佛教和道教的影响，也就是通常所说的儒、释、道三家，恰恰是这三家的信条和宗旨引导中国人接受、习惯并推崇沉默这种思维方式和行为方式。翻开中国的典籍，无不视沉默为一种可信的思想和思维方式，是一种谦逊、含蓄、理性和智慧的态度。

中国哲人自古便提倡“慎言”，下面的几条语录可以为证。

“谨而信，言寡尤。”（《论语》）

“君子欲讷于言而敏于行。”（同上）

“刚毅木讷，近仁。”（同上）

“口者，心之门户也。”（《鬼谷子·捭阖第一》卷一）

“言语在口，譬含锋刃，不可动也。动锋刃者，必伤喉舌，言失之害，非唯锋刃，其所伤者，不惟喉舌。”（北齐 刘昼《刘子·慎言》）

“风流不在谈锋胜，袖手无言味最长。”（宋 黄升《鹧鸪天》）

“以言伤人者，利于刀斧……言不可不慎。”（宋 林逋《省心录》）

中国的古典哲学以儒家思想为主干，慎言这类既带有理性思维和思虑周全的长处，也带有消极的中庸和明哲保身的短处的处世模式便得以流行，并且随着时间的流逝，进入了我们民族的文化之中。智者和贤人大多偏向沉思默想，寡言少语，惜墨如金，甚至“口将言而嗫嚅”。“大智若愚”“贵人语迟”是褒誉。沉默是思考，是观察，也是隐忍。而战国时期百家争鸣的盛况，舌辩之士的百丈光焰，在五千年历史长河中寥若晨星。

公元之初，大乘佛教从印度西北部沿中亚丝绸之路传入中国，以后逐渐向内地延伸，佛寺、信众遍及全国。佛教的创始人乔达摩·悉达多被后世尊称为释迦摩尼，在汉译佛经中，曾将释迦译为能仁，摩尼译为寂寞。“寂寞”确实是佛教的真谛之一，参禅悟道需要的是寂寞，是沉寂；修身养性也需要排除杂念，于静思中领悟佛法。和尚与信徒之间没有法定的沟通程序，不像天主教徒在忏悔时和神父之间的语言交流，佛教徒可以佛前默祷、许愿，长老们不一定要给予言辞上的指导和教诲。所以如来拈花，迦叶微笑，师徒会心，中间并无言语做媒介，只是灵犀相通。许多高僧遵循“遇谤不辨”的修行准则，即使恶名加身，横遭诽谤，也泰然自若，不妄语，不多嘴，保持沉默，不去辩白，是对自己人格的信任。清者自清，真相终会被人所知，只要自己行为正直。

佛教的禅宗以禅定概括为全部修习，因而更推崇沉默，达摩面壁十年便是最好的典范。禅诗中也能读到相关的诗句。如：“暝虫喧暮色，默思坐西林。听雨寒更彻，开门落叶深。”（唐 无可《秋寄从兄贾岛》）“问余何意栖碧山，笑而不答心自闲。桃花流水杳然去，别有天地非人间。”（唐 李白《山中问答》）“若能闭口深藏舌，便是修行第一方”（慈受怀深《莫说他人》）“云作袈裟石作身，岩前独立几经春。有人若问西来意，默默无言总是真。”（宋 汤思退《咏石僧》）等等。

慎言、缄默、凝神，是认知、内省和修身的方式，是佛家的风格。

还需要略提及道教的影响。道教的发源地是中国，最早起源于巫术，同时始终和医术紧密相联。东汉时期张道陵奉老子为教主，以《道德经》为基本教义，道教逐步成形。在其教义和信条中，可以发现佛教、古代神话、方术、医术、古代哲学等元素，所以“清静无为”“修心炼性”也是道士和信众的生活方式，与佛教徒有相近之处。

——中国式沉默的表现方式

在中国人的生活中，人们创造多种渠道以求达到安心适意，心理平衡，超然物外，洒脱自在，因为只有在这样的心境下，人才能自省，才能放松身心，才能思考人生。

在传统文化中，为人们喜闻乐见的茶道、花道、弈棋、书法、焚香、作画等都有助于凝心静思。以焚香为例，古人为了摒除杂念，安定心绪，常独处一净室或林下泉边，焚香静坐，在袅袅轻烟和幽香中默想、参悟。此时此地，语言有些多余了。这时的沉默是积极的，因为思绪是活跃的，头脑在运转。虽然不说话，但人仍在交流，和自己的内心交流。

在现代社会，静思的机会越来越少，一切都在躁动中，喧嚣的声音是主流。但是，沉默这个非语言符号依然存在：积极的和消极的，自觉的和不自觉的，有意识的和无意识的，主动的和无奈的，个体的和集体的。

中国人的沉默是个多义词：可以表达两个完全对立的意思；可以表达尊敬；可以表达愤怒或不满；可以表达绝望或悲伤；可以表达轻蔑（例如：鲁迅先生说过，最高的轻蔑是连眼珠都不转。还说，惟沉默是最高的轻蔑。所以，有时中国人面对痞子和无赖一类的人，一言不发，眼睛都不眨，视若无物，这是轻蔑）；表示无言以对。

凡此种种，不一而足。

应该承认的是，我们的沉默有时是负面的，头脑空虚，无言作答；懒于思考，理屈词穷；心虚胆怯，难以张口；不擅争辩，甘拜下风。这些表现会出现在课堂上、研讨会上、公司或单位的工作会议上、社交活动中。

仅就跨文化交流框架下的案例来看，在国外大学的课堂讨论上，中国学生获得的评价普遍不高。一般认为：比较沉默和沉闷，发言不踊跃、不积极，甚至不发言，置身于讨论之外；即使发言，缺少明确的观点，逻辑较弱；不爱提问题，不会反问、反诘、反驳。究其原因，中国学生通常表示：老师没给过正确答案，所以不知如何回答；所谈题目不熟悉，无从作答；怕回答有误，遭人嘲笑；怕语言不纯，无人能懂；不敢反驳，怕有标新立异之嫌；不愿向教授发问，是出于对师长的尊敬；怕说话有可能出错，而保持沉默不会有错，而且还能略显深沉；中国人性格内向。

总而言之，学生们在课堂上的沉默寡言除了自身学业水准的欠缺和跨文化适应性的薄弱，就要追究我们传统文化中儒释道遗传给后人的被动性、自守性和保守性。沉默，有时是不自信的同义词，是消极的，有待改进。

外国人也在研究东方人对沉默的理解，萨默瓦说："东方传统中的沉默观与西方的截然不同。东方人与他人在一起时，不会由于没有说话声而感到不安，也不必尽量避免话语中断。事实上，许多东方传统观念都认为，话语破坏了一种氛围，那种内在的平静和智慧只有通过沉默才能获得。”巴鲁德阐释佛教时，认为：“佛教的信条之一是话语具有欺骗性，无声的直觉才是面对世界的更真实的方式；通过话语进行的思想与思想的交流不如凭直觉进行的心与心的交流来得可靠。”

“沉默在印度文化中起着重要作用。印度人认为：‘自我实现、拯救、真理、智慧、和平和幸福，都是在沉思内省中，即个体内部交流中获得的。’”（L. 萨默瓦，2004：228）

东西方对待沉默的态度显然有差异。

4.2.3 西班牙/拉美文化对沉默的评价

欧美文化不可一概而论，民族、信仰、历史、生存环境等诸多因素都会制造隔阂和差距，这一点也反映在对沉默的认识上。关于沉默，北欧民族和南部的拉丁民族代表了两个极端：北部是沉默派，南部是反沉默派。北欧的挪威文化和冰岛文化（也许可以包括瑞典）重视沉默，赋予了它较多的内涵，在社交生活中，缄默不是无礼，也不是消极，而是一种表达。也许是北方的酷寒和荒野剥夺了人们对欢聚言谈的兴趣，他们寡言少语，人体间距之大使得交谈有了难度。连咖啡馆都如图书馆似的静悄悄，人们边喝咖啡边阅读，他们在和自己交流，和书中的世界交流。而南欧截然相反，在西班牙和意大利的咖啡馆里，交谈比咖啡本身还重要，交谈是主菜，咖啡是配料。西班牙人善于说，但是不善于听，于是在咖啡的刺激下，人人都高谈阔论。如果此时此地有人默不作声，大家会把他当成怪物。有笑话云：英国人聚会，一人说，众人听。冰岛人聚会，无人说，众人听。西班牙人聚会，众人说，无人听。

——西班牙人对沉默的评价

善说是西班牙人的天性，在对话时显露无余，一个人可以同时和若干人说话、聊天、探讨问题或者争吵，四面出击，滔滔不绝。在西班牙的社会生活中，人们普遍不太看好沉默。沉默往往代表消极，一个沉默的人可能被视作没有想法、缺少行动的人。甚至可能被看作神秘的、不可知的人，“hermético”（神秘莫测的），“secreto，impenetrable，reservado”（秘密的、不可知的、谨慎的），“no deja traslucir lo que sabe o piensa”（三缄其口、深不可测）。根据 *Diccionario de Uso del Español* 大字典，“沉默的”（callado）一词，也可以理解为 solapado o cazurro（阴险的或者内向的）。也就是说，沉默就是不交流，就是封闭，是自我隔绝，甚至还有点阴晦。

翻开西班牙语成语辞典或俚语辞典，能发现大量关于说话、说话方式、饶舌、雄辩、巧舌如簧类的词条，比如 hablar por los codo（滔滔不绝），hablar entre dientes（说话含糊不清），dicharachero（说话粗俗），no tener pelos en la lengua（直言不讳），echar sapos y culebras por la boca（恶语相向），hablar en cristiano（说话清楚），hablar a calzón quitado（说话率直）等等，数不胜数。相比之下，与沉默相关的却较少。沉默的喻体主要有牡蛎、玫瑰、坟墓、死人等。牡蛎取其形，上下两片壳紧紧相扣，比喻人紧闭双唇；另外，牡蛎还比喻深居简出者，即如今所说的宅人。玫瑰由于初放时花瓣相叠，也比喻人的嘴唇紧闭。坟墓和死人是永恒的沉寂。西班牙人表示为某事保密时，会赌咒发誓地说："Seré una tumba."（我就当个坟吧）或者用手在嘴唇上做个缝起来的动作，表示把嘴缝上（coserse la boca），意思是闭嘴，严守秘密。

给沉默赋予褒义的例子极少，比较为人熟知的一则是 Al buen callar llaman Sancho（慎言为君子）。此处的 Sancho（桑丘）应为 santo（圣徒，圣人），但是传来传去，以讹传讹，变成了唐吉诃德的忠仆桑丘。众所周知，桑丘是个话痨，根本不会沉默。

——拉美人对沉默的评价

拉美的土著印地安人认可沉默，像东方人一样，认为在沉默中蕴含着智慧。本书所说的拉美人，专指拉美的混血人、白人和黑人。

大部分拉美人对沉默的评价基本上等同于西班牙人，但是还要加码。一提起拉美人，许多人的印象是一群吵吵闹闹的人，喜欢大声喧哗、扬声大笑、手舞足蹈，在聚会上尤其如此。所以，拉美人不看好沉默，认为它等同于失败、消极、胆怯、不合群、迟钝、缺少想法。在任何有人群的地方，能侃侃而谈的人总是受到欢迎；在大学的课堂上，喜欢发言的学生会受到教师的青睐，而对那些沉默寡言的学生，老师会感到困惑，不知道他们在琢磨什么。在拉美备受瞩目的墨西哥学院（El Colegio de México），一位语言学教授在给他的中国学生的评语中写道：该生上课沉默，很少主动发言，是不自信的表现。

因此，拉美人认为，声音是自信和力量的体现。国际舞台上，弱小的国家被叫做 países sin voz（无声的国家）；在社会学方面，被边缘化的群体是 pueblos sin voz（沉默的人民，或没有声音的人民）；印第安人常被称为 gente silenciosa（沉默的人群），因为他们在国家的最高权力机构没有真正的代表（除了少数国家），他们的诉求无法传递到社会上。古巴外长曾在联大会议上说过："Queremos escuchar y también ser escuchados（我们愿意倾听别人，同时也希望被别人倾听）。"在参加选举时常用的一句短语是：voz y voto，直译是"声音和选票"，意思是要有言论权和表决权，即真正的选举权。在教堂里（拉美是天主教最大的势力范围），神父们布道时都口若悬河，和信徒沟通时也循循善诱，充分调动了语言的功能，这是他们的职业，或曰天职。很少听说神父是“口将言而嗫嚅”或者寡言少语的人。据香港凤凰台2019年5月18日的新闻报道，罗马教皇方济各（或译作佛朗西斯）接见了一些国际媒体代表，表示希望媒体能“代表那些沉默的人发声，而不是成为那些大声说话的人的喉舌”。教皇委婉地用“沉默的人”和“大声说话的人”分别喻指穷人和有权势者。

用声音、用话语，才能展现实力。因此大部分拉美人一般不太理解“此时无声胜有声”，他们对沉默的交流意义缺少全方位的理解。

美洲印第安人对待沉默是另一种态度，接近东方人。白人对此不理解，常常认为他们寡言少语、不善表达、表情呆板、思维迟缓。其实是这些白人长久以来疏远他们，把他们的文化边缘化，从而产生的刻板印象。E. McEntee曾经引用过一个例子，一位来自大城市的墨西哥预科生，作为志愿者来到山区，在塔拉乌马拉部落支教。他发现，给他们做饭的土著女人时常在休息时间静静地坐在山坡上，望着远处的树林，默坐许久。他不理解这种无为的行为方式，于是他也陪坐在旁边，试图感受沉默的意义。结果是他感到无聊和压抑。若干年后，他有了新的感悟：作为一个现代青年，他终日生活在噪音和躁动之中，节奏强烈的流行音乐、电视、人声、车声、无休止的活动淹没了人的听觉，干扰了视觉，现代人已经不会欣赏大自然了。而印第安人却依然是自然之子，他们能够读懂自然的生命，密切地关注树林和群山，默默地和它们对话。沉默自有其意义。

——其他文化对待沉默和停顿的态度

虽然其他文化没有包括在本书的探讨范围之内，但是会对我们有启发作用。根据一般的研究，和拉美/西班牙人持相同或相近立场的有美国人、大部分地中海沿岸的居民、阿拉伯人和犹太人。他们在交流场合时会努力避免沉默和停顿。而能够认可并尊重沉默的民族，主要是北欧和中、日、韩（朝）民族。北欧人，特别是冰岛人和挪威人，是公认的理解并能够用沉默和停顿来传递自己的思维和情感的民族。在社交场合，出现短暂的停顿或者沉默，周围的人不会觉得不舒服，他们尊重这种态度。正因为如此，在这些国家的公共场合常常是笼罩着一片静谧，人人埋头自己的事情，或看书，或欣赏街景，或喝咖啡，即使交谈也是轻声细语。他们懂得欣赏静寂。

不过，万物都在变化中，人是会变的。如今，生活在城市的中国人常年处在城市噪声的包围中，久而久之，视之为常态，竟逐渐适应了这种环境，并且顺应了这种环境，说话变得粗声大气，行动总要制造出响动，任何场合和地点都可能伴随着嘈杂：餐厅、剧院、医院的候诊厅、车站……许多人丧失了对安静的欣赏能力。

4.2.4　高语境和低语境

在此需要引进另外两个概念，高语境（alto contexto）和低语境（bajo contexto）。

霍尔说过，“近代的社会语言学研究证明，语言代码对环境的依赖很深。”（1990：109）这里所说的环境，不是单纯的物理环境，而是指语境，即“围绕事件的信息，它与事件本身密不可分。”一个具体的语境，指与交际相关的所有信息，包括参与者的身份和文化背景、交际活动本身、其目的和细节、情境（包括时间与地点）等。这些因素构成了环境刺激因素，也就是交际的背景。中国人和日本人对交际环境非常敏感，能够接收大部分非语言符号所传达的暗示信息，包括沉默和停顿，属于高语境文化；有的民族只接收语言符号，认为只有语言的表述才是确实的，对于其他的环境刺激不予理睬，属于低语境文化，例如盎格鲁—撒克逊民族。这就是高语境和低语境的区别。

霍尔对两种语境的定义是：

“高语境（HC）的交际和信息指的是大多数信息已经由交际者或传播者本人体现出来，只有很少一部分信息是经过编码的方式清晰地传递出来的。低语境（LC）的交际传播正好相反，即大部分信息都以清晰的编码方式传递出来。”（1976：91）（汉译本，1990：107）

“已由交际者或传播者本人体现出来的”信息包括非语言的暗示，也包括语言的间接、含蓄的表达。在日常接触中，当一个西班牙男生向一个中国女生发出邀请，而中国女生不想接受时，她的回答可能是面露比较尴尬的笑容，说道，“让我再想想吧”，而不是回答“不，谢谢。”于是西班牙人表示再等等，而一个中国男生处在同样的情况下就会立刻明白：被女生婉拒了。

在高语境文化范围内，人们的交际有时可以不凭借直接的、明确无误的语言表达，而是通过简单的语言暗示和非语言刺激，目的是不过分激发矛盾，给对方留有面子，双方都心知肚明，这样有利于下一次交际。中国古代官场上对这一套可谓驾轻就熟。清朝时有个习俗，叫端茶送客。在社交场合，当上级官员认为接见可以结束时，不直接对来访者说“你可以走了”，认为这种方式太过直白，而是端起茶碗，却不饮茶，这个信号就是送客。于是客人便知趣地连忙起身告辞。表面上看，主宾双方都很文雅，避免了生硬的撵客。虽然主人一言未发，但是由于双方具有相同的文化背景，无声等同有声。

中国、日本、韩国（朝鲜）等属于高语境的文化，因此对于沉默这类副语言符号和其他非语言刺激因素驾轻就熟，赋予其特殊意义。西班牙和拉美则介乎于高语境和低语境之间。

4.3 话语轮换方式：文化冲突点之一

20 世纪 60 年代末至 70 年代初，美国社会学家萨克斯（H. Sacks）和谢格罗夫（E. A. Schegloff）等人对日常会话的结构进行了探索和分析，从而提出了话轮（Turn）和话轮转换（Turn-talking）的概念。话轮是日常会话的基本构成单位。Edmondson（1981）用这个术语来表达两方面的意义：（1）指在会话过程中的某一时刻成为说话者的机会；（2）指一个人作为讲话者时所说的话。（刘虹，2004）

4.3.1 话轮转换规则与线索

所谓话轮，顾名思义，就是交谈者轮流说的话。国内语言学者刘虹（2004）认为，话轮是指会话过程中，说话者在任意时间内连续说出的一番话，其结尾以说话者和听话者的角色互换或各方的沉默为标志。前后话轮之间的衔接有着一定的规则，即话轮转换规则（Turn-taking Rule）。

话轮转换规则由 a、b、c 三个子规则组成，每个话轮的每个合适转换位置（TRP）应遵循如下规则：

a. 如果在某个话轮中，目前的说话人已经选择 A 为下一个说话人，那么，下一个讲话的一定是 A。

b. 如果在某个话轮中，当前的说话人没有选择下一个说话人，那么，其他的说话人可以在下一轮说话。

c. 如果在某个话轮中，没有其他人参加下一个话轮，那么，当前的说话人可以接着参加下一个话轮。

可见，并非所有的话轮都是前一说话者指定下一说话者来转换的。在语流中，重叠不到百分之五，而两个前后接续的说话者之间的衔接间隙平均不到 1 秒。（Ervin-Tripp，1979：392，引自刘虹 2004）在西语国家的日常交谈中，抢话轮的情况司空见惯，甚至是在公开场合。这种积极争取话轮的做法似乎与中国传统文化的教训略有出入。

《礼记·曲礼》记载“长者不及，毋儳（chán，间杂之意）言”[①]“侍坐于先生，先生问焉，终则对”[②]“侍于君子，不顾望而对，非礼也”[③]。《吾国吾民》

---

① 长者没有谈及的事，不要提及。与尊长谈话时，应该由尊长主导话题。

② 侍奉先生，如果先生问话，一定要等先生问完，再回答。不要打断先生的话，不要插话。同样在与别人交流时，出于对对方的尊重，最好不要主动打断别人。

③ 礼尚谦。若多人同侍长者，长者向众人发问，侍坐者当先看看周围，待他人来回答，不宜率然抢先回答，要察言观色来对答。少顷，若终无人说话，再来回答长者的问题。

中林语堂先生在介绍中国人的民族德行时，“稳健”为第一特征。三思而后行、谨言慎行、“君子慎于言而敏于行”……诸如此类的警句在中国传统文化中屡见不鲜，同时也是父母给子女开设的必修课。西方文化更注重口才辩论，从古希腊公民大会到西方议会辩论，据理力争是西方交际中自然而然的事情。两种不同文化的交锋在话轮转换中也有体现。“沉默是金”的道理在实际交际过程中往往让中国学生居于下风，或者被排除在外，无法进入到交际环节中。由此，在中国的课堂上，老师总是需要用各种方式鼓励学生发言，而不少外国学生则在课堂上争相发言。

要想在日常交谈中表现得游刃有余，首先需要判断出话轮转换点。Duncan（1973，1974）提出过六类线索，其中有的是语法、词法线索，例如一个主谓语法从句的完成，一些固定套语的使用；很多则是副语言线索，例如语调拉长、音高降低、身体动作等。Orestrom（1983：68）论及话轮交接的可能性时，除了上述特征以外，还提及了沉默性停顿（pausas）。刘虹（2004）也有类似看法，她认为，“话轮是指会话过程中，说话者在任意时间内连续说出的一番话，其结尾以说话者和听话者的角色转换或者各方的沉默为标志。”

交谈过程中在出现话轮转换信号的时候，欲说话者可以索取话轮（pedir el turno de palabra）。这时，变换身体姿态、投掷目光等非语言表达都可以作为索取话轮的信号，当前说话者在看到信号后可能保持话轮（mantener el turno de palabra），继续讲话；也可能结束话轮（indicar fin de turno de palabra），继而让下一个说话者取得话轮（tomar el turno de palabra）。当然，欲发言者也可以打断（Interrupciones）当前说话者索要话轮，这种情况往往就会造成交谈重复（superposiciones）的现象。由于我们并不习惯在谈话过程中打断他人讲话，争抢话轮，所以比较中西方交谈的方式，西语国家的人在谈话中的重复现象比我们要多一些。

4.3.2　西班牙语话轮转换中的副语言

根据前文所述，话轮转换过程中会有一些明显的线索，这些线索大致可以分为语言类和非语言类两种。前者包括句法、语义、语用等几个方面，我们在此不再赘述；后者主要是体态语和副语言两部分内容。

体态语主要涉及目光、手势、身体朝向等身体语言。这些在汉语会话的话轮转换中也会经常使用。在中文新闻采访类节目中，我们不难发现，主持人和受邀嘉宾之间会频繁使用身体语言来衔接话轮。不过，我们也会发现，中文访谈类节目更多的是主持人在传递话轮，谈话秩序井然有序，偶尔出现的交谈重复现象持续时间也在 5 秒左右，时间不会太长。相比而言，西班牙语访谈节目就让我们感到随性很多。有些第一次观看此类节目的同学都会对节目中出现的争执现象瞠目结舌，嘉宾各执一词。更有甚者，本来讨论一个话题的几个嘉宾，说着说着分成两队人马各自争论，然后又自然合到一起继续争论。整个过程中，没有沉默的时刻。我们曾和一位西班牙籍作家讨论“沉默”的话题，问及“西班牙人在谈话时何时会用沉默应对？”对方的回答是“从来不会”。当然，这位作家的回答只是为了说明西班牙人或者西语国家的人很少在日常会话中采用“沉默”，并不是说西班牙语会话过程中没有沉默现象。但是我们必须承认，“沉默”在汉语会话中出现的频率更高。

“沉默”常常是我们中国学生课堂上采用的应对策略，用来回应老师抛出的话轮信号。这恰恰给不少外籍教员带来了困扰。当他们用目光、身体朝向等体势语向学生抛出话轮时，我们的学生往往是低头避开老师的视线，以“沉默”来返还话轮。对中国文化不太了解的外籍教员会不理解其中的含义，有的甚至觉得学生十分没有礼貌或者是学生不喜欢自己的授课内容。因为在他们看来，学生不会时应该说“老师，这个问题我不会回答”，学生没有听清楚应该会问他：“老师，您可不可以再说一遍？”在学生的沉默面前，没有经验的老师会不知所措，导致话轮传递告终。

没有掌握好语调也会给话轮传递造成障碍。汉语中的普通疑问句通常用“吗”字来结尾，但是西班牙语中没有这种构句形式，而是采用句尾升调来实现陈述句和疑问句的转换。我们中国西班牙语学习者常常在交谈中忘记使用升调，而让听者不知道我们是在提问。当然，对方也不会作答。有些久居中国的外籍人士，碰到这种情况有所察觉时，会主动问一下：“这是一个问题吗？”这个时候，我们才意识到了自己表述的问题。值得指出的是，这种现象不是只发生在初级水平的学生身上，在不少老师或者学者身上偶尔也会碰到此类问题。

在与外国人交谈时，我们需要慢慢适应话轮转化的方式，如果只是等待别人指定话轮，很可能几轮谈话之后，都没有机会说出自己的观点。这里就需要我们学习索要话轮的方式。除了前文所述的目光、身体朝向，甚至身体接触以外，在日常会话中，我们有必要了解一些插入短语，这是索要话轮的一个常用策略。其实，这就是陈国明提及的“顿语”中的一部分（参看 4.1）。由于西班牙语交谈中“沉默”现象并不多，所以打断谈话，插入话轮的现象比较常见。学习和掌握这类插入语就更有必要了。这部分内容可能已经超出了非语言的范畴，考虑到它突出的功能性，我们下面略为介绍一下。

西班牙语交谈中索要话轮的插入语可以大致分为三类：第一类是描述性、逻辑性插入语，例如 *yo creo*，*lo que pasa es que*，*ahora te voy a contar*，*me acuerdo* 等。这类插入语其实带语义，但不是信息的重要内容，关键在于取得话轮，展开下面的陈述，例如下面这段采访稿中的 me parece que 就有类似功能。

Daniel：… la primera pregunta es：¿ustedes leen la literatura?

Susana：Por supuesto，ja，ja，ja，…

Guillermo：Obvio.

Susana：Oooobvio.

Guillermo：Suelen tenerlo bastante abandonado últimamente，hemos que… me dedicaba más de jóven，de niño，y últimamente el trabajo no me permite tanto. Me dedico más a leer las cosas más de actualidad，también los últimos programas que tuve escribiendo estaban muy relacionados con las cosas de actualidad… no estoy tan relacionado sobre todo con la literatura.

Susana：Ok. Hmmm，**me parece que** lo que dice Guillermo es real. Cuando uno escribe la televisión de forma permanente，muy difícil de poner luego concentrarte en la lectura. Lo interesante es que si uno no escribe，sí tiene tiempo，puede.

（Transcripción redactada por la autora，citada del programa *Campo de batalla*）

译文：

丹尼尔：……第一个问题是：二位现在读文学作品吗？

苏珊娜：当然读。哈哈哈……

吉耶尔莫：显然读。

苏珊啊：很显然。

吉耶尔莫：最近有一段时间没有读（文学作品）了。近段时间我更多关注青年人、孩子，因为工作，我没有太多时间读。我更多地阅读一些和社会现状相关的资料。近几年我创作的好几个节目都和现状有关……和文学关联不是很大。

苏珊啊：好，嗯，**我觉得**吉耶尔莫说的确实如此。如果一个人长期创作电视节目，然后即刻全身心投入（文学）阅读会有点难。但如果不写了，有时间了，就可以了。这很有意思。

第二类属于求关注性插入语，例如 *mira，oye，imagínate，fíjate，a ver*……这类词主要是把对方的注意力吸引过来，和词汇本身的含义关系不大，例如下面电视剧《时间管理局》（Ministerio del tiempo）对话中的 mirad。

A: ¿Me podéis contar qué es un corregidor real?

B: Es el representante del rey y su hombre de confianza. Recauda impuestos，imparte justicia y mantiene el orden público.

A: Ahora entiendo su popularidad.

C: Me sorprende que Díaz Bueno haya llegado tan alto en tan poco tiempo.

A: Descaro no le falta.

C: **Mirad**. Lázaro va a empezar.

（*Ministerio del tiempo*，primera temporada，capítulo VI.）

译文：

甲：你们能不能跟我讲讲什么是皇家执政官？

乙：就是国王的代表，是他的心腹。负责征收赋税、宣布裁决、维护公共秩序。

甲：我现在明白他为什么众人皆知了。

丙：我没想到迪亚兹·布尔诺在这么短的时间能升到这么高的位置。

甲：他向来厚颜无耻。

丙：**注意**。拉萨洛（小癞子）出场了。

最后一类是口头禅或是感叹词，例如 *entonces; hombre; bueno; claro; bueno，verás*，*¡Ah!*，*¡Uy!*，*¡Jo!*，*perdón*……最后，重复上一话轮的内容，有时也是索要或取得话轮的方式，如：

A：Este mes tenemos demasiado trabajo，**el próximo mes**...（译文：这个月太多工作了。下个月……）

B：**El próximo mes** se estrenará una nueva película. ¿Sabes?（译文：下个月会上映一部新电影。你知道吗？）

再如《大饭店》（Gran hotel）中的一个片段：

Joven：¿Ludivina?

Señora Ludivina：¿Me conoce，joven?

Joven：¿No me recuerda? Soy sobrino de Rosalia Molins.

Señora Ludivina：**Ah**，encantada.

Joven：¿Le importa que le acompañe?

Señora Ludivina：**Pues**…

Joven：**Perdón**，quizá usted espere una cita y estoy aquí importunándola. No querré ser el culpable de que un caballero se moleste con usted.

Señora Ludivina：**¡Oh**，claro que no! Siéntese，joven.

Joven：Muy agradecido.

（*Gran Hotel*，capítulo 1，primera temporada）

译文：

小伙子：请问，您是卢迪维娜吗？

卢迪维娜：小伙子，你认识我？

小伙子：您不认识我了吗？我是罗萨莉娅·莫林斯的侄子。

卢迪维娜：**啊！**很高兴认识你。

小伙子：您介意我坐在您旁边吗？

卢迪维娜：呃……

小伙子：**不好意思**，或许您还有约，我这样不太合适。我不想造成您和他人的不悦。

卢迪维娜：啊，当然没有！小伙子，你坐吧。

小伙子：太感谢了。

与西方文化相比，中国文化更为内敛。在中国文化环境中长大的孩子往往不善于主动索取话轮。这是认知习惯的问题，并不是能力问题。事实证明，在多次实践之后，我们的学生同样可以自如地和西语国家的人谈笑风生，而且东方式的思维方式和幽默感，还能让对方更多地了解中国文化。交谈增进彼此了解，自然也就能对文化交流起到积极的推动作用。

◎ 案例介绍

笔者的经历

本科阶段的会话课上，老师经常让学生就某个问题展开讨论。发言者也就是固定的那么几个人。老师会目光环视全班，期待着与某个同学目光交汇。我自己不是一个爱主动说话的人，我往往是回避老师的目光。后来，在分数的压力下，自己也开始迎合老师目光，获取发言机会。但是这种靠目光交汇继续谈话的方式在后来留学西班牙的时候并没有占主导地位。一堆人聚在一起讲话时，目光根本交汇不过来，或者没有人来跟你对目光，确认眼神，大家似乎都是闻声找到说话者。刚开始，自己总是扮演倾听者，好不容易有一次要开口，话轮又被别人抢了去，自己只好把嘴边的话又咽回去。后来，鼓起勇气再试几次，在发现别人也能顺着自己的话题聊下去的时候，胆怯自然而然地就消失了。不过，这种争取话轮的习惯也是需要分场合的。在拉美工作的时候，自己无意间的几次争话轮，都被（孔子学院）外方院长的“espere，espere（稍等，稍等）”制止住了。其实我发现自己的搭档比较喜欢给我话轮，最常用的一句话就是“directora，por qué usted no nos presenta...”（院长，您为什么不给我们讲讲……）不知道这位老先生是不是和我们打交道长了，也习惯了中国人的交谈方式呢？

◎ 案例介绍

在西班牙加泰罗尼亚的古城塔拉戈纳的一所大学，有不少中国交换生，他们来自国内的几所大学，主修西班牙语言和文化。他们中的大部分人都学习努力，成绩优良。但是该校的系主任却时常抱怨，认为中国学生课上太沉默，不积极，不善于独立思考，自我封闭，与周围人的交往能力差，论文缺少有个性的见解等。而中国学生为自己辩解的主要理由是：（1）对课上内容不够熟悉，在国内大学的课堂上没有接触过；（2）不习惯在课上发表评论，因为在国内往往是老师做结论，学生只是记笔记；（3）语言表达能力不够高，无法和当地同学顺畅交流；（4）和当地学生在一起时，对他们的话题感到陌生或不感兴趣，所以无法参与他们的聊天；（5）周围的环境与自己熟悉的环境有很大差异，因此产生心理压力，只有和中国同学在一起才感到轻松，等等。

对于上述理由，如何从跨文化的角度予以分析？如何解决那位系主任指出的问题？

◎ 知识链接

西班牙的咖啡馆、酒吧和啤酒馆的普及率几乎是欧洲最高的。大小城市、乡镇甚至小村子都不缺少这几样设施，因为那里是社交中心，是人们必去的地方。西班牙人善侃、好热闹，喜欢自由自在地交往，因此需要一个场合和渠道来达到这一目的。

咖啡馆的气氛和普及率几乎可以诠释一个民族的性格。

西班牙著名作家佩雷斯·加尔多斯（Benito Pérez Galdós，1843—1902）在他的名作《福尔图娜达和哈辛达》（*Fortunata y Jacinta*）中，用他敏锐的观察和入木三分的笔触，分析了 19 世纪马德里咖啡馆的社会文化意义。咖啡和茶叶分别来自非洲和东方，但是前者的影响大于后者，而咖啡馆的出现几乎颠覆了过去欧洲社会生活的模式，在西班牙尤其如此。马德里的咖啡馆里总是顾客盈门，晚上 8 点以后达到高潮。咖啡的香气和雪茄的烟雾交织在一起，高谈阔论和自由的思想及天马行空的精神融为一体，阶级的鸿沟和体制的严苛被关在了门外，这就是咖啡馆特有的气氛。文学艺术界有名的“茶话会”（tertulia），即文艺沙龙就诞生在咖啡馆。

凌晨 1 点，咖啡馆里的谈兴仍未降低热度，坐在那里的是话痨（los enviciados con la conversación）和地地道道的咖啡馆老客（las verdaderas ostras del café）。如此马拉松式的聊天、谈话、漫无边际的闲扯、无休止的争论，不是每个民族，每种文化都能消受得了的。而西班牙人可以，拉美人也可以。加尔多斯说：

“西班牙人是地球上最饶舌的人，当他们不能交谈时，就自说自话。在我们的咖啡馆里什么都能谈，只要符合伟大的上帝敕命建巴贝塔时的言论法则就行。在那里既能听到粗俗的俚语村言，也能听到恰到好处的想法和真知灼见，因为去咖啡馆的人中既有失败者和诽谤者，也有有文化的人和品行高尚的人……还有智者，在那里能听到才华横溢的见解和至理名言。并非一切都是轻浮的闲言碎语和坊间流言蜚语。咖啡馆如同一个交易会，在这个场合人们交流各自的许许多多的产品，那是人类思想的产品。”[6]

时至今日，咖啡馆仍然是西班牙人社交活动的主要选择地之一，语言交流仍是主角。不同的是，话题变了，顾客变了（过去只有男性顾客，如今男女均可），说话的热情一如既往。大部分拉美人也喜欢在咖啡馆倾泻话题，大谈特谈，尽情地侃：文学、艺术、政治、社会问题、街谈巷议、八卦、足球……这些题目都可以拌着咖啡的芬芳充分发酵。

有趣的是，咖啡本是来自非洲。15 世纪时一些埃塞俄比亚的僧侣开始饮用咖啡，目的是在漫漫长夜的默祷中提神，是为了沉默。而在西班牙和拉美，咖啡是为了说话，是给谈话添加助燃剂，所谓“让谈话发出火花”（hacer chispeante la conversación）。

理查德 ·D. 刘易斯说，“闲聊一词在北欧国家是贬义的，在盎格鲁—撒克逊国家里也没什么好名声。然而，闲聊比我们认为的远为重要。在许多国家的商业圈内，它是重要的信息来源。在西班牙、意大利、巴西和日本的文化中，闲聊迅速地使人们从侧面了解到最新的信息和数据，为商业决策提供了政策背景，促成了那些在正式场合不可能碰面的人交换意见，而这种意见往往是无价之宝……马德里和里斯本的咖啡馆理则坐满了商人……整个中美洲和南美洲的人际关系网一直热闹到凌晨一两点。”（《文明的冲突与共融》，第 7 页）

和咖啡馆同等重要的是酒吧。一些社会学家把斗牛、足球和酒吧称为西班牙人特有的生活方式的集中体现。A. 德米格尔说，“实际上，常常是气候条件促成了酒吧全天开放，而且就开设在大街上。酒吧里能吃能喝，更重要的是能开心地聊天，即使是高声喊叫。真应该对酒吧做一个社会学和人类学的研究，这样我们就会理解西班牙人的日常生活和他们的感情的方方面面。在酒吧，人们吃吃喝喝，主要是在那里谈话、看电视、玩牌、吸烟、谈生意、谈请说爱、解决争执。过去那里是男人的领地，但是如今像在其他方面一样，女性也闯入了。为此，酒吧有了与老式的罗马或地中海式小酒馆不同的分类。一方面它保留了旧有的东西，同时又增添了新的类型：塔帕斯酒吧、餐饮酒吧、啤酒馆、公路酒吧、海鲜酒吧、咖啡馆、纯酒吧、街区酒吧等。还有一些酒吧是专门针对不同的顾客群体、不同的年龄和社会阶层的”。[7]

不停地闲聊和争论是多数西班牙人和拉美人的日常生活。沉默，对于他们来说是无趣的，很难做到的。

注释

[1] Los signos de ambos sistemas se utilizan de forma simultánea con los elementos del sistema verbal, alternando con ellos o, incluso, de manera independiente, pero, como hemos mencionado con anterioridad, es en la combinación de los significados de todos los signos (verbales y no verbales) emitidos donde se encuentra el contenido o sentido de cada acto comunicativo. (Ana Cestero 2016: 3-4)

[2] A Calidades de la voz: Que involucran la amplitud y el control del tono, el control del ritmo y de la articulación, la resonancia de la glotis y del labio vocal.

B Vocalizaciones: a) Caracterizaciones vocales: Reír, llorar, gemir, bostezar, eructar, tragar, inhalar o exhalar profundamente, toser, hipar, quejarse, gritar, silbar, pijar, tararear, suspirar, carcajear, sollozar, murmurar, chiflar, carraspear, tarear, jadear, susurrar, estornudar, etc.

b) Calificativos vocales: Volumen (muy alto a muy bajo) y velocidad (muy lento a muy rápido).

c) Segregados vocales: Vocalizaciones como uh-huh, um, mm, uh, oh y variantes de estas.

https://es.scribd.com/document/350128654/Caracteristicas-de-Comunicacion-Verbal-y-No-Verbal.

[3] Las cualidades y modificadores fónicos, los indicadores sonoros de reacciones fisiológicas y emocionales, los elementos cuasi-léxicos y las pausas y silencios que, a partir de su significado o de alguno de sus componentes inferenciales, comunican o matizan el sentido de los enunciados verbales o de actos de comunicación (Poyatos 1993 y 1994b) conforman el sistema paralingüístico como categorías de signos básicas. (Ana Cestero 2016: 4-5)

[4] ... Se incluyen dentro de esta categoría las interjecciones no léxicas (¡Oh! ¡Ah!), las onomatopeyas (Pi-piii, Plash, Glu Glu, Ki-quiriqui), emisiones sonoras que tienen nombre (chistar, sisear, lamer, roncar, resoplar, gemir...) y otros muchos sonidos (Ajj, Uff, HMmm, uhUm, Psi-Psa,) que no tienen aún un nombre o una grafía establecidos...

[5] Méndez en sus estudios (2014: 182-183): silencios discursivos (marcadores de acuerdo o desacuerdo, intensificadores o atenuadores, indicadores de engaño o enmascaramiento, argumentativos, humorísticos e irónicos), silencios estructuradores (distribuidores de turno, marcadores de respuesta despreferida, indicadores de errores

de coordinación, dinamizadores de la conversación o cambio de tópico, petición de atención o apoyo), silencios epistemológicos y psicológicos (cognitivos, por cautela, emocionales, transgresores) y silencios normativos (por convenciones situacionales, sociales o culturales).

[6] "El español es el ser más charlatán que existe sobre la tierra, y cuando no tiene conversación, habla de sí mismo; dicho se esá que ha de hablar mal. En nuestros cafés se habla de cuanto cae bajo la ley de la palabra humana desde el gran día de Babel, en que Dios hizo las opiniones. Oyense en tales sitios vulgaridades groseras y también conceptos ingeniosos y oportunos. Porque no sólo van al café los perdidos y maldicientes; también van personas ilustradas y de buena conducta... También van sabios a los cafés; también se oyen allí observaciones elocuentes y llenas de sustancias, exposiciones sintéticas de profundas doctrinas. No es todo frivolidad, anécdotas callejeras y mentiras. El café es como una gran feria en la cual se cambian infinitos productos del pensamiento humano." (转引自 Guillermo Díaz-Plaja, *España en sus espejos*, Plaza & Janés, 1977, p.197)

[7] 摘译自 *ABC*, Domingo, 17-3-97: *"Fútbol, toros y bares: la cultura extravertida"*.

本章推荐书目

【西】Guillermo Díaz-Plaja, *España en sus espejos*, Plaza & Janés, 1977.

季羡林. 禅学丛书［M］. 北京：中国言实出版社，2006.

【英】理查德·D. 刘易斯. 文化的冲突与共融［M］. 北京：新华出版社，2000.

第 5 章

客 体 语 言

客体语言的界定和分类；服饰和妆容；个人物品的交际功能；审美与文化差异；中西客体语言的对比

5.1　客体语言的界定和分类

对于客体语言的界定，学界历来有些分歧。

有些学者的定义非常宽泛，例如根据 Ruesch 和 Kess 的观点，客体语言包括工具、机械类、艺术品、建筑结构、装饰和服装。

本书采用毕继万在《跨文化非语言交际》一书中的定义，即“客体语言指人工用品（artifacts），包括化妆品、修饰物、服装、衣饰、家具及其他耐用和非耐用品。这些物品可以具备双重功能：实用性和交际性。从交际角度看，这些物品都可以传递非语言信息，都可展示使用者的文化特性和个人特征。”（1999：59）

这个定义比较宽松，涵盖较广，关键是这些物品应具有交际功能，能够传递非语言信息。“我们所佩戴和穿戴的东西是一种语言，是一套有象征意义的规则，凭借这些规则我们得以保持自己在人前人后的形象。”（Amando de Miguel，1991：117）例如：手表是现代人刻不离身的个人用品，是个工业品，也可能是个手工制造商品，价格从几十元人民币的到上百万不等，品级高的被归类为珠宝。它的实用意义是计时，经济意义是普通商品的商业价值或高档珠宝的保值作用，社会意义是揭示佩戴者的可能的经济实力。

◎ 案例介绍

西南地区某贫困县县长在一个公开场合，无意中露出了腕上的手表，那是一块价值几十万元的名表。此事在网上激起轩然大波，有关部门顺藤摸瓜，查出了该县长贪污受贿的大量事实。这块表传递的信息非常丰富，如此名贵的表意味着它的主人身价不低，而一个县级公务员的工资有限，一个贫困县要靠政府帮扶，县长的固定收入和辖区内的可能的补贴都无法支付这块名表。县长用这块来路不明的表出了风头，满足了虚荣心，也被这块表带上了法庭。

在上述分类中，服饰的社会文化意义是绝对不可忽视的。中国是个衣冠古国，历史的沿革通过服饰的变化可以大致摸清其脉络。从上古的“黄帝垂衣裳而天下治”到汉朝的峨冠博带、宽袍大袖，从赵武灵王引进的胡服到清朝的满族旗袍，从民国的长衫、中山装到西服革履，这是个长达五千年的文明史。连我们的语言文字都闪现出服饰文明的华彩，如下面这些语汇：衣冠楚楚、袍笏登场、黄袍加身、纨绔子弟、荆钗布裙、冠冕堂皇、巾帼英雄、锦衣玉食、正襟危坐、袖里乾坤、拂袖而去、袖手旁观、凤冠霞帔、锦衣夜行、羽扇纶巾、环佩叮咚、领袖、联袂、弱冠、及笄、偏袒、白丁、连襟……

西班牙也如此，下面一段文字形象地描述了 20 世纪 70 年代末西班牙社会出现的一些服饰上的新气象，那是专制体制结束后开始民主化进程的外在结果：

“在西班牙的街头巷尾的市井风情中，出现了一个明显的变化，就是那些以往随时可见的穿军服的人和穿教士服的人消失了，那些穿制服的仆人和司机也不见了。从这个角度看，似乎是参与了一场服装界的某种民主化进程。但是却非如此。有些制服消失了，而另一些却出现了、增加了。这就是那些无处不在的私人保安，各种会议的女服务生也多了。快餐店的侍者都身穿引人注目的工作服。从事危险的自行车运动的人都用各种色彩和五花八门的标识来保护自己。另外，西班牙人依然执着于制服，至少它给人的印象是一份稳定的工作。这就是那些看车的戴上大檐帽时的感觉。这是权威的幻影。

“尽管平等是总的趋势，但是服装依然代表差异，代表社会阶层的差异。”（Amando de Miguel，2001：156）[1]

除了服饰，居所、建筑、环境都可以并入客体语言的研究范围，因为这些因素服务于人，从属于人，传递社会文化信息，具有明显的人文特点。

5.2 服饰和妆容

服饰是社会经济活动的产物。衣服除了遮羞、防寒这些基本功能之外，更带有很强的社会文化性。透过服饰可以看出一个地区工业、手工业的发展，也可以看出一个民族或某个社会群体的审美标准、价值取向。服饰还能体现人在社会中的身份地位，我国古代的衣冠制度更是规定了帝王将相和文武百官在不同场合的着衣规范。《论语集注》《荀子·子道》中记载：子路盛服见孔子，孔子曰："今女衣服既盛，颜色充盈，天下且孰肯谏女矣。"可见服饰的选择需要考虑到周边的环境和着衣者的意图。

服饰是一种文化符号，也是一个身份标签，服饰具备象征性、功能性以及展示性等特点。

5.2.1　服饰的象征性

服饰是一种象征。西班牙是议会君主制国家，王室是国家的象征。西班牙的新任国王没有加冕礼（ceremonia de coronación），而是参加宣誓就职仪式（ceremonia de proclamación）。即便如此，做为国家权力象征的王冠（*Corona tumular de los reyes de España*）依然会在宣誓的现场出现。*tumular* 一词源自 túmulo（墓穴），是因为在过去它总是出现在国王或者配偶的葬礼上，伊莎贝尔二世对着宪法宣誓时，给这顶王冠赋予了新的功能。正是因为王冠象征着皇家地位，王室女眷的王冠也成了时尚与地位的结合，也成为王室之间的馈赠品。我国古代的帝冕与西方的王冠一样，也是皇家的象征，秦汉两代与秦以前各代的帝王多戴用。而三重冕、渔人权杖则代表着教宗。

◎ 知识链接

DIADEMA PRUSIANA 普鲁士王冠

索菲娅王后生命中最具代表性的一个皇冠，据说也是索菲娅王后祖母的最爱。当索菲亚王后的祖母嫁给汉诺威王位继承人欧内斯特·奥古斯特三世时，她的父亲——德意志皇帝威廉二世送了她这个皇冠。当索菲娅的母亲费德莉卡公主出嫁给希腊国王保罗一世时，也选择佩戴此皇冠。皇冠由铂金制成，样式让人联想到帕台农神庙柱子和顶片以及胜利者的月桂花环。皇冠由珠宝商 Koch 定制，中间泪滴状宝石是其一大特色。

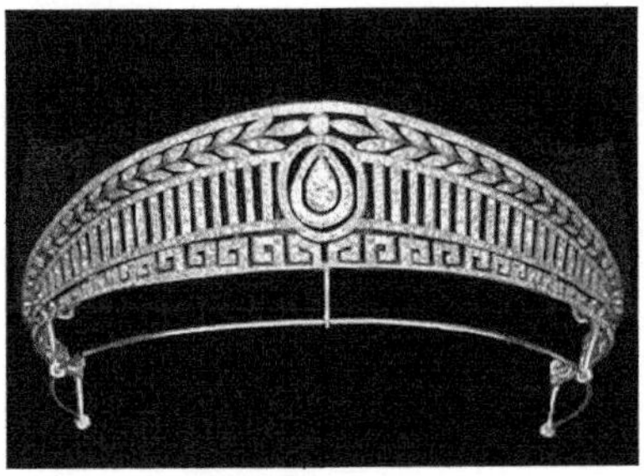

资料来源：百度。

服饰可以象征权力，同时也是身份标签。“达拉里斯”（Taralis）便是神职人员的着装，通常称为“神父/修生黑袍”，也就是天主教“常服”。最常规样式的常服是黑色的，当然在热带地区，修道者穿着白色的常服，配白色腰带，紫红色和猩红色一般是主教或领衔主教。宗教界配戴戒指有相应的规定，红衣主教的戒指通常嵌有蓝宝石；主教和修道院长的戒指装有紫水晶；修女的戒指则为金戒指。

在我国秦汉时期，冠最为流行。束冠往往是士人之上的特权，也是身份和职别的标识，也象征着士人的尊严。当冠而不冠即是“非礼”。

◎ 知识链接

小冠，束在头顶，多为皮制，形如手状，正束在发髻上，用簪贯其髻上，用绥系在项上。武官壮士则多饰缨于顶上，称为垂冠，初为燕居时戴，后通用于朝礼宾客，文官、学士常戴用。

獬豸冠，以皮革为冠衣，冠上当有饰物，文献说的皮弁冠，前高后卑，与用皂绢所制的委貌冠形制接近。秦汉前，执法官常用。

委貌冠，亦称玄冠。以玄色帛为冠衣，后发展为诸侯朝服之冠。委，即安定，貌，即正容，委貌即礼仪之道。

进贤冠，是重要的冠式，多为在朝文吏所戴，冠上有梁为记，以梁的多少来分等级爵位。古礼制的进贤冠，前高7寸，后高3寸，长8寸。

梁冠，在朝文官所戴，来源于进贤冠。一品七梁，二品六梁，三品五梁，四品四梁，五品三梁，六品、七品二梁，八品、九品一梁。梁冠为历代在朝文官所好戴。

通天冠，是唐以后级位最高的冠帽，其形状与汉画中的进贤冠结构相同，通天冠的前壁比帽梁顶端更高出一截，显得巍峨突出[①]。

提到印第安部落的酋长，首先浮现在人们脑海里的是一个头上插着很多羽毛的男子形象，很多影片里都是如此刻画的。有一种说法是战斗之后，全身而退者可以将一根羽毛插在头上，受伤获胜者则把羽毛纹在身体上，所以羽毛对印第安人而言，是勇气的象征，羽毛的数量自然也就成为了权力和地位的标记。仪式上头戴羽冠（el tocado de plumas，penacho de plumas，warbonnets）的人往往都是部落首领，而羽冠也成为美洲印第安部落首领的一个象征性装饰品。

最有象征性的中国女性服饰当属旗袍了。虽然近几年来兴起了一股“汉服热”，但是在外国人眼里或者国际舞台上，旗袍依然占据着一席之地。“华美的满族衣装与汉族女装，经过长期融合、演变”，慢慢成了旗袍这种独特的服饰。

---

① 参看百度文库。

20 世纪 20 年代中期时的旗袍和清末的满族旗袍外形区别不大，袖子渐渐收瘦，繁复的装饰花纹不见了，袍身平直长及脚踝，旗袍沿边日趋简单……1929 年，南京国民政府颁布民国新服制，“服制条例”第二条要求女子礼服是旗袍和袄裙，旗袍成了民国最时髦的女性服装。（徐冬，2018）

二十世纪三四十年代是旗袍盛行的时代，海派旗袍更是风行上海。十里洋场的上海历来是中西文化碰撞之地。当时国人开设的第一家专做女子时装的鸿翔时装公司“将传统中式旗袍加以改良，将镶、嵌、绣、滚等传统工艺运用得恰到好处”。（孙孟英，2018）该店设计的“蝴蝶领旗袍”“弧圆领旗袍”“高开叉圆襟领旗袍”很受时髦女性青睐。有六件款式新颖的旗袍在芝加哥博览会上还获得了银质奖。如今，设计师们更是将青花瓷的中国蓝、中国画的水墨渲染以及窗棱、图腾等传统元素，结合立体裁剪、镂空刺绣、鱼尾、不对称设计等现代手法融入设计，使旗袍这一中国象征性服饰在国际舞台上赢得了更多的赞誉。2011 年 5 月，旗袍手工制作工艺成为国务院批准公布第三批国家级非物质文化遗产之一；2014 年 11 月，旗袍被选为第 22 届 APEC 会议与会领导人夫人的服装。

5.2.2　服饰的功能性

关于服饰的起源，中外学者都进行了大量的研究，归纳而言有八种说法：“身体保护”说、“遮羞”说、“图腾”说、“装饰”说、“纽衣”说、“特殊”说、“共性”说、“伦理”说。

“特殊”说即是显示着衣者的身份地位，“图腾”说和“伦理”说用以解释家族或氏族的血缘，以区别于其他家族，也就是前文所述的象征性。“身体保护”“遮羞”“装饰”“纽衣”（把披挂在身体上的饰物联结起来，避免其脱落）属于服饰的基本功能；“共性”说是指想与他人共有。这种“共有”的属性我们也可以理解为社会功能性。人的服饰穿着可以显示出职业、态度、学识、社交环境等等。

西班牙斗牛世界闻名，光彩耀人的斗牛士服（traje/vestido de luces）让人过目不忘，华丽的服饰与血腥的搏斗形成鲜明的对比，每个矫健的身姿、每次精妙绝伦的转身，配上精美的刺绣和修身的剪裁，将斗牛技法展现得淋漓尽致。各色球衣是不同球队成员的战服，也可以解读出球迷的喜好；弗里吉亚无边便帽表达了对自由的追求；不同颜色的学位服对应着不同的学科门类；古代的各色官服和补子则与不同的官衔相匹配。总之，通过服饰，我们能获得出很多信息。

◎ 知识链接

弗里吉亚无边便帽又称自由之帽，是一种圆锥形的软帽，帽尖向前弯曲，帽体与头部紧密贴合的，典型的颜色是红色。古代小亚细亚的弗里吉亚人曾经佩戴这种帽子，由此得名。在19世纪美洲独立战争时期，许多自由派人士喜戴此帽，代表其政治立场。

资料来源：百度。

◎ 知识链接

中国明代官服简表（华梅 2005：67）

品级	补子		服色	袍服面料纹饰
	文官	武官		
一品	仙鹤	狮子	绯色	大朵花径五寸
二品	锦鸡	狮子	绯色	小朵花径五寸
三品	孔雀	虎	绯色	散花无枝叶径二寸
四品	云雁	豹	绯色	小朵花径一寸五
五品	白鹇	熊	青色	小朵花径一寸五
六品	鹭鸶	彪	青色	小朵花径一寸
七品	鸂鶒	彪	青色	小朵花径一寸
八品	黄鹂	犀牛	绿色	无纹
九品	鹌鹑	海马	绿色	无纹
杂职	练雀			无纹
法官	獬豸			

服装服饰设计是从事人物形象设计必备的三大造型艺术之一（化妆造型设计、发型造型设计、服装服饰设计），所以服饰的功能性还体现在服饰选用与环境场合适应度上。在出席活动之前，首先需要确定活动的性质和对服饰的要求，提前了解是需要着正装（traje formal，traje ejecutivo o traje sastre）还是礼服（traje coctel）。正式场合男士需要打领带，女士可以穿裙子也可以穿裤装。女士礼服一般指裙装，长度在膝盖或者稍稍过膝（社交着装请参看本书第八章）。

职业装、泳装、校服、运动服等也是服饰功能性的一个体现。衣服本身可以反映着衣人的职业和身份。我国的戏曲服装同样是服饰功能性的体现。不同戏剧有不同的服装，每套服饰还需要体现人物特点。仅国粹京剧的服饰就有很多种，以“蟒、靠、帔、褶、衣”为代表，不同样式的服装是人物身份的标志。搭配十分讲究，甚至有专门的行当（例如大衣、二衣、三衣）来负责服装。普通百姓的日常衣着是褶子，也是官员、贵族的便装。青年书生着男小生花褶子，中年文人、商人、小吏穿男素褶子，已婚平民女子着女青褶子。皇帝、后妃、贵族及其他高官在正式场合着蟒袍：黄蟒是皇帝的服装，女蟒是皇后、皇妃所穿的服装；其他颜色、样式的蟒袍是文武官员的服装。帔是京剧中富贵人家的常用服装，也是贵族便服；靠是将军铠甲，多为行军打仗时的男女将帅所用。京剧中的衣有很多种类，最常见的有短打衣——江湖豪杰绿林英雄所穿，官衣——官员穿着。

5.2.3 服饰的展示性

如果说服饰的出现是为了御寒和保护身体，那么随着社会的发展和进步，服饰的装饰作用日益凸显，人们想尽办法装扮自己，展示了自己个人或族群的特点，也能展示不同地区的历史和文化。

民族服饰是服饰展现地区特色的一个典型例子。对于一个集 56 个民族为一体的国家而言，这一点很好理解。服饰不光可以遮羞蔽体、抵御风寒，从人们的穿衣配饰里我们可以解读出一个民族生存的地域空间、气候条件、人文特点等等信息。也可以说，人们生存的不同社会环境慢慢造就了五彩缤纷、绚丽多姿的民族服饰。民族服饰文化内涵丰富，从原料到工艺、从图案到色彩均体现了一个民族的文化特点，均有很高的研究价值，所以也是非物质文化遗产的一部分。

汉族是我国的主要民族，汉族的传统民族服饰是汉服。相传为黄帝发明，已有几千年历史，是世界上历史最悠久的民族服饰之一。苗族百鸟衣由国家级非物质文化遗产“苗绣”刺绣而成，被誉为“穿在身上的苗族史诗”。百鸟衣可以追溯到苗族远古时期，依据苗族古史神话《十二个蛋》里的记载，枫树生蝴蝶妈妈，蝴蝶妈妈生十二个蛋，十二个蛋由脊宇鸟孵化成自然万物和人类，所以苗族把鸟作为始祖来崇拜。整件衣服集平绣、堆绣、打结绣、破线绣、钉线绣、辫绣、马尾绣等手工绣技艺术为一体，作工需三到五年。一件衣服体现出精湛的刺绣工艺，再配以红、黄、蓝、黑、白等各种丝线绣出五彩斑斓的图案，各个图案的鸟形状千姿百态，艺术价值极高。生活在大小兴安岭，以及黑龙江、松花江、嫩江流域林海的鄂温克族、鄂伦春族和赫哲族，属于渔猎采集经济文化类型，他们的服饰多以野生的鱼皮和兽皮为原料，保暖性强，防水隔潮，颜色大多为本色，样式比较单调，比较注重实用价值。蒙古靴靴尖上翘、靴体宽大，可以减少阻力，更有利于在草地上行走，如不幸从马鞍上跌落也可以让脚从靴子中快速脱离。每个民族的服饰背后都有自己的故事。这种服饰的多样性特点在拉丁美洲也能看见。

拉丁美洲的印第安人分布非常广泛，种族也非常复杂：墨西哥的阿兹特克人、托尔特克人和查波特克人、玛雅人；委内瑞拉、哥伦比亚及周围地区的奇布查人；秘鲁、厄瓜多尔和玻利维亚等安第斯高原的艾马拉人、克丘亚人；亚马逊河口有图比人；在巴拉圭、阿根廷、巴西等地的高乔人、瓜拉尼人；智利的阿拉乌干人等等。拉丁美洲地形复杂，气候多样。墨西哥基本上是以山地和高原为主，中美洲是个多山地区；西印度群岛地处热带，多雨林；南美洲西部太平洋沿岸，耸立着安第斯山脉，中部有草原，东部是高原。虽然西班牙语是拉美西语国家的官方语言，但是很多种族还有着自己的语言。据说拉美大陆的语言有 1 700 种之多，所以有”语言博物馆”之称。在文化多元和环境多元的拉丁美洲，服饰自然也多种多样。

拉丁美洲印第安人的服饰以兽皮、兽毛、棉纺织品、毛纺织品为主，在热带丛林和低地的印第安人至今仍身着树叶、树皮等原始的服饰。安第斯地区的印加人和中美洲的玛雅人已经掌握了较为先进的纺织技术。秘鲁纺织业的传统可追溯到前印加时期，从那时起，秘鲁的产品就以其名贵的纺线和制作质量而著称于世。帕拉卡斯文化的毛毯举世闻名，颇具代表性地展现了史前纺织文化。帕拉卡斯毛毯运用多样编织技法和多种原材料（羊驼毛、羽毛、头发、金丝、棉线）制成大幅的毯子，用蛇形或其他动物图样加以装饰。安第斯山区的艾玛拉人喜欢用大羊驼（llama）或是小羊驼（alpaca）的毛纺织成衣服，质地密实，柔软保暖。

拉丁美洲地区服饰的样式也很有特点。墨西哥尤卡坦半岛妇女喜欢穿一种宽松、不束腰的连衣裙，叫做“微披尔（huipil）”，领部敞开，无袖，上面的花朵刺绣色彩艳丽，豪华版“微披尔”另外搭配一块方形小披风，白色蕾丝镶边，下身搭配白色长裙；男人服装则以白色为主，搭配宽松衣裤、草编凉鞋和草帽。在墨西哥、中美洲及加勒比沿岸地区，有一种类似衬衫的上装“瓜亚威拉”（guayabera），男士穿着较多，也有女款。衣服以白色或其他浅色为主，素色，翻领，前胸两侧绣有淡雅花饰，面料多为纯棉或亚麻。由于加勒比地区属于热带海洋性气候，也是西半球常出现热带气旋的地区，在炎热的季节，“瓜亚威拉”就可以代替西装成为“正装”，所以，也多次被各类国际会议选为大会纪念性服装，既实用又有特色。

拉美地区的印第安人还喜欢在身上披搭纺织品，所以披巾、披毯也很有特点。在墨西哥中央高原地区，妇女常用一种“雷包索”（reboso）的披巾。这种披巾大多为素色，平时披在肩上，白天也可以盖在头上遮阳。“萨拉披”（zarape）则是一种彩色毛纺披毯，男女适用，一般有绣花，或是机织条形、几何形图案，平时斜披在肩膀上，天冷时可展开御寒；在南美阿根廷一带，人们喜欢使用一种叫作“蓬乔”（poncho）的披毯。样式简单，一块方形毛毯，中间开口作为领口，外沿处略微装饰。“蓬乔”有花有素，可以使用单一的颜色，也可以织上图案。这种服饰尤其适合骑马的高乔人，可以遮风挡雨，晚上还可以做被子。如果遇到野兽，还可以挥动“蓬乔”，分散野兽的注意力，伺机将匕首刺向野兽。玻利维亚的男子也有着披毯的习惯，而妇女的服饰与 17 世纪前后安达卢西亚和埃斯特雷马杜拉地区的女装相似：身着短外衣、裙子和毛料披巾。披巾两端用别针别在胸前，这样在背后形成一个口袋，可以用来背孩子或者其他物品。

拉美人还很喜欢佩戴装饰物，用彩线和天然石头手工编制而成的各式项链、手链、胸饰，风格独特，也显示出拉美手工艺人的精湛手艺。配饰中值得一提的还有帽子。秘鲁人戴的毛线帽子两侧有下垂的护耳；玻利维亚塔拉布科地区的男人佩戴一种酷似西班牙军人头盔的“卡哈”帽，而女人则喜欢佩戴椭圆形礼帽；墨西哥中部和北部地区的某些乡村的大草帽（sombrero de paja mexicano）帽沿宽大，直径可达 50～60 公分，帽筒向上延伸，有的高达 40～50 公分。

还有的拉美服饰体现了不同文化的交融。墨西哥的“恰洛”服（charro）就同西班牙安达卢西亚的骑士服装和斗牛士服有相同的地方：短宽上衣、紧身长裤、宽檐帽、长靴。现在的“恰洛”服已经被视为墨西哥的国服，也是马里亚奇乐队（mariachi）和歌手们的传统演出服。而墨西哥梅斯蒂索女性中流行一种中国姑娘绣花裙（la china poblana），据说和一位来自中国的东方女孩美兰有关。美兰被海盗卖到菲律宾，后来辗转来到了普埃布拉，在那里接受洗礼后更名定居下来，并把纺织、裁剪等技术传授给了当地居民，所以中国姑娘绣花裙的西文表述含义即为“普埃布拉的中国姑娘”。这种裙装由女式上衣（以白色为主）和绣花大摆长裙组成，裙摆多配以花边，裙子的图案多为玫瑰、大丽花等花卉，外观华美。

西班牙也有传统服饰，在节日和庆典上也经常看到。西班牙北部纳瓦拉地区男性的典型传统服饰是黑色的西服式背心搭配半截裤，小腿部分穿着及膝长袜；红紫色肩带搭配白衬衣是龙卡尔地区服饰的一个特点，女性常穿着两条毛质的裙子，一般为深蓝色，腰部翻折，露出里面的红色衬里；埃乔地区的女性服饰中有一种极为特别的白色修米兹衬衣，这种衬衣的领口高高竖起，还有不少手风琴似的皱褶，肩部到肘部也有类似的褶皱设计，在相对正式的场合，衬裙外会加上一条黑色连衣裙。手工织造的格子、条纹面料是西班牙中西部地区的埃斯特雷马杜拉服饰的特点。这个地区畜牧业较为发达，男子服饰带有牧民服饰的特点。传统的男性服饰是皮质的带有呢绒装饰的半截裤搭配长袜，西服背心、外套也都是皮革质地的；女性的裙装往往将多条颜色不同的裙子叠穿，造成一种膨胀感的轮廓，裙长略短，肩部交叉搭配着带有刺绣和饰边的披肩。

西班牙服饰中较有代表性的有：

✧ 安达卢西亚长裙

多层裙摆连衣裙，圆点图案居多，裙裾长至脚背，裙边镶嵌荷叶花边，常常搭配绣花披巾，同时头上插戴发梳。

✧ 绣花披巾

宽面幅披巾，质地多为丝绸，配以刺绣，做工极为考究，多以花卉图案加以装饰，黑底红花居多。据说这种披巾来自菲律宾，所以也称为马尼拉披巾。

✧ 发梳和纱巾

在一些极为隆重或是传统的场合，时而可以看见妇女佩戴发梳，发梳顶起一袭披肩式头纱（mantilla），十分的雍容华贵。过去发梳常使用玳瑁、象牙等高级材质，上面雕刻花纹或是镶嵌珠宝；纱巾也是手工刺绣，做工精美。

✧ 斗牛士服

斗牛士服是模仿斗牛士服装简化而成的一种男士服，如今也不乏女款。上装短，露出腰部曲线；下装为裤装，紧身裤管，搭配科尔多瓦筒形宽檐帽，干练潇洒。

✧ 巴斯克男装

巴斯克男装是一种流行于巴斯克地区的男装：白上衣、白长裤、红色腰带，搭配红色贝雷帽，有时还在脖子上系一条红色丝帕，在潘普罗那的奔牛节或是一些地区性节日上可以看见。

现在西班牙人的日常着装和欧洲其他国家的着装没有太大的区别，但是在西班牙本土的一些品牌服饰上依然可以看见一些特有的服饰元素：简化版的皱领、突出女性腰部曲线的收腰设计、蓬松的裙装、衣服个别处膨胀等等。西班牙风时代的服饰在欧洲服饰发展上占有一席之位。由于西班牙文化对拉美文化的影响，这些元素也被拉丁美洲的一些设计师所采纳，所以，我们偶尔也会在拉美服饰上看到一些欧洲文化的元素，似乎在讲述着一段古老的历史。

从服饰上也可以看出一个民族或者一个地区在历史上的影响。欧洲服饰受文艺复兴影响深远，主要分为三个阶段：意大利风时代（1450—1510 年）、德意志风时代（1510—1550 年）、西班牙风时代（1550—1620 年），这一时期的服饰从中世纪“神”的世界进入“人”的现实生活。西班牙风时代的主要特点有：使用填充物、皱领、裙撑。

✧ 填充物的使用

西班牙男服的一个特点是大量使用填充物，男上衣的肩、胸和腹部用亚麻碎屑等填充物垫宽展平，胸部、腹部和袖根部也因此被填充鼓胀，使人体的整个造型呈现出椭圆形。服装整体外形轮廓呈倒三角形，表现了宽大魁梧的男性体格特征。这种制衣方法在当时的英国、法国及意大利也很流行。

✧ 皱领

受天主教的影响，过去西班牙服饰往往色彩凝重，男女服饰总体上很沉闷，16—17 世纪开始流行一种独立于衣服之外的领饰——皱领，也叫拉夫领，成为这一时期男女服装重要的装饰元素，也是文艺复兴时期一个独具特色的服饰部件。拉夫领呈车轮状造型，这种领子成环状套在脖子上，周边是“8”字形连续的褶，外口边缘处用齿状花边为饰。

资料来源：拉夫领。Pantoja de la Cruz，Juan，1606 年作品，Museo Nacional del Prado，Madrid。

拉夫领的制作十分复杂，技术难度较大，需要特制的工具来完成造型。制作时用白色或染成黄、绿、蓝等浅色的细亚麻布或细棉布裁制并上浆，干后用圆锥形熨斗整烫成形。

拉夫领是有一定身份地位的人才可以佩戴的，目的是让人整体看起来更庄严、尊贵、骄傲。但是由于拉夫领过于宽大，不利于头部活动，让人显得傲慢。文艺复兴时期人们追求个性，但同时又把自己带入另一个极端。拉夫领出现以后，很快在欧洲流行，法国、英国贵族也争相模仿。

✧ 裙撑

16 世纪后半叶，西班牙贵族创造了裙撑。服饰研究中也称为“法勤盖尔”，从英语 farthingale 一词音译而来，西班牙语叫 verdugado。西班牙语的这个词来自 verdugo。

El verdugo fue un aro rígido de mimbre，alambre o madera que iba forrado de tela o de guata.（一种用藤条、金属丝或者木条编制的拱撑，外面用布料或者棉絮包裹）。

资料来源：裙撑。La infanta Margarita de Austria，Juan Bautista Martínez del Mazo，1665 年作品，Museo Nacional del Prado，Madrid。

据说裙撑的使用源自西班牙卡洛斯一世的妻子，伊莎贝尔皇后因怀孕希望用一种宽松的服饰来遮挡，于是就发明了这种裙撑，后来便流行开来。这种衬裙呈吊钟形圆锥状，在亚麻布上缝进好几段鲸鱼须做轮骨，有时也用藤条、棕榈或金属丝做轮骨。法国、英国的贵族女子争相模仿，所以逐渐又出现了法国式、英国式的"法勤盖尔"。在马德里普拉多博物馆珍藏的 17 世纪很多画作中都可以看到这种衬裙，是那个时期女性服饰的一个典型代表。

5.2.4 妆容

现代社交讲究妆容与服饰搭配，其实妆容也可以看做是服饰的一个构成元素。"服"用于"修"身，"妆"在于"饰"面。在容貌修饰方面，中西方是有极大差距的。汉语中，"俊秀"是对美男子的形容，"俏美"则可用在美人身上。"面如冠玉""玉面郎君""冰肌玉骨""冰雪肌肤"则反映了我们对白细肌肤的推崇。虽然西方赞誉的古铜肤色近年来在中国年轻人中也慢慢被接受，甚至也不乏效仿者，但是，从大众审美来说，"俊"与"俏"的一个要素是白皙的皮肤。

我国古人对女性手指的审美标准主要有三点：尖、长、白。《诗经·卫风·硕人》描述姜庄"手如柔荑，肤如凝脂"；《孔雀东南飞》写刘兰芝"指如削葱根"；

唐代诗人韩偓的《咏手》更直白："腕白肤红玉笋尖"。从出土的战国时期楚俑便可看出当时已有敷粉、画眉及胭脂的使用，"脂泽粉黛"一词，最早见诸《韩非子·显学篇》，可见，2 200多年以前就有"系列"化妆品了。中国古代化妆步骤也是从打造雪白肌肤开始的①。

在欧洲人看来，埃及法老阿肯纳顿的王后纳芙蒂蒂的美是毋庸置疑的，甚至成为美的标杆：古铜色皮肤、修长的脖颈、丰满的双唇、精心修饰的眉毛、黑色眼线突显出炯炯有神的眼睛、高挺的鼻梁……也有历史学家认为埃及是化妆术的摇篮。

欧洲也曾疯狂地追求过白皙的皮肤。据说古罗马暴君尼禄的第二任妻子就经常用驴奶洗澡，然后给皮肤涂上白垩和铅白。动物乳汁中含的乳酸可以去除角质，也能够去除铅白的毒性。这种方法需要很多人力和物力，所以只在贵妇中盛行。希腊学者泰奥弗拉斯托斯（Theophrastus，约公元前 370 年到公元前 285年）在他的专著《论石》（OnStones）中这样描写：

"把铅放在盛浓醋的陶器中，经过10天左右，铅上就会布满一层厚厚的锈。这时，他们会打开器皿，把锈刮下来。之后他们把铅重新放入醋中，重复"生锈—刮锈"的步骤，直到铅全部变成锈为止。把刮下来的锈研成粉末，加入水中长时间熬煮。最后，容器底部的沉积物就是铅白。"（埃尔德里奇，2017）

努力追求白皙肌肤的风尚持续了整个中世纪。英国著名的女化妆师、国际顶级时尚杂志和高端奢侈品牌争相合作的彩妆师埃尔德里奇（2017）撰写的《彩妆传奇》中提到了很多我们觉得匪夷所思的美白办法或是产品，例如文艺复兴时期的女性让内科医生在耳后放上水蛭，吸走脸上的部分血液让面容显得苍白，又如威尼斯白粉曾是16世纪最流行、最昂贵、毒性最强的肌肤美白产品。

或许欧洲历史上的"美白"让人付出很多沉痛的代价，给现代人留下的印象并不美好。现在，很多国家已经禁止在化妆品中使用铅白，尤其是欧洲，消费者对此也有认知。以粉敷面在中国自古就有。东汉许慎《说文解字》中记录："粉，傅（敷）面者也，从米分声。"北魏贾思勰《齐民要术》中对米粉制作也有记载。推荐"粱米第一，粟米第二。必用一色纯米，勿使有杂。"在米粉的基础上添加丁香，则制成了擦身用的香粉——"多著丁香于粉盒中，自然芬馥"。其实，我国历史上也有使用铅粉的记载，在"思在面而为铅华兮，患离神而无光"（张衡《定情赋》），"方泽无加，铅华弗御"（曹植《洛神赋》）等诗句中都能看到铅粉的存在（李芽，2017）。其实，我们也可以用"回归自然"的理念解释中西方审美的不同标准。不同颜色的粉可以达到修饰的作用。对于黄种人的

① 1. 敷白色颜料；2. 抹脂粉；3. 画黛眉；4. 染额黄（或者贴花钿）；5. 点面靥；6. 描斜红；7. 涂唇脂。

我们来说，白皙的皮肤更显健康；而对于白种人来说，略黑一点的肤色看起来才更有活力。在拉美商场的化妆品柜台里，其实是可以找到美白产品的，和欧洲的情况也不尽相同。

在美容整形方面，西班牙人并不是很推崇，但是拉美和中国有相似处。虽然说："身体、发肤受之父母，不敢毁伤，孝之始也。"事实上，整容整形在国内市场蓬勃发展。巴西盖洛普（Gallup）民意调查机构的一份调查表明 61%的人认为外表是获得成功的重要因素。当然，拉美地区国家间的审美也有差异。阿根廷《国家报》[①]的一篇报道中指出哥伦比亚和巴西妇女很欣赏性感丰满的嘴唇，但是墨西哥和智利的女性对此并不认同。而委内瑞拉整形医生说当地的女孩子通常修整的是鼻子和乳房。

每个民族在世界的不同地域上繁衍生息，各个民族对"美"的诠释有差异也实属正常。在中西文化碰撞的时候，"美"的衡量尺度也在慢慢改变，这本身也是一种交流，"取其精华，弃其糟粕"是我们继承传统，同时又不断进步的一个态度。

5.3 个人物品的交际功能

在人类社会，无论古代还是现代，人总是被各色各样的物品包围着，很多物品实际上是标志、符号、徽记。如：王冠和权杖之于欧洲君主，冠冕和玉玺之于中国的帝王，宝剑之于武士，族徽之于贵族，佛珠之于和尚，手杖之于绅士，校徽之于学生，坤包之于女人，豪车之于阔佬，手机之于全体社会人。可以列举的东西还有很多：房子、汽车、私人庭院、家具、室内装潢、文具、首饰、雨伞、手机、服装鞋帽、烟斗、眼镜、假发、手包和背包、打火机、烟盒、餐巾、餐具、职业装和相应的标志、怀表、腕表……

上述物品都具有交际功能，甚至简单如家庭用的餐巾这样的小物件也能揭示使用者的某些特点：餐巾的材质是亚麻的还是尼龙的或人造纤维的？餐巾上绣着家族姓氏的首写字母还是印着厂家标志？

在英国的推理小说中，一件简单的个人用品会揭开某个嫌疑人竭力要掩盖的线索：一枚图章戒指（身份），一条绣着首写字母的女用手帕（家族），一个拉丁十字架吊坠（信仰），手臂上的刺青（来历），领带夹的标识（阶层），这些东西在一般人的眼里没有交际意义，但是在明眼人看来，它们在说话，在清楚地传达信息，它们是某种象征。

---

① https://www.lanacion.com.ar/551157-la-belleza-obsesiona-a-las-latinoamericanas.

如今在我们的社会流传着一种极其肤浅的市井标准，说到某人成功了，就夸赞道“人家有车有房子了！”在一些人眼中，汽车和房子象征财富，象征成功，一个人不管他品行如何，才能如何，有了这两样外在的东西便升格为“成功人士”了。可见车子和房子传递出了多少信息，只不过不同的人对这些信息有不同的解读罢了。

在等级森严的封建社会，有车和没车代表了等级的差别（想想《冯谖客孟尝君》中的“出无车”），而不同档次的车驾也代表了差距。时至今日，欧洲王室尚能保存下来的古代礼仪之一，便是皇家马车。两匹或四匹高头大马，金碧辉煌的马车，车门上耀眼的王徽，一身宫廷侍卫装束的驭手，组成了一幅童话王国的画面。车，代表了君主身份。所以即使在 21 世纪的今天，各王室在重大典礼上，也轻易不会舍弃御用马车，这是唯一能折射出古代荣耀的专属车驾，其交际功能无可替代。劳斯莱斯人皆可用，只要有钱。而御用马车不可，那是銮驾。

5.3.1　客体（个人物品类）语言的特点

由此我们可以稍做总结，客体语言具有四个特点：功能性、展示性、社会性和象征性。

——功能性

所有的个人物品都必须具有功能性，也就是说，可以使用。即使华贵如王冠也得能戴上才行（不过西班牙王室的王冠是个例外，自卡洛斯三世之后，任何一位君主都没有戴过那顶银镀金的硕大王冠，它只是个象征）。个人物品之所以重要，其原始意义是能够使用。经过若干时间的使用，这个意义才逐步延伸到展示性和社会性。

◎ 案例介绍

美洲印地安人的传统服装篷乔（poncho），最初是南美洲的印地安人的传统服装，在一块毯子的中间剪开一个洞，如同领口，没有袖子，形同斗篷，也被称为披毯。这种篷乔制作简单，穿着也简单。其功能性很突出，土著人穿它干农活、放牧、做手工、参加部落仪式。总之，既是日常衣服也是正装。《西班牙—拉美文化概况》一书对此作了介绍，“（篷乔）穿在身上显得很潇洒，特别是骑马时，披毯像斗篷一样扬起，手臂可以自由活动，丝毫不受影响。披毯多为毛织品，颜色可花可素，上面可以织出各种美丽的图案。过去阿根廷的高乔人一年四季在草原上放牧，最适宜的装束就是在衬衣外披一块篷乔，晚上睡觉时，盖在身上当被子；下雨时，蒙在头上挡雨水；天气炎热时，可以搭在肩上如围巾；遇到野兽时，他们用篷乔当盾牌，或像斗牛士挥舞红布一样挥舞着它，分散野兽的注意力，然后将篷乔缠绕在左手臂上作为防护，右手持刀或匕首刺向野兽。”（朱凯，2010：311）

篷乔的多功能性已经成为历史，目前的功能只是一件普通衣服，不过它正在走向国际时装T台，出现在巴黎、米兰和纽约。

——展示性

客体语言的展示性是在功能性的基础上发展起来的。原始人的“衣服”只是一块兽皮或者几片树叶，今天在亚马逊流域仍然居住着少数原始或半原始部落，在那里，居民们身体上的遮蔽物就是如此。随着文明发展，客体语言就具有了展示性。部落里女人们戴上了用兽骨磨制成的手镯，用贝壳串成的项链，汲水的土陶罐子上刻出了水波纹似的曲线，这些物品除了实用，还能展示，有了美感。

在现代社会，有时展示性远远超过了实用性。

在18和19世纪的欧美上层社会，女士的帽子争奇斗艳，用各色绸缎、丝绒、羽毛、珠宝、裘皮等珍贵材料装饰，式样千奇百怪，像巨大的鸟窝，像水果篮，像平底锅，就是不像帽子，因为这些女帽丧失了作为帽子的功能性——保护头部不受寒，不被暴晒，所谓的帽子只突出了展示性，为了博眼球，使自己鹤立鸡群，力压群芳。今天，女士和男士的礼帽仍保持风头的场合，就是欧洲上流社会的一些正式聚会，如伦敦赛马大会、皇家婚庆及其他仪典。

再以君主们使用的权杖为例。上古时期，部落头领带领男人们狩猎或打仗时，手中会持有一根大棒或一根长矛，起到旌旗的引导作用，同时也能防身和进攻，因为他得身先士卒。许多年以后，头领们升格为王了，体制确立，大棒变成了一根轻巧的小棍，成为一种象征。为了彰显王者超凡入圣的特殊属性，小棍用黄金、白银、宝石来装饰，成为权杖。英国女王的权杖上镶嵌着硕大的非洲之星钻石，教皇的权杖也是一件稀世珍品。西班牙王室的权杖虽然不是那么灿烂夺目，但也是非常珍贵的艺术品和古董，就像《金阙风雨》一书中所介绍的，“权杖是一件非常古老的艺术珍品。这根长68厘米的实心黄金棒的外表用银丝装饰，嵌着蓝色珐琅，每隔20厘米镶嵌一圈红宝石，每圈4颗。顶端是一颗水晶球。权杖是个象征，只出现在国王即位的典礼上。”（1998：200）

这就是展示性。

——社会性

让我们先看一段文字，这是西班牙著名作家迪亚斯－普拉哈（F. Díaz-Plaja）对西班牙乡村小贵族的精彩描写。

“如果和下面这位乡绅相比，上面所说的都不算什么。他在自己那个落拓的乡村广场上高傲地踱步，身上裹着旧斗篷，仔细端详着自己那个破败房子门楣上的家徽，暗自感谢上帝的恩典，感谢上苍使他成为某某姓氏的某人。他不会摘下帽子（即使他不脱帽仅仅摆个姿势也好）；他也不会跟那些来到乡间宅邸的外乡人打招呼，即使那人是省里的将军，或是省里的大法官。他唯一屈尊做的就是问这些外乡人是否来自卡斯蒂利亚治下的某个名门望族，族徽是什么，在这一带是否有亲属。”[2]

这一段的关键词是族徽。

西班牙自被西哥特人（公元 6 世纪）占领后，便脱离了罗马帝国行省的地位成为独立的王国。在漫长的中世纪，封建制度得以建立和巩固，贵族阶层变成社会的核心，其成员就是公、侯、伯、子、男各个爵位者以及乡村小贵族和骑士。每个等级的贵族都有自己相应的旗号、城堡和领地，而族徽就是这一切的浓缩图像。在大部分王徽或贵族的族徽、家徽上都或多或少含有以下几个因素：城堡、桥、十字架、狮子、独角兽、海洋、老鹰、花朵、王冠、拉丁文箴言等，其中城堡、桥梁显然象征着领地，狮子、独角兽、老鹰、花朵代表家族的图腾，海洋代表征服，王冠象征其尊贵的身份。

这就是族徽的社会性。

在很多西方国家的法庭上，也可以看到服饰的社会性的例子：被告出庭时往往一身正装，男性都打着领带，即使一个身犯重罪的嫌犯也是着装体面、仪容整洁地出现在陪审团和法官的面前，不管他此前是什么形象。被告的正装有以下功能：表示对法律的尊重，表示对法庭的重视，表示对法官和陪审团的尊重，给在场的人留下一个正常人的好印象。同时也表明，被告虽然暂时被剥夺了自由，但是他依然有自己的权利，没有以囚服示人，保持了某种程度的尊严。

◎ 案例介绍

清朝官服的顶戴

在中国历史上，服饰与官制相结合由来已久，不同的服色和配饰标志着官员的等级和职称，起着“分等级，定尊卑”的社会作用，构成了封建社会官僚制度的重要组成部分。

1644 年清军入关，直到康熙时期，朝廷才基本完善了各项官职建设，包括官制的服饰制度。康熙二十九年（1690），清朝政府颁布了第一部国家大法《大清会典》，会典划分了文武百官的职司，也详细规定了上自帝后下至官员的服饰和随用物品的品级，使之完全制度化。

顶戴花翎是清朝官服最重要的品级标志之一。官帽顶部中央是镂花立柱式的帽顶，上面镶嵌宝石、珍珠或其他贵重材质，以此来区分官阶。有的在帽顶旁配上花翎。乾隆年制定的《钦定大清会典》细化了帽顶的品级：

“朝冠：文武一品至八品官，均镂金为顶座；文、武一品官，顶用红宝石，中饰东珠；文、武二品官，顶用镂花珊瑚，中饰小红宝石；文、武三品官，顶用蓝宝石，中饰小红宝石；文、武四品官，顶用青金石，中饰小蓝宝石；文、武五品官，顶用水晶，中饰小蓝宝石；文、武六品官，顶用砗磲，中饰小蓝宝石；文、武七品官，顶用素金，中饰水晶；文、武八品官，顶用镂金；文、武九品纪未入流官，顶用镂银。”①

这是朝服的规制，此外还有吉服和行服。

花翎指插在帽子上的孔雀翎和蓝翎，代表品级和地位，意义特殊。古代的先民们大多有过佩戴鸟羽的习俗，以狩猎为生的民族更是如此。满洲人多为女真人的后裔，擅长骑射和狩猎，穿裘皮、戴羽翎是他们的传统。清朝的制度规定，孔雀翎（特别是多眼的）为上品，使用者主要是高级武官、王公贵族、内廷侍卫等，之后范围虽然有所扩大，但是戴花翎是一种殊荣，并非所有的官员都能如此。

顶戴花翎仅仅是清朝官服的一个细节，但是其意义非凡，不仅标志着清代官僚职位的尊卑高下，更反映了服饰制度和封建政治制度的紧密关系。

这样的服饰礼制在全世界也无出其右者。

——象征性

并非每一个物品都有象征性，但是能够传递出文化信息的东西往往有象征意义，虽然这个意义有时会因时、因地、因人而有所变化。物品的象征意义是人赋予的，解释权在人。比如，很多国家的国旗上有一定比例的红色，如中国、古巴、智利、西班牙、厄瓜多尔、哥斯达黎加、哥伦比亚、墨西哥、委内瑞拉、秘鲁等。同为红色，其象征意义却不尽相同，在有的国家象征革命，有的象征烈士的鲜血，有的象征胜利。因此，了解一个物品的象征意义，需要通过持有者或有关专家的合理解释，不可妄猜。

有一个案例能够说明“不可妄猜”的必要性。

◎ 案例介绍

在中国的“文革”后期，曾经发生过一件有名的事件，起因是一个中国代表团在参观美国某企业时，东道主赠送给我方一个水晶蜗牛雕件作为礼物。回

① 李理. 清代官制与服饰［M］. 沈阳：辽宁民族出版社，2009.

国后，代表团领导遭到严厉批判，被斥为卖国主义，帝国主义的奴才。甚至当时某位炙手可热的“中央文革小组”领导人都直接给大批判定调子，不停地上纲上线，并命令相关部门向美方提出抗议。事件的症结在于如何诠释水晶蜗牛的象征性，按照中国文化的传统解释，蜗牛行走缓慢，可以象征慢速度，不能大踏步前进，甚至不思进取。所以有的人臆断：这是美国人在嘲讽我们，“是对中国革命的污蔑”（时人语）。而那家美国公司的负责人回应：这只是我们公司的标志，象征顽强和锲而不舍。

在跨文化交流的环境中，需要学习，需要客观全面地看问题，而不是主观臆断，不能片面地用自己的文化标准去衡量其他文化。

5.3.2　几则客体语言符号的分析

——扇子（abanico）

据说团扇源自中国。汉朝大儒董仲舒在《春秋繁露》中提到“以扇逐暑”。在古诗中可以读到“新裂齐纨素，皎洁如霜雪。裁为合欢扇，团团似明月。”（汉班婕妤《怨歌行》）。可见扇子在西汉时已经流行。当时有羽扇、蒲扇、葵扇、纨扇等，而团扇多为高级织品所制，女性专用。扇柄有时会采用骨角、玳瑁甚至象牙制作，异常精美。以后出现的纸质折扇来自日本，在中国得到广泛传播，因为中国是纸的故乡，也是竹的故乡，也是书画的园地，读书人和匠人把三者结合起来，把扇子推到了极致。国人用竹子为扇骨，以帛或纸为扇面，文人在上面题字作画，一件既实用又有美学价值的作品就诞生了，特别为文人墨客所喜爱。团扇和折扇常配上玉石扇坠，更显得雅致。

扇子在古代的交际功能非常特别：用团扇障面表现女性的娇羞和温柔（“团扇复团扇，持许自障面。憔悴无复理，羞与郎相间。”摘自晋代的《团扇歌》），用羽扇表现儒雅和仙风道骨（如羽扇纶巾的孔明），用折扇表现风流倜傥（如江南才子唐伯虎），用扇子定情（男女相悦，留扇子作定情之物），用扇子作为戏剧歌舞的道具等。

在中西交流的过程中，扇子传到了西方，从莫奈和德加等大画家的作品中可以一窥扇子的普及性（如《加缪夫人》和《莫奈夫人》）。西班牙女性对之情有独钟，无论上流社会的贵妇还是平民阶层的女子，都喜欢在社交场合手持一扇。她们的扇子已经西化了，不是纸质的，而是丝质的或装饰羽毛的，人人都尽其所能来美化它。其主要功能既不是制造凉意，也不是文人雅士的珍爱，而是交际。由于古代礼教的限制，在男女之间许多事情不能直接用语言表达，所以西班牙女子便借助手中的扇子进行交流，把它用得出神入化，酣畅淋漓，用展开、闭合、煽动、敲打、障面等动作，配合面部表情和身体动作，传递出邀请、挑逗、拒绝、应允、反感、喜欢、暧昧等信号。男士要做的就是准确破译这些信号并采取相应的行动。一代又一代的传承使得扇子变成西班牙传统文化的一个符号。在现代生活中，扇子主要体现的是实用功能，它作为商品出现在旅游商店里，颇受外国游客的欢迎。但是在舞台上和民间节日里，扇子是弗拉门戈舞和塞维利亚舞以及戏剧中旧时代贵妇们的主要道具，其展示性和象征性依然存在。

在其他国家的交际生活中，扇子主要表现了功能性，没有成为非语言交流的重要工具。

——胡须（barba）

对于男性来说，胡须是妆容的一部分。

初到西班牙或拉美的中国人会发现一个很不同寻常的现象：大部分男人都留胡子，不分老中青，有时甚至无法判断一个人的年龄，因为中国人对男人年龄的看法一般都与胡须有关。

中国人属蒙古利亚人种，毛发较浅，因此男性的胡须对于仪容的影响不大。虽然汉字中有须、髯、髭、鬍等与胡须有关的字，但有意思的是，就连“胡子”一词都与外族相关，意思是像胡人那样的须，而后繁化为“鬍子”，实行汉字简化后，又恢复为“胡子”①。

从审美的角度来说，修剪得当的胡须可以突出男性的刚毅和硬朗，如《三国演义》中的关羽，被称为美髯公，以至于曹操特地赐给他一个纱囊以护须。而络腮胡或者虬髯则往往是勇者或莽汉的标志，如《水浒传》中的鲁智深和李逵，还有传说里的钟馗，他须髯如戟。从社会意义上分析，胡须并不代表阶层，主要代表年龄。古代社会更强调尊老敬老，一个男人到了一定年龄，特别是有了儿子或孙子之后，常常留胡子，三绺胡须或一部长髯就是长辈的标准形象。在京剧表演中，须生有捋髯的动作，这是一种抬高长者风度的符号。作为成熟男性的特有标志，中文有不少从胡须派生出的词语：“须发苍然”“吹胡子瞪眼”“巾帼不让须眉”“须髯戗戗”等等。胡须的最重要功能体现在下面这句谚语上：“嘴上没毛办事不牢”，显然是把有胡子的长者视为权威而看不起后生。

拉丁民族的生理特点之一是浓重的毛发，因此男人的胡须自古以来就是其仪表的重要组成部分，主要是体现男性特征（masculinidad，virilidad），彰显男性美，还可以构成某一个社会阶层的外在符号，也可引领消费潮流。由于年轻人也会满脸毛毵毵，所以胡须不代表长者，没有多少权威性。

① 参考商务印书馆辞书研究中心. 新华多功能字典［M］. 北京：商务印书馆，2007：283.

拉丁人喜欢蓄须，以此来突出男子气概，自古以来，无论是帝王、贵族，还是平民百姓，都把胡子当成男子仪容的重要部分，如同女性的长发。胡子可以梳理成各种样式，也像女性千姿百态的发型。例如卡洛斯一世的连鬓胡、塞万提斯的髭须、堂吉诃德的山羊胡、巴列—因格兰的长髯、达利的造型怪异的“鼠须”、前首相阿斯纳尔的“仁丹”胡、费利佩六世的短须等等。这些胡型或由个人养护，或由理发师精心打理，目的是塑造出一个富有个性的、有男性魅力的形象。一个更现成的例子是西班牙国王费利佩六世，在当今在位的欧洲男性国王中（瑞典、挪威、荷兰、比利时、卢森堡、列支敦士登、摩纳哥、西班牙），他是唯一一位留胡子的。

胡须还可以成为一个阶层或者一种社会倾向的代表。在古巴革命成功之后，拉美的进步分子和左翼青年，都喜欢模仿卡斯特罗和格瓦拉的样子，留起了大胡子。贝雷帽、披散的长发、卡其布军装、大胡子，这是那些战斗在马埃斯特拉山区的游击队员的形象，在 20 世纪 60 年代和 70 年代，成了一种政治标志。

在西班牙也有这样的“时尚”演变：19 世纪末到 20 世纪初期，成年男子多蓄须，特别是上层社会的绅士们，这是身份、男子气概和成熟的标志。之后一直到 20 世纪 60 年代，西班牙社会发生了剧烈动荡，贵族没落了，许多人刮了胡子，平民化占了上风，像诗人洛尔卡（García Lorca）、画家毕加索（Pablo Picasso）、社会党人领袖冈萨雷斯（Felipe González）、当时的国王胡安・卡洛斯和首相苏亚雷斯（Adolfo Suárez）等人都代表了这个潮流。20 世纪 70 年代是革命和造反的年代，游击队员式的不修边幅和嬉皮士的落拓成为时尚，各种样式的胡子大行其道。20 世纪 90 年代大胡子沉寂。进入 21 世纪后，金融危机和经济下滑在社会上造成一股颓势，改变了人们的一些生活习惯和观念，男人蓄须再度成为时尚，这一潮流囊括了政治上的左右两派、白领和蓝领以及老、中、青各个年龄段，甚至因此推动了和胡须有关的男性化妆品行业的发展。

需要指出的是，在拉美，胡须还有一个区分种族的作用。土著人属蒙古利亚人种，毛发较少，男人没有胸毛，老者很少有胡子。白人则正好相反，于是有些白人至上主义者便炫耀这两个生理特点，以证明其纯粹白种人的身份，显示其“高贵”的种族背景。

拉丁民族对胡须的重视也表现在西班牙语大量的词汇和习语上。下面仅举几例：

barbas（barbado，barbón，barbudo），直译：胡子。其意：有胡子的男人。

andar con la barba por el suelo，直译：胡子拖地。其意：老态龙钟。

barba a barba，直译：胡子对胡子。其意：面对面。

en las barbas de，直译：对着（某人的）胡子。其意：当着（某人的）面。

Cuando las barbas de tu vecino veas pelar，pon las tuyas a remojar. 直译：看到邻居刮胡子，你也赶紧做准备。其意：前车之鉴。

hacer la barba a uno，直译：给别人刮胡子。其意：讨人厌/讨好，

llevar a uno de la barba，直译：拉着某人的胡子。其意：牵着某人的鼻子。

pelarse uno las barbas，直译：自己扯自己的胡子。其意：暴跳如雷。

por barba，直译：按胡子（算）。其意：按人头算。

reirse por bajo la barba，直译：躲在胡子后面笑。其意：暗自高兴。

sacar la barba del lodo a uno，直译：把某人的胡子从泥里拉出来。其意：帮助某人摆脱困境。

subirse uno a las barbas de otro，直译：爬到别人的胡子上。其意：对别人放肆，无礼；蹬鼻子上脸。

tener pocas barbas，直译：胡子少。其意：年轻，少不更事。

barba azul，直译：蓝胡子。其意：杀妻者（源自民间传说）。

——纹身（tatuaje）

纹身的习俗几乎和人类本身一样古老。原始人的纹身，除了出自于一种朦胧的对美的追求，主要是用各种颜色和图案做代码，来区别彼此的身份：部落、氏族、地位、对不同自然现象的崇拜等等。

中国人虽然在古代就有纹身的习俗，但是通常受制于每个人所处的阶层，上层和士族较少接受，因为中国人信奉“身体肤发受之父母”，不可以受到伤害。《水浒传》中只有燕青和史文龙有一身“花绣”。古刑法中的“黥面”是在犯人的脸上刺字，并涂上青色的颜料，这是对人的极大羞辱，因为有悖于汉民族的文化传统。也有个案，比如某些秘密组织，也在身上留下刺青，作为特殊的“身份证”。还有一个青史留名的特殊例子，那就是“岳母刺字”，一位伟大的母亲把精忠报国的情怀和志向刺在儿子的肌肤上，以此激励儿子一往无前地投身到抗敌斗争中。

在当代生活中，纹身已经脱离了过去的羁绊，许多人都能接受，特别是年轻人，他们普遍认为，在自己身体的某个部位刺上特殊的纹样或字，能够彰显个性。这是一种从原始人延续下来的行为方式。但是，依然存在某些与性别、阶层、职业、年龄有关的制约。比如，女性、老年人、儿童、军人、教师、官员、知识分子……一般不会纹身，特别是后四类人群，因为这与其社会角色不符。

在西班牙和拉美的现代社会生活中，纹身被普遍接受。形形色色的图案几乎相当于一个人的无声的宣言，许多人把爱人、家人的名字和形象刺在身上，有的人选择自己喜爱的动植物纹在手臂上，还有来自异国的文字也是个性的标榜（汉字是首选）。外国人往往对他们看似图案的汉字十分着迷，尤其是看到自

己本国名字可以用汉字表现出来时，更是觉得神奇。所以，把自己深爱的人的名字用汉字形式表现出来并纹在身上，他们觉得是一种时尚。虽然人人都认可纹身的方式，但是仍然有一定的禁区：那些处在社会金字塔上层，集权力、权威和社会信任度于一身的人，往往不会在身体上肆意流露个人信息。另外，即便在纹身流行的拉美国家，教师、政府公务员等从业人员对待纹身也比较谨慎，因为人们从职业规范角度对此并不认可。

在南美洲的一些印第安部落，纹身源于古老的传统，是其生活方式。生活在巴西和委内瑞拉之间亚诺马米人（los yanomami）是最晚被“发现的”土著部族，他们居住在热带雨林中，基本上过着原始形态的生活，无论男女都是半裸，身体上布满了各种图形，上面涂着简单的颜色。他们把这些纹身当成服装或者第二层皮肤，同时也是彼此认同的符号。这些颜料都是就地取材，红色来自 onoto 灌木的种子，紫色从一种棕榈树的果实中提取，象征战争和死亡的黑色取自烟灰和灰烬。乔科人（los chocó）世代居住在厄瓜多尔和巴拿马部分偏僻地区，他们习惯在脸上涂抹各种颜色，主要是作为部落标志，同时也带有某种神秘主义含义。比如，在脸上涂上蓝色，就表示保护自己免受邪气的伤害。①

——斗篷

斗篷是一件在古今中外都不陌生的服饰，因为其制作工艺相对简单，同时又具有较强的功能性，特别是在古代。但是，在现代生活中，除了一些有仪式感的场合，斗篷已很少出现。

在古代中国，穿斗篷的人基本上分为三类：贵族、武人（军人和武士、剑客等）以及北方苦寒之地的上层居民（僧人和少数民族暂不在研究中）。

在古代的西班牙，人们对斗篷情有独钟，也许是与其骑士文化有关。但凡有点社会地位的人，无论男女，出行时都习惯披上一袭黑色的斗篷。上流社会的女士穿着华贵的晚礼服出门应酬时，通常也会披上斗篷。在委拉斯凯斯（Diego Rodríguez de Silva y Velázquez，1599—1660）的笔下，费利佩四世的黑色短斗篷衬托出君主的威严。不仅世俗之人喜爱这种服饰，教会更是给它赋予了神圣色彩。教皇和主教等高级神职人员在仪式上披着绣着各类宗教标志的披风，随风飘逸，类似佛教僧侣的袈裟。

普通西班牙人穿斗篷的心理可以从社会学的角度来分析。除了有自我提升的满足感和美学价值外，还有一种特别凸显西班牙人性格特点的作用，正如迪亚斯—普拉哈所说：“El uso de la capa，mantenida tantos años contra viento y marea，representa el compromiso entre la Soberbia y la Pobreza，ambas hermanas en

① Feitz Trupp. *Los últimos indígenas—Culturas nativas en América del Sur*［M］. Perlinger，1982:16-201.

muchos casos españoles."（Fernando Díaz-Plaja，2004：103）这段话的主要意思是说，斗篷常常是高傲和贫穷之间的调节。因为无论穿着多么落拓甚至破旧的衣服，都可以用斗篷遮住，而斗篷所展现的是高雅。

一些西班牙谚语证实了斗篷的作用。例如：

La capa todo lo tapa. 直译：斗篷能遮盖一切。其意：金玉其外，败絮其中。

Una buena capa todo lo tapa. 直译：一件好斗篷能遮盖一切。其意：一好遮百丑。

Bajo la capa de ... 直译：在斗篷的下面。其意：在……的幌子下。

Debajo de una mala capa puede haber un buen vividor. 在破斗篷的下面可能藏着一个有钱人。其意：不可以衣帽取人/人不可貌相。

Dejar la capa al toro. 直译：把披风扔给牛。其意：舍财保命/舍车保帅。

Echar la capa a otro. 直译：把斗篷扔给别人。其意：替别人遮丑/庇护。

5.4 审美和文化差异

审美是文化中的大题目，但是审美的标准并不是统一的，不只是东西方之间有差别，同在亚洲也存在着千差万别。即使西班牙和拉美这两个血缘关系紧密的文化群体，也在审美标准上有很大距离。一个民族或者一个群体的集体审美意识都来自于它的文化，正是由于文化的多样性，美才能呈现出五光十色和千姿百态，美才能彰显个性。试想，如果审美也有强权，世界将会变得多么单调。单调是令人无法忍受的。

因此，在副语言的层面上会存在着各种偏好和品位。在本小节将浅析中国人和西语族在色彩感知和园林美学上的差异。

5.4.1 色彩与文化感知（percepción cultural）

色彩是一种客观存在，但是对色彩的理解和取舍却是受文化感知的制约的。

中国新娘的传统服饰是从上到下都是大红色。西班牙人的评论：这颜色太血腥了！西班牙新娘的衣饰浑身雪白，包括捧花。中国乡村老人的评论：这是戴孝呢！

墨西哥选美小姐肤色呈巧克力色，Antonio Flores 的歌词中有“太阳美化了你的肌肤，把你变成一个深色皮肤的姑娘”[3]。中国人认为：真黑，难看！中国美女肤色如霜雪。墨西哥人的评论：过时的审美！

在拉美会看到不少人戴绿色的棒球帽，葡萄牙斗牛节上的斗牛士戴的也是绿帽子，而中国男性会坚决拒绝，因为绿帽子意味着被伴侣背叛。

为什么对同样的颜色会有如此不同的态度？主要原因来自于文化感知。

拉里·萨默瓦在《跨文化传播》中是这样解释感知的：

“感知是人用以认识自然界和社会的方式……是由我们的文化赋予我们的……感知是一种外在过程，通过它，人们可以将外部世界的自然能量转化为有意义的内部经验。”（2004：60）

盖姆伯（Gamble）说：“感知是以特定方式选择、组织和转译感觉数据（sensory data）的过程，这种方式能使我们理解世界的意义。”（转自萨默瓦，2004：60）

上面所说的“特定方式”就是文化，文化为人们的感知提供了含义。具体说，就是我们自身的信仰、价值观、生存方式、经验等这些文化因素指导我们对外部事物（比如色彩）的选择、组织和对感觉数据的传递。

中国人是个对色彩极其敏感的民族，在遥远的古代，甲骨文上就出现了“幽（黑）”“白”“赤”“黄”4 个表示颜色的字。之后先民们发展了纺织业和染料业，推动了对颜色的认知。东汉许慎的《说文解字》里已经收集了 75 个表示颜色的字，其中 18 个带丝字偏旁（如红、绿、绯、绛、紫等），说明了来自丝染纺织业的巨大影响。在政治上，颜色成了封建体制的等级标识之一，形成了世界上极其少见的尚色制度。在古典哲学上，颜色代表了五行：金一白，木一青，水一黑，火一赤，土一黄；也代表了五方：东一青，南一赤，中一黄，西一白，北一黑；还代表了四季：青春、朱夏、素秋、玄冬；也代表了四神：青龙、白虎、朱雀、玄武。在语言文字方面，中国人对色彩词更是情有独钟，可以信手拈来大批语例：白丁——平民百姓；白屋——贫寒的家；绿林——强盗或江湖好汉；红颜——美貌女子；黄袍加身——皇帝登基；粉黛——女子；大红大紫——走大运；朱门——富贵之家；黑帮——犯罪团伙；丹墀——宫殿；紫禁城——皇宫；绛帐——学堂；青史——历史；分红——分利润；青睐——看好；黑市——非法交易；青楼——妓院；绯闻——有关男女的流言，等等。

从下面三点可以简单分析中—西文化对色彩的认知差别。

1. 对色谱的划分因不同文化而有所差异

例：中—中国人的眼睛是黑色的。西—Los chinos tienen ojos pardo s.（中国人的眼睛是棕褐色的。）

中—她晒黑了。西—Está quemada o bronceada.（她被晒烤了或变成古铜色了。）

中—太阳黑子。西—mancha solar（太阳斑点）。

2. 对色彩的联想因文化不同而有所差异

例：中—杏黄　　西—trigueño（麦色）

中—碧蓝　　西—turquesa（绿松石色）

中—眼红　　西—ponerse verde de envidia（嫉妒得眼绿了）

中—粉红　　西—rosado，salmón（玫瑰色，鲑鱼色）

中—绛红　　西—malva，vino tinto（锦葵色，酒红色）

中—碧绿　　西—esmeralda（绿宝石色）

中—米黄　　西—champán（香槟色）

阿曼多·德米格尔的一段话有助于对色彩联想的基本理解：

“对一些物件或行为的评鉴需要某种抽象化。如今，在那些已知的许许多多的色彩中，只有少部分被冠以名字，而很多名称仅仅有个形容词，是用一些相似的、可描述的东西作为参照罢了。如：玫瑰色、丁香色、鲑鱼色、锦葵色、橘色、紫罗兰色、桑葚色、栗色。黄色的名称可以算作抽象化了，但是这种色调是来自于对某些味苦且有毒的花草的联想，于是黄色便与厄运、不吉利、邪恶、不祥等有了不公正的连带关系。让我们回忆一下：黄牌、黄色预警、黄色小报、黄色工会、黄热病……”[4]

3. 给色彩赋予的内涵因文化不同而有所差异

例：中—黄色笑话　　西— chistes verdes（绿色笑话）

中—（红色）红灯、红利、红火　西—alarma roja，zona de luces rojas，partido rojo（红色警报，红灯区，红党）

4. 给色彩赋予的象征性因文化不同而有所差异

中—红色象征革命　　西—红色象征暴力等

中—白色象征服丧等　　西—白色象征纯洁等

中—黄色曾象征皇权　　西—黄色象征某些负面形象及其他

这些例子说明了：

（1）对色谱的不同认定应属生理范畴和习惯，中国人认为肤色深就是肤色黑，因此出现了黧黑、黝黑、红黑、黢黑等分类。而西语族认为黑的定义是最深的颜色，如煤炭一般。所以只有黑种人才是黑色的，肤色较深的人是 moreno（棕色的）；他们认为中国人的眼睛不是黑色的，而是深棕色的。

（2）对颜色的不同联想由生存环境而定，一种颜色使人联想到某个已知的东西，便采取比喻的方式为之定名。这个已知的东西必须来自特定生存环境，而且是为人熟知的。中国人喜欢用“碧蓝”来形容天空，“碧”指玉石。西语族用“土耳其玉”（turquesa）即绿松石来比喻蓝天，这是他们熟悉的东西。

（3）文化内涵的差异取决于社会文化因素，中国的五行文化使得红色受到尊崇，而近代政治生活的特殊性又把红色放在高度政治敏感的地位上。

（4）色彩的象征意义的差别与社会政治、经济、价值观、传统以及民族心理有密切关系，所以在大部分基督教的仪式上，白色往往是主色，洗礼上的婴儿、婚礼上的新娘都穿白色的衣服，象征纯洁，也象征纯真的信仰。与基督教有关的另一个例子是西语族对“红发”（pelirrojos）的厌弃，以下面几则谚语为例：“红发的犹大是叛徒，红毛的男女和猫狗也非良善之辈”（Rubicundo era Judas el traidor；ni mujer，ni hombre，ni perro，ni gato de aquel color），“红发之人，奸诈之徒”（Cabeza roja，alma engañosa），“长着稀疏的红胡子的人，必是奸佞之人”（Barba rala y bermejo color，no le hay peor.），“红发之人，必有犹大之魂”（Cabeza rubicunda，alma de Judas）。根据西班牙的民间传说，出卖耶稣的犹大长着红头发和红胡子，于是信徒们把对犹大的仇恨转移到这一生理特征上，甚至于在复活节的宗教游行中，犹大的形象也是 pelirrojo（红头发）。

总之，每个民族对色彩都有自己的态度：接受或排斥，喜爱或厌恶。有的民族将某个颜色视为吉祥的象征，另一个民族可能会把它看作凶兆。中国人视为高贵象征的黄色，犹太人却弃置不用，因为在历史上他们曾多次被迫在胸前佩戴黄星，作为下等人和异教徒的标识，黄色给他们带来的是屈辱的回忆。前面说到中国人对绿色的帽子有恶感，其历史渊源可追溯到明朝，那时妓院的男性管事戴绿色巾帻。

对于中国人来说，颜色的文化象征意义最初与神话传说和五行有关，之后又受到其他因素的影响，逐步形成了一套色彩审美体系。红色是吉祥色，是国色，几乎代表了所有的积极意义。黄色是高贵的象征，自隋朝以后成为帝王的专用色，也是华夏土地和民族的象征。在节庆时，红与黄的使用率最高。黑色在秦、汉之时深受尊崇，之后渐受贬斥，往往代表不吉利、不祥，故喜庆场合一般少用。据《明史·舆服三》，“洪武三年，礼部言，历代异尚，夏青，商白，周赤，秦黑，汉赤，唐以后，取法周、汉。唐、宋，服色所尚，于赤为宜。”历朝历代皆有尚色，这在世界历史上并不多见。由此而产生的封建社会的颜色禁忌也是罕见的，误用某种颜色会被视为僭越，触犯某种颜色是造反，要入刑。清朝初年有一首咏紫牡丹诗就犯了满族统治者的大忌：“夺朱非正色，异种怎称王”。

西语族没有像中国人那样严格的色彩观，仅个别特殊场合（婚礼、葬礼、高规格的晚宴和觐见、去歌剧院等）有礼仪上的要求，平时比较随性。在传统上，西班牙人对红、黑两种色有偏好，服饰常常以此相配，对比鲜明，张弛有度，黑色的神秘感结合红色的炽热，显得魅力十足。历史上，西班牙的上层社会曾经迷恋黑色，特别是在奥地利—哈布斯堡王朝时期。《金阙风雨》中是这样描写那位征服了意大利的西班牙国王兼神圣罗马帝国皇帝卡洛斯五世（旧译查理五世）的：“1529 年 11 月初，卡洛斯五世进入了意大利北部的博洛尼亚城……卡洛斯终于出现了。他骑着一匹高头大马，马衣上饰有他所得到的全部王徽。

他和他周围的宫廷显贵们都穿着西班牙式的服装：黑色服装、黑色斗篷、黑色鞋袜、黑色的丝绒帽子上装饰着黑色羽毛。”（1998：19）绘画大师提香、格列科、委拉斯凯兹等人在西班牙宫廷为国王们画了大量的肖像，不难看出，从卡洛斯五世起，其子菲利佩二世、其孙菲利佩三世、曾孙菲利佩四世到下一位继承人卡洛斯二世，他们在画家的笔下一律身着黑色服装，甚至行猎的装束都是玄色。这几位君主都是虔诚的天主教徒，对宗教的信仰到了狂热的程度，也许过度的信仰造成了他们特殊的尚色习惯。此外，西班牙人对黄色，特别是金黄色也很喜爱，黄色使人联想到西班牙的太阳和长长海岸线上的沙滩。红与黄的结合是他们的国旗色，也是斗牛精神的象征。文学名著《血与沙》（Vicente Blasco Ibáñes，*Sangre y arena*）的题目就是斗牛场上的鲜血（红色）和铺在地上的黄沙（黄色）的鲜明对比。

以墨西哥为代表的中美洲地区地处热带，喜欢绚丽的色彩，特别是对视觉有撞击力的大红大紫大蓝大绿的配合，不仅体现在服饰上，也包括室内设计和建筑上。人的着装是彩色的，房屋街道也是彩色的，连公共建筑的外立面和内墙都常常装饰着色彩张扬的巨幅壁画。凡是去过墨西哥的外国人，无不对那里五颜六色的房屋印象深刻：粉红色的、天蓝色的、桔黄色的、翠绿色的、绛紫色的……仿佛是色彩的狂欢。聂鲁达在他的《回首话当年》（*Confieso que he vivido*）有过这样的描述：“墨西哥是一块披着猩红色和闪着荧光的绿松石色大披巾的土地。墨西哥是一块制作形形色色陶罐和陶坛的土地，是一块在水果上落满小蜜蜂的土地。墨西哥是一片长满镶着金刺的钢青色龙舌兰的无边原野。”[5]“那里的妇女穿得像花蝴蝶。”[6] 他还用“florido”（繁花似锦的）和“violento de color”（色彩暴烈的）来形容墨西哥。

阿根廷、乌拉圭、智利等国基本上位于温带，人口以欧洲移民为主，对色彩的爱好不同于墨西哥等热带、亚热带国家，而是偏向冷静的、雅淡的调子，与大部分欧洲民族的兴趣相近。阿根廷和乌拉圭的国旗就是例子：白色、天蓝色和淡金色。

由此可以大致解释中国人和西语族在服饰、装潢、建筑等方面的色彩差别了。

5.4.2 园林美学的差异

客体语言领域里包括环境的交际作用，环境可以指城市布局、居室布置、庭院及园林设计、建筑样式等方面。

园林是人类文明发展到一个较高阶段的产物。园林艺术体现了物质文明和精神文明的双重价值，包含着文化价值、审美观念和民族心理，可以反映一定时期的某些社会文化特征。

在这个题目上，中国和西语世界之间有很大差异。

早在古罗马时期，贵族们就开始在自己的宅邸里建造园林作为主建筑的陪衬，也为主人提供了休憩和宴客的场所。园林的主要元素是植物、水景和雕塑。植物类包括树木、草地和花卉；水景就是喷泉或一方水池，池中有雕塑，有潺潺流水或喷水设施；园中必有大理石或青铜雕塑，题材通常取自希腊—罗马神话中的人物：宙斯、雅典娜、阿波罗、维纳斯等等，这是罗马人的信仰。根据他们的世界观，人和大自然的关系不是顺应，而是征服。“征服”是他们最喜爱的一个关键词，征服自然，也征服其他民族以及异国的土地。他们在建筑上充分展现了这种精神，无论是在本土还是在殖民地和行省，都采用大理石、花岗岩和其他建材，建起了宫殿、神庙、剧院、纪念碑、凯旋门、公共浴室、引水桥、道路、桥梁……这些建筑都是帝国精神的再现：高大宏伟、坚固耐用，像凯撒一样睥睨一切。他们的园林也如此，虽然有水有树，但是决不柔美，不旖旎。那里的一切都遵从某种规矩，如同罗马的法律一样规整坚毅。中轴线贯穿庭院，两侧对称；园林的中心是宫室，象征着人的高高在上的统治；园林中不可或缺的神祇雕塑，代表了罗马人的信仰。

罗马式的园林美学依然是帝国的审美，风格大气，开朗而开阔，目光所及，一览无余，景物尽收眼底。大理石阶梯如同瀑布，令人联想到宫廷的豪华。平展展的草地如同宫中的会客大厅，是贵人们欢宴和漫步的场所。16 世纪的美迪奇家族的花园是个典范。总之，罗马人的园林是入世的、世俗的，是罗马社会生活的反应。

在此基础上，法国人又把园林审美推向了一个新的高度。17 世纪的凡尔赛宫的园林成为一个蓝本，在欧洲上流社会开启了一个巴洛克和后来的新古典主义的园林美学风潮，在巴洛克的标新立异、富丽堂皇和新古典主义的严谨庄重、简洁复古之间取得了某种平衡。弗·孔蒂在《巴洛克艺术鉴赏》中这样描写道：

“宫殿主体位于中央；一侧是进宫的车道、大门和为四轮马车铺设的宽阔的沙砾路面；另一侧是草坪、花坛、砌成几何形状的花圃、喷泉、水道和一泓碧水。再往远处，修长、宽阔而笔直的大道连接着圆形的开阔地，一直伸向一抹青黛的树林。”①

一览无余的视野，一马平川的结构，裁剪呆板的花坛，几何图形的树木，足球场般的草坪，罗马御道般笔直的道路，千年不变的神像，耀武扬威的帝王塑像，静水一泓的池塘，自然界少见的喷泉……这些园林因素所彰显的依然是人对大自然的控制欲望和能力，师承罗马，又胜过罗马。这样的园林审美和中

---

① 季羡林. 禅与园林艺术［M］. 北京：中国言实出版社，2006：341-342.

国人的审美原则几乎是背道而驰的。

西班牙的园林主要承继了三种外来风格，除了上面的两种（以马德里附近的阿兰胡埃思宫和拉格兰哈宫的园林为代表），还有一股来自东方的清流，那就是摩尔人带来的源自阿拉伯文明的庭院美学，在西班牙南部的安达卢西亚可以清晰地触摸到它的存在。

摩尔式园林包括两大类：皇家园林和民间庭院。前者以阿尔罕布拉城堡的赫内拉利费（Generalife）花园为代表，后者就是遍布科尔多瓦、塞维利亚、格拉纳达等地，藏于小街巷深处的居民家的庭院。

在赫内拉利费皇家花园里，水的作用异常醒目，那不是一方孤零零的池塘，也不是突兀的的喷泉，而是许多池塘、许多喷泉、许多小沟渠，欢快流淌着的水穿过整个庭院，甚至流入宫室，环城而行。花园中的一切都倒映在水中，光影形成了奇幻的效果。到处都是潺潺的流水声，给花园带来勃勃生气。水是生命，这是一个沙漠民族的追求，也是伊斯兰教教义的内涵之一。花园的结构如同迷宫，如同大马士革或巴格达城里纵横交错的巷子：高大笔直的侧柏组成了绿色屏障，分隔了路径，隔开了宫苑；错落有致的花圃，变换着园中的色调；大量的柠檬树和柑桔树散播着清香，带来南国的气息。这一切都表明，来自北非和西亚的征服者要不遗余力地永久占领这个天堂般的土地，远离大漠的梦魇般的荒凉。

皇家园林的另外两个构成因素是书法装饰和伊斯兰建筑。在阿尔罕布拉宫，人们可以看到许多装饰在宫室的内墙、大门、回廊的柱子上的奇妙图案。这些图案分为两类：一是把植物图形抽象化和几何形化，二是阿拉伯文的书法。众所周知，伊斯兰教禁止偶像崇拜，所以在公共建筑上基本看不到人像雕塑和壁画，代之而起的是书法艺术。阿拉伯文是由曲线构成的，经过艺术加工，演变成变幻莫测的图形，是伊斯兰文化的瑰宝。用阿拉伯文书写的《古兰经》经文和圣贤的箴言，就是宫殿和园林的必不可少的装潢。

园林中的伊斯兰建筑风格独特，历史悠久，它吸收了两河流域的特点，又把罗马式和拜占庭式收入囊中，逐渐形成了自己的个性。“其主要特点包括拱顶、马蹄形拱门、券窗、细长的廊柱、镶有上光马赛克的护壁、雕饰精细或做成钟乳石状的灰泥粉饰天花板、饰有《古兰经》文和箴言的墙壁，在那些长方形的庭院四周围绕着回廊，园内有水池和喷泉，房屋的装饰以复杂多变的几何图形为主，此外还有植物纹和书法纹等。”（朱凯，2010：73）而最关键的是，伊斯兰教义（包括其宇宙观、价值观、宗教禁忌等）渗透在建筑的理念、功能和细节之中。

摩尔式园林的另一类是民居庭院，这种庭院风格反映的是百姓的生活和百姓的生活美学，没有太多的规矩约束，主要就是美化，尽可能地美化。科尔多瓦一带的民居多带有一个不大的庭院，四周是回廊，中间天井处有井水或泉水。居民们见缝插针地在院子里莳花种草，在房屋的外墙上挂上许多大大小小的花盆，里边种着各色天竺葵，阳台和屋檐下也都是五彩缤纷的鲜花，回廊的两侧摆满了花盆，连大甕和坛子都成了花器，把庭院变成了立体式花园。在那一地区每年都要举行庭院节，评选出最美的园林。居民们追求的是简单的美，是炫丽的色彩和热闹的风格，是对生活的乐观态度。

西班牙的园林审美大致是这样的内容。

中国的古典园林艺术的来源很简单，是汉民族的生活积累。

远在殷商时代，皇城中便出现了宫苑，内植树木花草，间错有人工开凿的池塘、流水和山石。在以后的年月中，园林之胜不仅为皇家所有，达官贵人也争相效仿，汉代的上林苑、唐朝的曲江池等都是史上有名的园林，士大夫和文人的园林也随着他们的名气和作品而流传于世，如王维的辋川别业、白居易的庐山草堂、裴度的绿野堂等。宋、明两朝，这种对园林的喜好，从宫廷和朱门大户走向民间，士子、乡绅以及致仕的官员都愿意在自己的宅子里修建园林，京师和江南一带蔚然成风。到了清朝，满族这个来自关外的骑射民族，也几乎全盘接受了汉人的园林审美理念，王公贵族纷纷在城里和城外为自己建起了别业。皇室自然是首屈一指，颐和园、圆明园成为宫苑之胜。古典文学中有许多记载，把当时的美景传递给后人。

中式古典园林的特点与西式的迥然不同。

中国古典园林的主导者是文人，是诗人、画家和匠人，不是贵族，所体现的是回归大自然，是天人合一的理念，是避世的禅意，是供人怡情悦性的小天地，是诗与画的结合。园林的主调是清幽、自然、含蓄、澹远，造园者把自然的一角引入园中，组成所谓咫尺山水，而不是以巍然的气势和人造的富丽堂皇为胜。王公贵胄造园也以此为宗旨。为此，中式园林的基本构件包括水、奇石、假山、花卉、树木、亭榭或草庐，这是精神的承载。水一般为活水，开凿池塘或引入溪流，顺地势而建，水边植垂柳或菖蒲、芦苇，充满野趣。奇石必不可少，其标准为“瘦、漏、透”，这是中国人独特的审美，始于中唐，文人把山水之思寄托在石头上，从中看到岩壑的意境。假山通常是叠石和堆土，以名山大川为蓝本，山上植树种草或建亭，使之具有真山的神韵。花卉要有四时之胜，春兰、夏荷、秋菊、冬梅，牡丹和芍药也是佳选。树木之中竹、松、梅、柳既可入画，也可入诗，是中国人的某种精神寄托，因此多出现在南北园圃中。建在水边或花木丛中的亭子或水榭，与自然景物相辅相成，相得益彰，可观赏，也可使用，供品茗、焚香、弈棋、抚琴、读书、会友之用。而最具特色的是建筑物上的匾额题字，这正是中国园林的独到之处：文学趣味。这些文字充满诗意和哲理，为建筑增色许多，也可以说是园林的点睛之笔。例如，苏州网师园的一副名对："风风雨雨，暖暖寒寒，处处寻寻觅觅；莺莺燕燕，花花叶叶，卿卿暮暮朝朝"。游人来此必看。

当然，并非所有的园林都能享有上述条件。郑板桥是一位有气节、有情操的高士，他爱竹、爱兰、爱石。作为寒士，他的庭院似乎略显简单，但是他淡泊明志宁静致远的心志、对自然的喜好以及他本人的艺术家的天赋，使得自家园林不同凡俗，正如他写的："十笏茅斋，一方天井，修竹数竿，石笋数尺，其地无多，其费也无多也。而风中雨中有声，日中月中有影，诗中酒中有情，闲中闷中有伴。"[①]

简言之，中国古典园林的特点可以理解为对禅意的追求，对大自然的钟爱，突出了清趣和野趣，巧妙地把诗、画和对儒释道的信仰融为一体，把园艺与精神追求紧密地交织在一起，把美学和实用结合在一起。从中国古典园林的身上可以读出传统文化的精髓。

我们把皇家品级的西式园林和中国式园林做一个最直观的对比：前者豁然开朗、一览无余，后者曲径通幽、一步一景；前者崇尚直线条，后者偏爱无尽的曲线；前者的布局以通透见长，后者以分隔和渗透相结合取胜；前者以大理石雕塑为园中增色，后者以奇石假山为花木添彩；前者以帝王神祇的雕像为装饰，后者用匾额题咏来寄情山水；前者绚丽，后者淡雅；前者以建筑和人为主角，后者把人和建筑融入园林景物之中；前者仍是世俗享受，是入世，而后者营造了超世独立的氛围，是避世。

5.4.3 气味与文化差异

我们通过眼、耳、鼻、舌、身来感知世界，这五者所带来的感受即通常所说的五识。人们在眼色、耳声、鼻香、舌味、身触的基础上通过认知识别而产生意识，即第六识。眼中所见、耳中所闻、舌尖所品、身体所感的东西都能传递出信息，鼻中所嗅的气味也不例外。人们对气味学的研究已经悄然兴起。气味学[②]是一门研究气味的学科，属于生命科学范畴，虽然目前仍然处在筹备建立阶段，但是它的科学性已经毋庸置疑。从人类目前已经掌握的有关气味的全部学问来看，"气味学"可以包括"化学气味学""物理气味学""数学气味学""生理气味学"和"心理气味学"五个类别。在日常生活中，我们对动物界运用气味来集结、求

① 季羡林. 禅与园林艺术［M］. 北京：中国言实出版社，2006：64.

② 可参看百度百科，https://baike.baidu.com/item/%E6%B0%94%E5%91%B3%E5%AD%A6/9182818?fr= aladdin.

偶、报警、觅食的现象并不陌生，而人体的气味和指纹一样，也是辨识过程中不可忽略的一个特质。气味除了传递基本的生理和心理信息，还可以传递出文化信息。各族文化对气味的解读和运用也不尽相同。旅居瑞士的香水创意设计师庄卉家（Della Chuang）提出“气味美学”概念，探寻熏香、香味等与人类生活的关系。

早在我国先秦时期，香料已经被广泛应用于生活。在古代中国，“品香、斗茶、插花、挂画”是贵族精神生活的一部分，更是结合财富与学养的文化生活方式。（林翔云，2018）古往今来，“香品”一直是中国上层社会、文人骚客、高僧大德常用之物，不仅用于祭祀，更广泛应用于日常生活，例如琴棋书画时的燃香、香薰衣帽的熏香、日常佩戴的香囊等等。西方亦是如此。古代希腊人和罗马人都有焚香木的习惯，宗教仪式上同样不乏熏香的使用。汉武帝时期，我国对外贸易往来得到空前发展，古丝绸之路成为香料的重要贸易通道。宋代以泉州为枢纽构成的海上丝绸之路实际上就是香料之路。（鄢敬新，2014）1974年在泉州湾发掘出来的著名“香舶”即是一艘大型的宋代沉船。船上的货物主要是香料，包括降真香、檀香、沉香、胡椒、槟榔、乳香、龙涎等。北宋的造船与航海技术已十分发达，海上贸易极为繁荣。扬州、明州（宁波）、泉州、番禺（广州）等港口吞吐量巨大，香药是最重要的进口物品之一。考古学家们曾提出通过西藏的“麝香之路”是继北丝绸之路、南丝绸之路、海上丝绸之路后的第四条东西方贸易通道。香品使用历经汉唐两朝之后，到宋代已经成为一种风尚。顾宏义在《香谱》中也提及宋朝用香“比前世有过之而无不及，王公贵族的奢靡程度更甚于隋唐时期”。而且宋代对外贸易发达，海港设置市舶司，“市舶之利中即以香药为最”。（2018：5）工业革命之后，西方的香水业发展迅速，芬芳调理在现代人的生活中已不罕见。人们借助不同香味的特点，构建出了一个独特的美学体系。

5.4.3.1 焚香祭祀

中国用香祭祀的传统由来已久，可以追索到上古时期。通过考古发掘，距今 6000 年前的时候，人们在祭祀活动中已经开始燃烧柴黍或是烧燎祭品来祭祀天地、诸神，以表达对上苍和祖先的尊崇与敬畏，这种做法也成为“燎祭”。其实，古埃及人、古希腊人、罗马人也有焚烧香木的习惯。（鄢敬新，2014）宋代丁谓所著《天香传》中记载：“香之为用从上古矣。所以奉神明，可以达蠲洁[juān jié]。”除了驱邪除秽，香木燃烧后产生的寥寥青烟缓缓上升，仿佛是联系世间人与神灵的纽带。道经云：“宝香焚在金炉内，香烟缭绕达上苍”。可见，信徒们把“香”当成人与神之间的沟通的信物，通过烧香便能把祈愿信息传达给神明，从而祈求神明保佑，而这种燃香习惯在佛教和基督教中也有。

《僧史略》中说："香也者，解秽流芬，令人乐闻也。香为信心之使也。"再有，宋人陈去非所著《焚香》一诗中写道："明窗延静书，默坐消尘缘；即将无限意，寓此一炷烟。当时戒定慧，妙供均人天；我岂不清友，于今心醒然。炉烟袅孤碧，云缕霏数千；悠然凌空去，缥缈随风还。世事有过现，熏性无变迁；应是水中月，波定还自圆。"香是修道的助缘，其目的是让人心定神静，圆满觉性，生起"智慧之香"。可见，香除了表达对神灵的尊敬以外，还可以帮助修行者心定神静，助其修行，以至明心见性，自觉觉他。

基督教仪式上燃香目的主要是净化空气，所以将香炉高悬在教堂中殿上空来回晃动，好把香味散布到教堂的各个角落。据说，中世纪的时候教堂夜间不关门，信徒们日夜都可以出入教堂，为了保持殿内良好的空气，便开始燃烧香料，以净化空气。悬挂空中用来承装香料的大香炉西班牙语叫 botafumeiro，源自加利西亚方言，字面含义是"散发（echar）烟雾（fume）的容器"，西班牙加利西亚地区圣地亚哥·孔波斯特拉大教堂殿中空中悬挂的那只香炉（如下图）应该会让游览者过目不忘。悬挂香炉在加里斯都抄本（Códice Calixtino）中已有记载，空炉通常重达 60 公斤左右，装上燃料后可达到百公斤。圣地亚哥·孔波斯特拉大教堂中的香炉重约 53 公斤，高 1.5 米，香炉空中的晃动需要八个人（tiraboleiros）配合才能完成。

资料来源：https://www.tripadvisor.com/LocationPhotoDirectLink-g187508-d4843867-i132810689-Botafum eiro-Santiago_de_Compostela_Province_of_A_Coruna_Galicia.html.

佛教燃香多为檀香，佛家习称"栴檀"。《大唐西域记》中记载："初如来成正觉已，上升天宫为母说法，三月不还，其王思慕，愿图形象。乃请尊者没特伽罗子以神通力接工人上天宫，亲观妙相，雕刻旃檀。"可见，佛教传说中的第一尊佛像就是用檀香雕刻而成。另据一则传说记载：佛陀当年住在祇园时，有位长者用檀香木建造了一座旃檀堂，准备恭迎佛陀居住。长者手持香炉，遥望佛陀居住的地方，焚烧檀香。佛陀闻到香味后，便沿着香味追寻，找到了长者建造的旃檀堂。佛家弟子根据这个传说，认为檀香是佛家弟子把信息通达于佛的心灵媒介。道家用香忌用檀香，尤其是在礼斗法会①上。《女青天律》中指出"禁燃檀香，礼斗之时，犹当禁忌"。由此，道家可能常用柏木香、降香、沉香、青木香、广木香等等。

乳香（olíbano）是很多基督教宗教仪式中使用的香料，但由于乳香产量有限，而且近年来产量减少，目前宗教仪式上更多使用的是圣洁木（Palo Santo，如下图），学名叫 Bursera graveolens。这种树木主要生长在南美洲太平洋沿岸大部分热带美洲的干燥森林中，寿命可达 90 年。树木高 4 至 10 米，光滑，灰色。圣洁木香可镇痛、减压，传统上多用于缓解感冒及流感症状，减少压力、头痛、焦虑、抑郁、炎症、情绪疼痛等。教堂门口往往有成包出售的香炉燃料，里面搭配了其他的香草或是干花。随着制造业的不断发展，现在还可以购买到各式各样的天然调配香料，有的用于宗教仪式，也有的用于日常香氛。

资料来源：圣洁木。https://motivatedfamilies.com/2015/12/21/palo-santo-forest-ecuador/.

5.4.3.2 日常香氛

自古以来，中国的日常生活中就不乏香品的存在，置椒房储宠妃、郎官奏事口衔鸡舌香等都是香料用于生活的实例。香料可以敬奉神灵、美化环境，同时还可以祛病健身。古埃及人便利用香料防腐的功效来制作木乃伊，世界很多地区也有近似的用法。

古人认为香药同源同属，凡是本草，皆可制香，所有香品皆可入药，所以

① 礼斗法会，又称拜斗，是道教独有的科仪，是古人对星宿的一种崇拜。

从广义上来讲，所有的药材都可以归属于香药的范畴。香药如果从自然属性划分，即分为植物类（如兰草、茅香、艾叶、檀香、降真香等草木类和玫瑰花、桂花等花类）、动物类（如麝香、甲香、龙涎香等）和矿物类（如朱砂、硫磺、石膏、滑石、枯矾、白矾等）。《黄帝内经》说："五气各有所主，唯香气凑脾"。香药是养护阳明经，治未病之病，保健养生的良药。《神农本草经疏》也言："口鼻为阳明之窍，阳明虚，则恶气易入。得芬芳清阳之气，则恶气除而脾胃安矣"。所以，我国用香品或香药治疗疾病已有数千年的历史。古人佩戴香囊，除了美观，往往带有功效。"香药疗法"在阿拉伯帝国时代也很盛行，常用的有安息香、丁香、沉香、西香、檀香、回葱、茅香等。古西域人（阿拉伯人、波斯人等）用香治病疗伤、养生。

在物质生活条件不断提高的同时，人们开始追求更高质量的精神生活，于是在古代象征身份与财富的香薰及其周边物品（如香炉、香篆等）也悄然回到人们的日常生活中。不少薰香爱好者根据《香谱》等作品中记载的配方自行制作合香，并用隔火熏香的方式品香。这种"烧香"方式从宋代以来便受到文人雅士的青睐，使用云母片、银片或者其他隔火材料将香料与炭火隔开，燃香使用的炫纹炉本身也是一件精美的艺术品，而备香、点香、闻香的整个过程也让人感到身心宁静。

资料来源：炫纹炉。http://www.sohu.com/a/17237206_184829.

谈及西方世界的香味，我们很自然地会联想到香水。据说，埃及人早在 4 000 年前就已经制造出了香水，法老王的陵墓中的陪葬品就有香水。但是考古学家认为那时候使用的应该是"香膏"，而且不含酒精。（林翔云，2011）如果按照"香水是香精的酒精溶液，再加适量定香料等形成的混合物"[①]这个定义，第一

① 百度百科，https://baike.baidu.com/item/%E9%A6%99%E6%B0%B4/12442.

款真正意义上的香水是 1370 年问世的匈牙利水，后来，香水制造业不断发展，18 世纪“古龙水”诞生，19 世纪人工合成香料出现，现代化香水工业逐渐发展起来。“19 世纪末的香水化学，卸除了大自然加诸在我们身上的桎梏，让香水艺匠成为艺术家。”（艾列纳，2017）在我国 20 世纪化学制香发展史上，有“三个半鼻子”的说法，用来指擅长香精制造的汪氏兄弟、叶氏兄弟等调香师。这些调香师利用当地产的天然香料调配出了不少物美价廉的香精用来制造化妆品、香皂、香烟、食品等等，为我国近代香料香精生产贡献了力量，可惜后来战乱打断了调香技术在我国的继续发展，十分遗憾。（林翔云，2018）

5.4.3.3　香味与文化

在调香师看来，不同的香味有不同的含义。工业的发展让调香师可以“仿香”，也为“创香”制造了条件[①]。香味可以给人类营造出多样的氛围。艾列纳（2017）曾在《橄榄》一文中写道：

“欲描述地中海，这个气味就能包办。从黑橄榄至橄榄油，再到橄榄酱，唤起我鼻子和味蕾的诸多联想：松露、海狸香的气味，仿佛人的体味，都是吸引我的气味。

海狸香。

水杨酸苄酯。

想要橄榄酱的味道，不妨掺入苏合香脂和百里香。”

同是沉香，不同的地域，香味会有所不同，日本所谓的“六国五味”指的就是这个现象：沉香受不同自然地理环境的影响，散发出的香韵也不一样。事实上，不同地域的人对香味的喜好也有差异。一个国家或地区对某种香气的特殊爱好受到该国家和种族的历史、地理、气候、当地生长的香料植物、食物、文化、与其他国家或民族的接触等的影响。非洲人喜爱椰香型香水；阿拉伯人喜欢麝香香气；中国人喜欢茉莉和玫瑰花香，个别地方特别喜欢玉兰花、栀子花或桂花的花香；日本和东南亚地区香水中常常含有麝香、檀香、柏木、龙涎及花香；印度人爱好陶醉性的花香香气，香水使用大量的茉莉、玫瑰和檀香。气候对流行香型也有影响，古龙香水在智利的气温下香气强而清，而在委内瑞拉香气就有所变化，不是很受欢迎。（林翔云，2018 年）

无论是香水还是熏香，不管是自己使用还是赠送他人，都需要了解使用者的喜好和使用的场合。香水的选择属于个人偏好，在不了解情况的时候，根据自己喜好赠送别人香水并不是明智的选择。相反，对于喜爱中国文化的外国人，

① 模仿一个自然界实物的香气或者别人已经制造出来的“幻想型香气”的实验叫做“仿香”，而调香师自己创作一个前人没有的香气的实验叫做“创香”。

赠送熏香往往可以获得不错的效果，尤其是年岁较大的朋友。一方面，香味可以聚气凝神，另一方面，香品包装也十分精美，让人赏心悦目。一位赴外工作的老师曾经选择一款艾草熏香赠送给拉美的一位友人，对方十分喜欢。

拉美人对香叶的使用并不陌生。据说咀嚼古柯叶可以缓解海拔高度给人体带来的不适。秘鲁库斯科机场在大堂给游客备好了古柯叶，以备有高原反应的旅客使用，古柯叶没有经过什么工业处理，就是一片一片很普通的叶子，不知道情况的人或许都不明白理由，还会觉得好奇。在拉美的农贸市场里，有时候还能发现售卖各种“干草”的小摊。称之为“干草”是因为都是些干燥的植物叶或是根茎。站在摊位面前，有一种到了中药铺的感觉，只是没有药铺那么重的药味。当地人很清楚每种干草的用途。马黛茶（mate）其实就是一种日常使用的干草，略带苦涩，气味如同野菊花，喝起来就像是苦味茶，性状就跟医生抓配的中药一样，碎的叶片夹杂着叶梗。马黛茶含有丰富的维生素、矿物质、铁质、钙质、食物纤维等，可以提神解乏、缓解便秘，也能补充饮食容易欠缺的营养素。在哥伦比亚的菜市场，还有新鲜洋甘菊花（manzanilla）成捆出售。买回来晾干后，加水煮沸即可以饮用，味道比超市里买的袋装洋甘菊花茶好喝很多。这种茶对胃很好，有助于消化，所以是饭店饭后饮品单中的常客。在西班牙也十分受欢迎。在西班牙的有些城市，市场上能找到成包出售的干燥的洋甘菊茶，一袋 2 欧元左右，很便宜。

不同文化的碰撞往往建立在某个认知的相同点上。不同的香味在不同地域的解读或许不同，例如马黛茶进入中国市场后反应平平，因为不少中国客户不习惯马黛茶的苦味，他们更喜欢花茶的芬芳。也有些西班牙人排斥檀香的气味，认为它让人联想到寺庙。但是只要可以解读，就可以进行沟通和交流。不是所有外国人都接受中式的燃香方法，但是其形与色所营造出的艺术感应该没有国界，至于味道是否能给人美的体验，这就需要交流双方用心沟通和体会了。

◎ 案例介绍

西班牙的阿兰胡埃斯（Aranjuez）皇家园林

1700 年，路易十四的孙子安茹公爵作为西班牙国王卡洛斯二世指定的继承人，入主西班牙王朝，成为第一代西班牙波旁王朝的国王，被称为费利佩四世。他的到来给马德里吹进一股法兰西风，打破了过于沉郁的前几代哈布斯堡国王的风格。阿兰胡埃斯宫苑就是一例。

该地位于马德里之南的一个小镇上，曾是皇家属地，有塔霍河和哈拉玛河流过。园中古老的橡树林浓荫密布，到处是绿色的草坪、修建齐整的花木、平静的池塘、水花四溅的喷泉、大理石的雕塑、铺着沙砾的宽阔的车道、洛可可式和古典式的宫殿、甬道上对称的希腊—罗马神像、高大的台阶，等等，这一切都令人想起巴黎的凡尔赛，甚至有身处凡尔赛的感觉。这并不奇怪，因为宫室和园林的设计者大部分来自巴黎，他们遵照费利佩四世之命，要在马德里郊区复制出一个法式景观。

可以明显看出，阿兰胡埃斯的法式园林之魅力不同于阿尔罕布拉宫的东方魅力。穿过占地 150 公顷的王子花园，树林、林间甬道和大片的草坪都尽现眼底，和后者的幽深、变幻、曲曲折折的风格完全不同。

来自法国的建筑美学和理念从此走进西班牙，并且与之前的德国、意大利、阿拉伯及伊比利亚本土的风格共存。

◎ 案例介绍

2018 年 5 月 2 日，日本首相安倍晋三在以色列的国事活动结束之后，和夫人一起前往以色列总理内塔尼亚胡的官邸出席晚宴。日本和以色列都是世界上以行事严谨著称的民族，但是在这次本来中规中矩、气氛和谐的家宴上却因为一个细节造成了尴尬，其实是造成了一种文化冲突。该国的明星大厨塞格夫·莫什负责主理全部菜品，最后上了一道甜点：巧克力果仁。盛放甜点的是一个锃亮的皮鞋型餐具，非常逼真，大小如同一只真的皮鞋。也许明星大厨把它当成幽默，但是对日本人来说则远非如此轻松。在日本文化中，鞋比较被轻视，不能进入室内。一位在日本工作多年的以色列外交官说，“在日本文化中，鞋是最受轻蔑的。他们不仅不会穿鞋子进入家中，而且你在办公室也见不到鞋子。即使是首相、大臣和国会议员也不会穿着鞋子工作……这相当于把巧克力放在猪造型的盘子里款待犹太客人。”虽然安倍首相淡然地接受了这份甜点，但是日本媒体普遍认为，他们的首相受到了冒犯。这一事件引起轩然大波，莫什的公关人员公开表示，绝无冒犯之意，鞋型餐具是一位知名艺术家的作品，不是真鞋。以色列外交部也不得不发表声明，强调了对安倍首相的尊重。如何看待这一事件？在此事件中，客体语言符号——鞋的意义到底是什么？①

◎ 案例介绍

根据“跨文化交际前沿”②介绍，美国第一夫人梅拉妮娅单独出访非洲，企图为她的丈夫争取支持。在肯尼亚的国家公园她参与了一场短暂的狩猎，她身

① 引自公众号“跨文化交际前沿”，2018 年 5 月 14 日刊登案例。
② 引自公众号“跨文化交际前沿”，2018 年 8 月 10 日刊登案例。

穿马裤配长筒靴，头戴一顶白色的软木盔，兴致勃勃。但是这顶帽子引起了舆论的哗然，帽子的材质是田皂角木髓，深受当年的殖民主义者的喜爱，成了他们的标配。19 世纪欧洲探险家和帝国官员在亚非殖民地也常戴这种白盔，象征他们的身份、地位和统治。后来随着独立运动的发展，使用这种帽子的人越来越少了。

一位非洲网友在推特上写道，“你戴的软木盔是黑暗时期殖民主义者头盔，我们非洲人不能接受。”

从功能性来说，梅拉妮娅没有错，软木盔适合在非洲炎热的骄阳下使用，尤其是在野外活动时。

从展示性来说，她也不算错。因为白色软木盔可以搭配她穿的休闲装，适合打猎的氛围。

从社会性和象征性来分析，她错了，因为白色软木盔象征殖民主义，象征着非洲历史上最黑暗的年代，是落后、野蛮的代名词。

◎ 语例介绍

下面的一些西班牙语语例在不同程度上表现出了西语族群对色彩的理解和运用。

1. Los malos tratos ocasionan en el país，al cabo del año，la muerte de 40 mujeres，muchas de ellas asesinadas con arma **blanca.**

2. El Sr. Premier no es un tipo que caiga simpático，todo lo contrario. El actual inquilino de la Moncloa es considerado por la gran mayoría de la población como un político de imágen **gris**，y nunca obtuvo buena nota en los sondeos de opinión.

3. La destrucción de empleo que provoca una caída del crecimiento económico afecta a las cuentas públicas en forma de números **rojos** en el organismo pagador de las prestaciones a los parados.

4. El Premier lo tiene muy **negro**，al menos，este septiembre. Terrorismo，escándalos y huelgas. Las nubes son cada vez más **negras** sobre su cabeza y pronto lloverá.

5. El resultado de las elecciones muestra que los votos **blancos** han ganado a los **verdes**.

6. Desde que las primeras elecciones democráticas enterraran en Sudáfrica en 1994 la lacra del apartheid y dieran el poder al líder **de color** Nalson Mandela，se abrió en aquel país un proceso de esperanza.

7. El Pleno del Parlamento asturiano ha decidido romper el hielo en un tema que

arde las manos del Partido Popular. Asturias se ha convertido en la primera comunidad autónoma en dar luz **verde** a las uniones de hecho homosexual para el acogimiento de menores.

8.（En la playa...）Ante el caso de aguas turbias，la respuesta es la guerra de banderas. **Roja**，cuando se prohibe el baño，por motivos sanitarios o de seguridad；**amarilla**，cuando se permite pero con atenciòn，y la esperada **verde**，cuando las condiciones son óptimas. Esta vez，los temporales han ido alternando los colores，a medida que variaban las condiciones，incluso varias veces a lo largo de una jornada. Y es que，color aparte，a nadie le apetece bañarse entre ratas muertas.

9. En Uruguay，un avión cargado de papeles **verdes** aterrizó para prolongar el coma de un sistema financiero que ya no tiene reflejo.

10. Los **Verdes** intentaron encontrar un hueco importante en el panorama político español en la próxima cita electoral del año que viene.

11. El sol acababa de ocultarse detrás de los picos gigantescos de las sierras cercanas，haciendo que las pirámides，agujas y rotos obeliscos de la cumbre se destacasen sobre un fondo de **púrpura** y **topacio**，que tal parecía el cielo，**dorado** por el sol poniente. Las sombras empezaban a extenderse sobre la vega，y en los montes por donde el sol se ocultaba，relucìan las penas màs erguidas，como si fueran el **oro** o de **cristal** hecho ascua.

◎ 语例实践

下面的语例介绍了一些客体语言符号的意义。

Nueve siglos más tarde，un ministro intentó cambiar la forma de vestir del pueblo de Madrid.Este se ataviaba con capa grande y sombrero de ala ancha，dificultando la identificación de criminales. El marqués de Esquilache decidió que todos los habitantes de Madrid debían cambiar su atavio por la moda francesa de capa corta y tricornio. Se puso el bando ... y no lo obedeció nadie. Insistió el ministro，sacando a la calle patrullas que iban acompañadas de un sastre；cada madrileño encontrado con el vestido antiguo era empujado a un portal por los soldados. El sastre le recortaba la capa y apuntaba con alfileres el ala del sombrero，convirtiéndolo en tricornio. El pueblo se irritó tanto que se lanzó a la calle，en un movimiento de protesta armado que se conoce con el nombre de motín de Esquilache，y el ministro tuvo que dejar su puesto.Aunque hubo en el movimiento causas políticas ocultas，la masa reaccionó por puro espíritu de indignación ante una orden contra la individualidad del vestir típico. Es，quizá，el único motín del mundo nacido a consecuencia de una moda（Fernando Díaz-Plaja，2004：107）.

注释

[1] 原文：Un cambio muy notable en el paisaje callejero español ha sido la desaparición de los uniformes militares o eclesiásticos，antaño siempre presentes. Tampoco hay muchos criados o chóferes de uniforme.Por este lado parece que se asiste a una cierta democratización del atuendo. No es así. Se desvanecen algunos uniformes，pero ascienden y proliferan otros. Son ubicuos los guardias privados de seguridad. Se multiplican las azafatas de reuniones. Los establecimientos de comida rápida uniforman a su personal de forma vistosa. Las personas que practican el arriesgado deporte de la bicicleta se disfrazan con colores y marcas. Se dirá otra cosa，pero a los españoles les siguen gustando los uniformes. Por lo menos，el uniforme da la impresión de trabajo fijo.Es la que quiere transmitir el guardacoches cuando se coloca una gorra de plato. Es un simulacro de autoridad.

A pesar de la tendencia general hacia la igualdad，la ropa sigue siendo un elemento de distinción，de clase social.

Amando de Miguel，*La vida cotidiana de los españoles en el siglo XX，* 2001：156.

[2] ... Todo lo dicho es poco en comparación con un hidalgo de aldea. Este se pasea majestuosamente en la triste plaza de su pobre lugar，embozado en su mala capa，contemplando el escudo que cubre la puerta de su casa medio caída，dando gracias a Dios y a la providencia de haberle hecho don Fulano de Tal. No se quitará el sombrero（aunque lo puediera hacer sin desembozarse）；no saludará al forastero que llega al mesón，aunque sea el general de la provincia o el primer tribunal de ella. Lo más que se digna hacer es preguntar si el forastero es de casa solar conocida al fuero de Castilla，qué escudo es el de sus armas y si tiene parientes conocidos en aquellas cercanías（F. Díaz-Plaja，p.24）.

[3] 摘自 Antonio Flores 创作的 *Alba*，原文是：El sol te doró la piel，para que morena fueras...

[4] Calificar los objetos o las acciones requiere un cierto de abstracción. Todavía hoy tenemos muy pocos nombres para la infinidad de colores que percibimos. Muchos son simplemente descriptivos，por semejanza con cosas identificables：rosa，lila，salmón，malva，naranja，violeta，morado，castaño. El color amarillo puede parecer

un abstracto，pero se deriva de la asociación de esa tonalidad con ciertas flores o plantas que son amargas y，por ende，venenosas. De ahí proviene la injusta asociación del amarillo con la mala suerte，lo aciago，nefasto o fatídico. Recordemos：tarjeta amarilla，alarma amarilla，prensa amarilla，sindicato amarillo，fiebre amarilla...

— Amando de Miguel，*Hablando pronto y mal*，2013：131.

[5] 西班牙文原文："México es una tierra de pañolones de color carmín y turquesa fosforescente. México es una tierra de vasijas y cántaros y de frutas partidas bajo un enjambre de insectos. México es un campo infinito de magueyes de tinte azul acero y corona de espinas amarillas"（Pablo Neruda，*Confieso que he vivido*，Austral，177 页）.

[6] 原文："mujeres vestidas como mariposas"（同上，182 页）.

本章推荐书目

朱凯. 西班牙—拉美文化概况 [M]. 北京：北京大学出版社，2010.

吴东平. 色彩与中国人的生活 [M]. 北京：团结出版社，2000.

王国安，王小曼. 汉语词语的文化透视 [M]. 北京：汉语大辞典出版社，2003.

Ramón Masats，*Al-Andalús，El Islam en España*，LUNWERG Editores，S.A. 1987.

【英】德斯蒙德·莫里斯. 裸眼 [M]. 上海：上海远东出版社，2003.

德斯蒙德·莫里斯. 手势语言 [M]. 北京：百花文艺出版社，2003.

孙孟英. 服饰汇 [M]. 上海：生活·读书·新知三联书店，2018.

华梅. 服饰社会学 [M]. 北京：中国纺织出版社，2005.

林翔云. 香味世界 [M]. 第二版. 北京：化学工业出版社，2018.

鄢敬新. 尚古说香 [M]. 青岛：青岛出版社，2014.

Amando de Miguel，*Cien años de urbanidad—Crítica de costumbres de la vida española*，Editorial Planeta，1991.

Fritz Trupp，*Los últimos indígenas—Culturas nativas en América del Sur*，Perlinger，1982.

第 6 章

时　间　学

时间学的界定和分类；单向时间和多向时间；西语族群的时间观；中西时间观的对比

在跨文化交流环境中，人们会发现，来自不同文化群体的人对时间有不同的认知。在一些外贸交易会上，和外国客商约定谈判时间是件复杂的事情。和日本人、德国人、美国人、北欧人定时间，要精确到分钟；对阿拉伯人、拉美人、意大利人来说，时间则变得有弹性，“11 点左右”“9 点到 10 点之间”“早餐之后”等是他们的常用语。有的客商会比约定时间提前几分钟到场，比如日本人；有的会准点到，比如德国人和美国人；有的会习惯性迟到，比如阿拉伯人、拉美人。

在现代社会，时间的重要性毋庸置疑，“快！再快！”是许多行业的口号，时间就是金钱，时间就是效率，时间就是生命。古代人的慢生活成了现代人的奢侈品。

但是并非世界上所有的民族和文化都对此予以认可。由于文化的差异，人对时间的认识是不同的。人、时间和文化的关系就是时间学要研究的题目。

6.1　什么是时间学

时间学（Cronémica）这个概念把人和时间顺序联系起来了。

霍尔在其专著《无声的语言》中反复提到时间的意义。霍尔说：

“时间会说话…… 时间是一种语言，它组织所有的活动，规定顺序，并且为过去的经历划分类别和范畴。这是一种机制，在其基础上对努力、能力和成果做出评定。任何东西都不能脱离时间的框架。”（霍尔，1973：2）[1]

“每种文化都有其时间框架，都有掌握时间的独有的模式。”（霍尔，1983：3）[2]

在跨文化交流的语境中，人们能明显感觉到时间带来的压力以及时间造成的隔阂。如何解决，就是研究时间学的必要性。

6.1.1 时间学的界定

专家们对时间学有不同的界定，本书所采用的是西班牙学者塞斯特洛（A. M. Cestero）的说法："时间学就是指时间的概念、结构及使用。"[3]

时间学所研究的是时间的意义、时间的使用及时间的交际作用。质而言之，就是时间和人的关系。对于某些文化而言，时间是具体的、触摸得到的，具有无可估量的价值；但是另一些文化对时间的理解可能与此截然相反。

如何看待时间？我们可以从一个简单的现象入手：迟到。

什么是迟到？多长时间算迟到？迟到会引起什么样的后果？迟到现象是属于哪个层面的问题：是教养、道德、价值观的问题还是根本不是问题？霍尔在《无声的语言》中列举了美国人和拉美人、美国人和阿拉伯人、美国人和中东人、美国白人和美国印地安人在正式约见上的碰撞。按照美国时间观念，迟到 5 分钟的人需要向对方道歉；迟到 10 分钟不仅要道歉，还要作解释；迟到 15—20 分钟是严重失礼。但是对于某些拉美国家或中东国家的人，5 分钟毫无意义，迟到 30 分钟和迟到 1 小时没有差别；有的北美土著甚至没有现代人的时间观念，没有秒、分、小时、天、月、年的划分，只以自然现象作为参照（如冰雪融化的日子、收获的季节、满月的时候……）。比如苏族印地安人没有表示时间的词语，没有表示"迟到""等候"的词语，他们不懂这是什么意思（参阅《无声的语言》第一章）。正是因为人们对时间的概念、意义和结构的看法有异，才会用不同的方式使用时间。

比如，在墨西哥文化中，时间观念十分宽松。在大学上课，不仅有学生迟到，教师也会迟到，迟到的时限不定，可长可短，通常没有一个严格的界限。到了上课时间，师生仍在咖啡厅里流连忘返的大有人在。迟到者一般没有正式的道歉和解释。即使在以管理严谨著称的蒙特雷高等理工学院（ITESM），也留有 5 分钟的法外宽限（cinco minutos de tolerancia）。至于私人约会，一方不准时或双方都不准时更是司空见惯。守时者需等待不守时者，如前者失去耐心，愤然离去，后者会责怪他："你只不过等了我 20 分钟而已，算什么！"显然双方对时间的意义有不同的理解。

西班牙人的时间观念也比较自由。过去在民间甚至流传着一种说法，"守时是国王的习惯"。言外之意，普通民众大可稍稍放任一下。已经退位的国王胡安·卡洛斯本人确实很守时，但是已经去世的日本天皇裕仁比他更守时。据国王说，在他和王后索菲亚访问日本时，日方官员通知他们，天皇陛下将于次日上午 11 点零 3 分在王宫会见国王和王后。天皇准时到达，精确得如同"精工"表。

心理学家波亚托斯（Poyatos）提出了时间学的概念，并且认为，时间能够传递信息，可以称之为时间语。

6.1.2　时间的分类

根据上面所述，对时间的认识和使用是受文化影响的。针对这个前提，霍尔在《无声的语言》中提出了一种时间的分类法：技术时间、正式时间和非正式时间。

✧ 技术时间

指用科学方法和技术手段对时间的精确计量，划分出秒、分、时、日、月、年等。技术时间与人的情感、思维和意识形态没有关系，它是冰冷的、客观的、逻辑的。

古代的中国人深谙时间的重要性，所以很早就开始计时，并且发明了不少计时装置，如沙漏、铜壶滴漏等，钟和鼓也都有报时的功能。古诗中常常有这样的描述，"罗衾不耐五更寒""古今多少事，渔唱起三更"，这里的时间都是与谯楼击鼓报时相关。机械钟表出自西方，从此时间的计量更加精确，远胜于铜壶滴漏等装置。明朝永乐年间，西方传教士入华，向朝廷进献的礼物中就有自鸣钟，当时在朝野上下引起一番轰动。在清朝，宫廷和大宅都开始使用钟表，那些钟表基本是舶来品。但是在乾隆时期，宫中造办处已经奉诏给皇帝制钟表了。可以说，中国人对技术时间的认可和掌握很早便与世界同步了。

在全球化的今天，国际交往日益增多，使用统一的时间成为交往的前提。技术时间是唯一的选择。无论在哪个国家举行活动，都要以当地时间（hora local）为准。例如，联合国大会使用纽约时间。

✧ 正式时间

与技术时间相比，正式时间不是科学测算的结果，而是长时间文化积累所形成的，任何一个民族或者一个文化群体，都有其特殊的对待时间的习惯，因此正式时间对人的交流活动有直接影响。简单地说，这种时间就是某一文化群体看待时间的习惯。在跨文化交流的场合，正式时间有可能成为文化冲撞的缘由。

在现代社会的大部分文化群体，对事件的认知可以统一到罗马纪年法和西方的时间划分制度上：从小到大，分别是秒、分、时、天、周、月、季、年、世纪，其换算也是统一的。中国从民国开始，就接受了这一套制度，沿袭至今。

除此之外，根据生存方式、地理环境、宗教信仰、哲学观念等条件，还有其他一些时间观念。

比如，古代的中国是个农业社会，先民们用自己的聪明智慧和数千年的劳动生产经验，制定了农历，也称阴历。时至今日，中国人在使用公历的同时，依然没有放弃农历，因为只有在农历的时日里，才有那些能把我们和五千年文明联系起来的纪念日、节庆和节气，如春节、清明、端午、中秋、上元等。在 21 世纪的今天，在正式出版的日历上，赫然并列着两种历法的国家，应该只有中国等少数国家。古代墨西哥的玛雅人和阿斯特克人都有各自完整的历法，其基础就是农业生产的经验和对大自然的观察，特别是对天体的观察。

宗教有自己的特定纪年法。如今的公历是以所谓耶稣诞辰之年为公历元年；民族之间的纪年也有差别，如中国有藏历、回历等。在热带地区，人们没有四季之分，只有雨季和旱季。在北美有些土著习惯用“收获的时候”“河汛的季节”“下雪的时候”等作为时间的划分。在某些经贸领域也有其特殊的时间划分，比如旅游业的“淡季”和“旺季”，而各个地区因自然条件和人文因素的不同，对两季的设定也不同，即使同在中国差别也很大。位于辽东半岛的大连地区的旅游旺季是七、八月份，淡季是一、二月份，而海南岛却与之完全相反。

正式时间的文化特色十分明显。比如“星期天”或“礼拜日”（el domingo）对于绝大部分中国人来说就是个休息日，人们可以不去工作，而是休闲，或者自行安排。但是对于正统的基督徒来说，这是去教堂做弥撒的日子。

◎ 案例介绍

在南美洲的厄瓜多尔，居民多为天主教徒，国内大大小小的教堂和礼拜堂不计其数。中国和该国有一系列铁路公路的合作项目，中方为了加快进度，提出在国内惯用的“白加黑，5+2”的工作方式，即昼夜连续工作，周末不休息，工人采用轮班制。但是周日工作遭到对方的坚决抵制，高额奖金也不起作用。一到周日，平时满身泥汗的工人们穿上干净漂亮的衣服，和家人们一道去教堂做弥撒，然后唱歌跳舞喝啤酒，度过轻松的一天。对于他们而言，做礼拜是天主教徒清洁灵魂的仪式，教会认为是重复进行耶稣在十字架上对圣父的祭献；而工会也反对周日加班，认为休息是劳动者神圣的权利。在星期日加班挣钱不符合上述两项原则，所以这些工人拒绝在周日加班。

根据霍尔的研究，美国人和北欧人非常重视正式时间，这样的正式时间具有以下特点：有序性（ordering）、周期性（cyclicity）、价值性（valuation）、实在性（tangibility）、综合性（synthesisity）、延续性（duration）和深度（depth）。（参阅霍尔，2010：112）

（1）有序性

顺序往往就是秩序。一年的 12 个月的顺序是固定的，在温带地区，说到一月，人们知道那是天寒地冻的时间；说到七月，那是盛夏的月份。一周的 7 天也是按序排列的，周一的意义不同于周五，墨西哥有的地方称周一为“悲惨的周一”（el triste lunes），因为周一又要上班了。西方人确实热衷于排序，比赛有第一、第二、第三；生产上有第一季度、第二季度；各种排行榜更是层出不穷（如唱片销售、电影票房等），连总统夫人都被称为第一夫人。在这方面，中国人与之堪称伯仲。《水浒传》中的一百零八将有严格的座次，丝毫马虎不得。形形色色的排行榜越来越多，有些几乎沦为公害。

（2）周期性

时间的展开有周而复始的特点，日复一日，年复一年。中国人的属相以 12 个为一个周期，60 年为一个甲子。

（3）价值性

时间是宝贵的，是不可替代的，这是大多数文明所认可的。中国自古以来对待时间的态度就是：“一寸光阴一寸金，寸金难买寸光阴”，古诗云：“百川东到海，何时复西归？少壮不努力，老大徒伤悲”。（《乐府诗集·相和歌辞·长歌行》）孔夫子也曾感叹时间的流逝：“逝者如斯夫，不舍昼夜。”（《论语·子罕》）但是在某些文明中，时间是隐性的，其价值并不高。

（4）实在性

霍尔所用的词是 tangibility，意思是可触摸到的，是实际存在的。对于大多数文化群体来说，时间是个实际存在的东西，所以人们可以用珍惜、节省、节约、规划、利用、浪费、虚掷、缩短、延长、组织、计算、争取等动词来和时间发生关系。在日常生活中常常听到这样的对话：“你有时间吗？”“对不起，今天没有时间。”仿佛时间是个商品，能“有”也能“没有”。时间也可以和量词搭配：“某人啥也不干，有大把的时间。”“我忙得连一丁点儿时间都没有”。

（5）综合性

时间是累积的，可以相加，这样才能构成体系。分钟的相加构成小时，小时的相加构成日，日的相加构成周……如此累计便成了时间的综合体系。

（6）延续性

在以美国为代表的西方时间观念中，时间是线形的，从一端延长到另一端。完成一项工程的时间是从起点延续到终点，人的一生也是从出生延续到死亡。中国古人对时间的最常见的比喻是长河，从起点流向远方。河也是线形。正因为时间是线形的，所以可以分割成若干时段，做工程规划的要点之一就是科学地分出若干阶段，一个一个地完成，直至竣工。但是并非所有的文明都认同时间的延续性。北美的印地安人没有“时间是线形”的概念，不同意时间的水平分割，因此在完成某件事的时候，不是从始至终地去做，而是不断地被其他事情分散、打断，而这些事情是他们认为在某一时段需要做的。他们的文化并不遵从时间的序列。

（7）深度

时间的深度是指从过去到现在的距离，也就是说，现在是过去的延续，过去是现在的基础。美国人和大部分西方人都承认这一点，仅此而已。但是东方文化却更重视过去，珍惜历史，认为现时与古老的过去有直接的因果关系，所以更愿意回顾过去。无论谈到任何问题，都首先做历史的铺垫，甚至可以一直追溯到几千年前。正如霍尔（2010：114）所说，“我们的时间深度元素不像中东和南亚那样精确。阿拉伯人把自己的源头追溯到 2000 至 6000 年以前，历史几乎被视为一切现代行为的基础。”中国人也如此，言必称历史，凡事总喜欢从头说起，追本溯源。西班牙人对时间深度的认识接近东方人，这一点可能源于阿拉伯文明的影响，同时也与其深厚的历史背景相关。

✧ 非正式时间

很难给非正式时间下定义，它的用语、界限和概念都是模糊的。比如像下面的例子：

“咱们**待会儿**见吧。”

“明天**第一时间**把合同交给我。”

“请诸位**稍等一会儿**，经理**马上**就到。”

“**回头**见！”

这几个例子中的加黑字就是非正式时间，它们在不同的文化中会有不同的解释。“一会儿”可能是 5 分钟，也可能是 10 分钟，对于墨西哥人可能是半小时。“第一时间”对于中国人可以指早上 7—8 点，对北欧人是 7 点半—8 点，而对于西班牙人可能是 9—10 点。北京人告别时常说“回头见”，这一回头可能是 1 天，也可能是 1 个月。

西班牙语的 rato 是一个极有弹性的单词，表示典型的非正式时间。

例 1. Nos encontramos y estuvimos un rato charlando en la calle.（我们在街上相遇，聊了一会儿。）

例 2. Vimos en el bar el partido de fútbol del campeonato y pasamos un rato muy agradable.（我们在酒吧看了一场足球锦标赛，那会儿真开心。）

例 3. Cuando estábamos en en la Universidad de Salamanca，qué buen rato pasábamos juntos.（我们在萨拉曼卡大学的时候，一起度过了多么愉快的时光啊！）

例 4. Vamos a tomar una copa cuando tengas un rato libre.（你有空儿时，咱们

去喝一杯。）

在这四句话里，rato 分别意味着几分钟、90 分钟（一场足球赛）、几年（大学期间）、一个或几个小时（喝酒）不等。

西语族喜欢使用非正式时间的表述，因为它的约束力不强，不会给人造成压力。比如，“明天晚餐时间我们见一面吧”。中国人的晚餐时间通常是 6—7 点，而西班牙人是在 9—10 点才进餐。“我们明天 9 点左右在图书馆碰头”。这一左一右可能有 1 小时的误差。

所以在正式场合，尽量不用伸缩性太大的非正式时间。

6.2　单向时间和多向时间

人类对待时间有两种基本模式：单向时间（西班牙语 monocronismo）和多向时间（policronismo）。

6.2.1　单向时间

根据霍尔的概念，所谓单向时间就是在一定的时间内，只完成一件事。这种时间模式要求人们尊重时间，严格遵守时间，做事要有计划性，必须有始有终。比如召开一次会议，事先要拟定好日程安排，之后的活动要根据日程进行，轻易不做改动。一旦出现问题（比如某人的发言拖沓，超过了规定的时间），有可能临时撤销一个活动，以保证整个日程按时结束。美国、北欧、日本以及盎格鲁—撒克逊民族的文化属于单向时间。其中美国人最为典型。霍尔曾经这样评论：“一般地说，美国人把时间看作一条道路或者一条带子，通向未来，人们沿此前行。道路分段，节节分离。不会安排时间的人被人鄙视，是不切实际的人。”　“美国人不仅分割时间，制定日程表，而且总是朝前看，几乎总是面向未来。我们喜欢新东西，执着地追求变革。”　“一个时间段的内容和时限神圣不可侵犯。”（2010：10）

6.2.2　多向时间

所谓多向时间，本质上与单向时间相反，在一个时间段内同时做几件事情，缺少计划性，不够遵守时间，比较随性，所谓不拘泥于时间的限制，以实际需求为准。西语国家基本上受多向时间文化的影响，曾经有一个说法：“在西班牙除了斗牛比赛一切都可以不准时”。在不少拉美国家，约会迟到是很常见的，人们有各种理由来为自己开脱：天气不好，心情不好，碰到了一个朋友一起喝了一杯，交通问题，我的车该修了，等等。他们普遍认为，人不应该成为时间的奴隶，几十分钟并不重要，重要的是人的适意与和谐的关系。属于多向时间的包括多数地中海沿岸国家、阿拉伯国家、拉美地区以及部分亚洲国家。

下面把两种时间概念的特点做个对比。

单向时间：一次只做一件事情；习惯于对活动做计划或制定日程；时间是直线型的；认为时间结构是实际存在的和不可变的；以工作和规划程序为导向；不因人际关系而干扰既定的计划；严格遵守约会和接见等活动的时间安排；活动要按照计划来安排；时间可以分隔成不同的单位；个人时间和工作时间截然分开等。

多向时间：同时可做多种事情；时间不是直线型的；时间是弹性的和流动的；以人情关系为导向；既定计划要服从人情关系；约会和接见等活动的时间是灵活的；活动要按照人际关系来协调；时间是流动的；个人时间和工作时间互相交织。

在单向时间的文化圈里，人们遵守日程安排，何时开始，何时结束，轻易不做变动；而且他们擅长对各种事情做出规划，以便有条不紊地进行。缺点是有可能过于刻板，缺少灵活性，时间主宰人的一切。而多向时间没有严格的时间观念，做事比较随性，不喜欢制定严格精细的计划，计划时常因事因时而变动，造成拖沓和误时。因此，当上述两种文化圈的人接触时，常常发生冲撞。

◎ 案例分析

在那本畅销的《西班牙人和七宗罪》（F. Díaz-Plaja，*El español y los siete pecados capitales*）中，作者引用了一则轶闻：在西班牙的安达卢西亚一处美军基地，美国人雇佣了一批本地工人，不同的时间观使他们之间发生了冲撞。一位本地司机抱怨道："我开着卡车到了码头，他们卸货，我就钻进小酒馆去喝一杯。这不是很正常吗？结果来了个美国佬，他问我，你是司机吧？你在这儿干嘛？我说，我喝酒呢，你也来一杯？那个美国人说，现在不是喝酒的时间，是上班时间。我说，他们在卸车。美国佬说，你马上开另一辆车，去车站。就这样，整个上午我不停地换车，从一个地方开到另一个地方，连喝咖啡的时间都没有。这不叫干活儿，这叫整死人！"

按照单向时间的原则，在一段时间内只完成一件事，如果有劳动合同，则必须执行合同上的条款。而多向时间允许人们在一段时间内干几件事，即使有合同也可以适当调整。在西班牙喝一杯的时间可长可短，通常是可以接受的，雇主也是睁一眼闭一眼，司空见惯了。

◎ 案例分析

一个墨西哥女学生到美国的休斯顿游学，她之前在墨西哥城认识的一个美国青年就住在该市，于是她决定去看望他，给他一个惊喜。当她敲开房门时，对方穿着睡衣，惊愕地望着她。女孩哈哈大笑，径自走进去，随随便便地坐在沙发上，就如同去一个老友的家一样。之后她要求小伙子陪她逛休斯顿，但是美国人的反应有些冷淡，似乎很为难。终于他开口了："对不起，今天我不能接待你，你事先没有通知我。而我早有安排，今天必须完成一篇小论文，明天要交。明天下午我有时间，可以陪你散步，再去酒吧喝一杯。今天真的不行。"女孩很气愤，起身离开了。她把此事告诉了她的朋友们，"去看望朋友还要事先通知？墨西哥人从来不这样！而且写作业这种无聊的事居然比陪朋友还重要？作业可以晚一点交嘛。美国人真不够朋友。"

冲突的重点在于墨西哥人的随性和美国人的计划性之间的矛盾。美国人安排好了一天的日程，以按时完成作业为中心，这件事不完成就不能做其他事情，必须照计划行事，不能轻易更改。此外，如期交论文也是既定的事情，要遵守承诺。而墨西哥人认为，没必要刻板地遵守日程的安排，活动应该以人的因素为主，也就是人际关系。所以看朋友是件重要的事，可以凌驾于计划之上，甚至凌驾于完成作业之上。设想，如果女孩看望的也是一个墨西哥人，后者可能会喜出望外，扔掉作业，出门尽情玩乐。但是也可能因作业问题而拒绝出行，不过他的拒绝一定是委婉的，因为人情大于一切。（参阅 Eileen MeEntee, *Comunicación intercultural*）

6.3 西语族群的时间观念

虽然西班牙和拉美之间存在着紧密的文化和血缘关系，但是毕竟民族不同，生存环境、生活方式有所区别，所以其时间观念有一定的差异。严格地说，这些差异并非是本质性的，而仅仅是形式和程度上的距离。

6.3.1 西班牙人的时间观念

西班牙人的时间观念明显有别于大部分欧洲民族。由于深受地中海沿岸文化和东方的阿拉伯文化的影响，基本上属于多向时间范畴。奇特的作息时间、午睡习惯、不够守时、拖沓的工作节奏、雷打不动的咖啡歇或茶歇、漫长的闲聊时间等等，都是上述两种文化的时间观的表层体现。初到马德里的外国人会遇到一系列不适应：夏季各个公共部门的午休可延长至四点，在此期间不办公；

餐厅只能在晚八点或八点半之后才能开始营业，之前不供应晚餐（参考后面的知识链接）；定好的日程常常改动，让人无所适从等等。

在西班牙人工作过的外国人时常抱怨说，西班牙人不喜欢制定过于严谨和紧凑的计划或日程，他们经常改变计划，会议和谈判不能准时开始，中间休息时间超时或穿插其他临时性活动，于是整个活动便延迟。日程始终处在变动中。正如 A.德米格尔（Amando de Miguel）说的，“有一个细微的文化特点使得那些来西班牙担任管理工作的外国人感到紧张，那就是在日程安排上的不正规（这个词 informalidad 在西班牙语的含义是不礼貌，而不是随性，随性是受当下英语的影响）。那些商务和职业性的业务工作、社交聚会以及朋友聚会，常常安排在同一周，有时甚至在同一天，这就意味着计划的日程要多次改变，取消会面，或是延迟活动。人们都明白，这种方式的后果就是对不守时的做法没完没了的容忍。在约定时间时，有时会采用‘上午前后’或者‘傍晚前后’这样的模糊说法，这种不确定性并不会让西班牙人不安，相反，他们对此很享受。”[4]

◎ 知识链接

西班牙人的午睡时间

欧美国家基本上都没有午睡习惯，但西班牙是个例外。西班牙文 dormir la siesta 就是睡午觉。这个习惯并不是伊比利亚半岛的土产，它来自埃及和埃塞俄比亚这些酷热而干燥的地区。在炎热的中午，人们躲进阴凉的室内，席地而坐，吸着散发出薄荷和茉莉香气的水烟，半睡半醒，一任身体全面放松，连头脑都处于休眠状态。阿拉伯人把这个习俗带到西班牙，从而使本地人可以堂而皇之地在中午拒绝干活，都呼呼大睡。

siesta 这个单词流传甚广（诗人余光中形象地译成“歇时榻”），它随着大批的西班牙殖民者，从伊比利亚半岛横渡大西洋，在中南美洲扎下根。现在又随着数以百万计的拉丁移民进入美国人的词汇中，主要在西部和南部，那里的移民文化已经成为当地的一大特色。这个单词的词源是拉丁文的 hora sexta，意思是午间、中午，也指午饭后的时间，那是地中海一带夏季最热的时候（在此，有必要插入余光中先生的一段精彩文字：“正是七月初的近午时分，气温不断在升高，整个安达卢西亚都成了太阳的俘虏，一草一木都逃不过那猛瞳的监视。不胜酷热，田里枯黄的草堆纷纷在自焚，噼啪有声”①）。在那一个时间段的休憩就是 dormir la siesta，人们用这种方法来补充能量，为了下午和晚上的活动做

① 余光中. 古堡与黑塔［M］. 北京：中国人民大学出版社，2015：114.

准备，西班牙人习惯于过夜生活。

很多该国的作家都描述过或提到过 la siesta。

诺贝尔文学奖得主卡米洛·何塞·塞拉（Camilo José Cela）称之为“伊比利亚瑜伽”（el yoga ibérico）。

阿拉尔孔（Alarcón）在《三角帽》中写道：“（下午两点）教堂的钟声敲响了。教士们向唱诗班走去，而那些普通人都回家去睡午觉了。”

克拉林（Clarín）在《庭长夫人》中有一段描述：“这座英雄的城市在睡午觉。炎热的、懒洋洋的南风吹动着天上白白的云朵，那些云朵被风撕开了，向北飘去。街道上鸦雀无声，除了一种尖利的声音，那是尘土、破布、干草、纸片在风中旋舞发出的噪音，这一团团的弃物在街道、人行道和街角之间飞来窜去，翻滚着，追逐着，像寻寻觅觅的蝴蝶似的……”（参阅 Guillermo Díaz-Plaja, *España en sus espejos*）

如今，随着现代生活节奏的提速，在大城市睡午觉的习惯已经被年轻人和上班族抛在一边，但在中部和南方的许多小城镇和乡村，传统仍得以保留。外国旅游者如果在午间闯入某个古老的小镇，会发现似乎进入了《睡美人》的国度，餐厅、景点和商店都大门紧闭，临街的住户都垂下窗帷，平日熙熙攘攘的广场空无一人。这是神圣的午睡时间。

许多西方人对此非常不理解，而且颇多非议。他们认为一动不动地躺着是一种消极的休息方式，白白浪费了大量的宝贵时间，不可取。他们相信，只有动起来（如慢跑和游泳）才是积极的休息，才是恢复体力的正确方式，而且也合理地利用了时间。每逢听到类似的批评，西班牙人都会用著名作家乌纳穆诺的话来自卫：“您记住，我醒了之后，就比您还清醒。”（Pero no olvide que cuando despierto，estoy más despierto que usted.）①

这是两种文明的冲突，无所谓好与坏，有理与无理。（在下面的 6.3.3 会展开这个题目）。

◎ 知识链接

西班牙餐厅和咖啡馆的营业时间

（1）赫罗纳的 L'arc 咖啡馆（早餐、咖啡）

周一至周五 09:00—23:45

周六至周日 10:00—00:00

① Fernando Díaz-Plaja，*El español y los siete pecados capitales*，Alianza Editorial，2004：287.

（2）赫罗纳的 Monet 咖啡馆（早餐、咖啡）

周一至周五 07:00—22:30

周六 08:00—15:00

周日 休息

（3）赫罗纳的 El Blanc 餐厅（4 星）

周一至周五 13:00—15:45

20:00—23:00

周六 13:00—15:45

20:30—23:30

周日 13:00—15:45

20:00—23:00

（4）赫罗纳的 Tagliatelia 餐厅（4 星）

周一至周日 13:00—16:00

20:00—00:00

（以上实例来自西班牙赫罗纳市，由王瞳提供）

6.3.2 拉丁美洲人的时间观念

拉美人的时间观不可一概而论，首先印第安人是一个独立的文化个体，其次热带和亚热带地区的民族（如北美的墨西哥人、中美洲和加勒比的八九个国家和地区以及南美洲的北部）构成了另一个群体，最后剩下的是基本上处于温带并且居民多数为欧洲人后裔的国家（阿根廷、智利、乌拉圭等）。这三个群体的时间观基本上属于多向时间观，这一点不容置疑。但是之间的区别不容小觑。

印第安人的历史发展轨迹不同于旧大陆的文明，因此他们对时间的感知也极有特点，在其传统观念中，时间存在于过去和现在，未来没有什么意义。尽管他们没有有效的文字编年史，但是零碎的记载、散佚的史料、古代神话传说等为他们勾画出自己民族的起源和发展，这是值得尊重的过去，也是他们时间概念的基础。而现实是客观存在的，播种、收获、狩猎、捕鱼、节庆，这是现实生活，能够感受和掌控。因此他们非常看重现在。北美的印第安人认为未来是虚幻的，他们的语言中没有将来时，他们也很难相信承诺，所以他们不习惯规划某件事情，需要做时就做，没有预定的起始时间。霍尔在《无声的语言》中举了一例：印第安人举行舞会，没有明确的开始时间，白人按照常规的舞会时间到场，结果会场上一个人都没有。他们几乎等了一整天，傍晚才有人陆续聚拢，音乐声陡然响起，舞会在不知不觉间竟然开始了。（参阅第 2 章第 13 页）

第二个群体代表了大多数拉美人，对时间的重视程度显然低于美国人和北欧人，不够守时的现象相当普遍。拉美人的时间不是严格限定的技术时间，而是具有无限的弹性，可以伸缩，有时连一个正式活动的始末时间也难于掌控，人们用各种理由迟到，用各种理由延长。结果就是制定好的日程（agenda）被不断更改、调整，如同霍尔说的“移动时间的分割点”。这种任意篡改日程的主要原因就是以人的主观因素或曰人际关系为基准点，而不是对时间的尊重。在《文化与贸易》一书中，作者指出：“（墨西哥人）的准时观念是相对的，迟到15至20分钟的情况并非少见，但是建议来访者应该尊重既定的作息日程。”①

除此之外，他们更重视当下，这也构成了其价值观的重要方面。当下、目前、现在，远高于未来。帕斯说过，“现实是一个不会上下移动的楼梯，我们在原地没动，今天就是今天，永远是今天。”②

拉美人这种时间观的形成不外乎是源于以下几个主要因素：

本土印第安人有自己的生活规律、生产方式和自然宗教信仰。

西班牙征服者的特殊身份不同于北美的拓荒者，他们不是劳动者和生产者，因此无视时间观念和生产价值。

混血文化的价值观异于北美新教徒开拓者的价值观，主要表现为：中世纪的轻商、轻视劳动和追求散漫生活方式的意识。

西班牙文化中渗透着地中海成分和阿拉伯成分。

在外来者闯进新大陆之前，印第安各个部落（印加帝国除外）基本上是保持着一种自然的生存形态，缺少严谨的社会契约和刻板的生产体系。人们的劳作主要是为了温饱和延续生命，其次是为了满足民族部落或者群体的需要，如纳贡、服役（连续不断的战事）等。剩余价值和私有财产的观念还没有进入多数人的思维，人们不会夜以继日地拼命干活，以求比别人更富有。时间的流逝还没有和创造价值以及对生命的感悟紧紧地勾连在一起。和16世纪的旧大陆居民相比，这些美洲土著是单纯的孩童。因此，当欧洲人被贪欲所驱使，强迫印第安人在种植园和矿井里连续劳作时，后者的时间观受到巨大冲击。

西班牙人进入美洲的身份是所谓发现者和征服者，处于美国人、法国人和德国人无法企及的“高度”，他们在“被征服的”土地上不想当拓荒者和移民——如同美国“五月花”上的那些人，他们想当中世纪的领主和贵族，包括哥伦布本人，以及墨西哥征服者柯尔特斯（Hernán Cortés）和秘鲁征服者皮萨罗（Francisco Pizarro）等。因此，无论在价值观还是时间观上，西班牙征服者们均保留着中世

① Angel Felices y otros，Cultura y negocios，Editorial EDINUMEN，2010：169.

② 拉里·A. 萨默瓦，等. 跨文化传播［M］. 第六版. 北京：中国人民大学出版社，2015：247.

纪的残余。这也就是刘易斯（Richard D. Lewis）所说的，他们很容易就适应了本地人的环境。“他们在吊床上安睡，吸草烟，吃玉米和土豆，娶当地女人为妻…… 他们同时拥有无限的空间和机会所产生的乐观情绪和当地的宿命主义。只要信任慷慨的大自然，一切都会变好。”[①]

◎ 知识链接

古代玛雅人的时间是一个轮回循环的圆圈。根据玛雅文明的时间观，时间在运动，有其方位，可以测量。在这个轮回圈中的各个点位没有唯一性，时间单位在循环时，那些过去与之相关联的事件会重现，如同点位叠加，今天有昨天的影子，现在同于过去。玛雅的神灵崇拜也说明了这种循环往复的时间观。“某些神灵与其具体的时间片段相关，于是此段时间的各种事件就获得了特别的影响力。过去是现在的暗示，而无论过去还是现在都能被用来预测将来。这一循环轮回的时间观，自然就使其具备了预卜和占星的性质。中国的老皇历也记着某天某时的宜忌吉凶，该干什么，不该干什么。但是，玛雅人的时间计算更像编年史，仅仅是要把各个事件安置在时间长河中特定的点位上。”[②]

美洲印第安人的时间观并不是统一的，北美和中南美之间存在着差异，这与他们的文明发展不平衡有关。

◎ 案例介绍

阿根廷球星马拉多纳应邀访华。无论是官方还是足球爱好者对这位巨星都充满了期待，足协制定了详细的日程，短短的三天时间安排得满满当当，各个环节衔接紧凑，各种接见、宴请、会面、指导、参观访问依次排满，连机场的接机都限定到分钟。接待单位显然没有研究过多元时间的特点。马拉多纳一到机场大厅，立刻把中方的日程抛到一边，他热情地和球迷们互动，给他们签名，表演足球的技巧，总之完全把时间抛在脑后，对工作人员的提醒和劝阻置之不理。安排缜密的计划被他打得粉碎，那一天所有的日程都得更改，所有的准备都报废。以后两天也是如此，凡是他感兴趣的活动，都延长了时间；凡是他认为乏味的，就提前结束。双方不同的时间观念造成了剧烈的文化冲撞。

---

① 理查德·D. 刘易斯. 文化的冲突与共融［M］. 北京：新华出版社，2000：343.

② 林大雄. 失落的文明：玛雅［M］. 上海：华东师范大学出版社，2004：29—30.

6.3.3　紧迫性和活动性

在上面的案例中提出了另外两个与时间学有关的概念：紧迫性（urgencia）和活动性（actividad）。

紧迫性是指对时间流逝速度的感觉：是快还是慢。在上面的例子中，当马拉多纳和球迷们玩球时，他很开心，也十分放松，因此觉得时间过得非常快。而中方人员考虑到后面的安排，很着急，不断催促马拉多纳尽快离开，好赶到下一站。一些中国外贸公司的代表在和南美商人谈判时，会发现经常有一些似乎不相干的事情穿插其中，导致活动走题。例如，双方谈的是食品加工的技术问题，外方安排了参观食品加工厂的项目，但是在参观过程中，有些环节的组织不到位，只好放弃或临时改成别的活动，于是整个行程变得拖沓而零散。中方认为这些临时安排的活动意义不大，因而觉得是一种浪费，而外方的组织者却利用这个空档和该厂经理谈起其他问题。他没有感到时间的紧迫，而是乐于随遇而安。

上面谈到的《文化与贸易》的作者，从欧洲人的角度介绍了在墨西哥进行商务谈判时如何看待紧迫感的问题：和墨西哥人会谈的节奏很拖沓，在进入正题之前，东道主常常要用一点时间聊聊客人们的旅行、本国的情况、家庭和企业的现状，以便营造出一种和谐而轻松的气氛，为工作谈判做铺垫。这一段会谈的“前奏”可长可短，对于墨西哥人来说，几乎是常规的。但是对于急于进入正题的某些外国客户而言，却有白白浪费时间之嫌。（参阅该书第 169 页）

◎ 案例分析

La sobremesa（饭桌上的闲聊）

在一般情况下，中国人聚餐的目的性十分简单，就是聚在一起吃饭，主要解决品尝美食的需求。食是第一位，聚是第二位。而拉美人和西班牙人把聚餐看作是一个社交活动，彼此交流感情，吃是辅助性的。所以他们吃饭的时间很长，特别是晚餐。而任何一顿正餐的重要环节是 la sobremesa，即饭后闲聊。根据 Diccionario de USO 的解释，这个词的意思是餐后人们仍然聚集在桌旁。人们喝着咖啡，品着白兰地，轻松地聊足球、音乐会、社会新闻、八卦、家庭，就是不谈工作。一顿饭可以拖长到两个小时，甚至更长。他们在享受一段轻松放纵的时间，摆脱俗务，享受朋友或同事的陪伴，这是社交活动。而与此同时，做客的中国人却如坐针毡，他们习惯于饭后起立回家休息，而不是没完没了的侃大山。特别是当任务还没完成的情况下，他们有强烈的紧迫感。对于西语族群，吃饭不包括在工作时间之内，所以没有紧迫感。

饭后闲聊是社交活动的一个重要环节，这是人们最松弛自在的时刻。拉丁民族擅侃，也喜欢侃，任何一个话题都会引起讨论。当在座的都是朋友或家人，当话题触碰到人们的兴奋点，闲聊就会变得如火如荼，对话方式是立体交叉的，每个人都急于表述自己的观点。说什么并不重要，重要的是说。人们都很享受这种马拉松式的饭后闲聊。因为这也是一种人和人之间的陪伴，是对紧张的生活节奏的调剂。因此，在这些国家，如果一个人吃过饭后，马上离席而去，会被视为没有教养。

Actividad（活动性）

活动性一词来自于动词“活动”“活跃”，延伸到形容词“活动的”“能动的”或“有活力的”（activo）。其核心意思是“动”。对于北欧、北美等国家和地区的文化来说，只有动，才有行动；只有行动，才是积极的，才有活力，才有价值。如果一个人坐着或者站着，什么都不干，这就是没有活力，没有行动（inactivo），是消极的，其结果就是无作为（inactividad），因而也就没有价值。基督教，特别是新教，推崇劳动，认为劳动能推动进步，能够救赎，能改变信徒的命运。但是东方文化却另辟蹊径，认为一个人坐着不一定是什么都没干，他可以思索、自省，或是参禅悟道，就像达摩面壁。无为而治并不是无所作为，而是要顺其自然。佛教、道教、老庄哲学、印度教等都有这样的倾向。

因此，对活动性的不同解读也造成了时间观上东西方的差异。大部分欧美人不接受西班牙人的传统午睡，认为是浪费时间，是一种消极颓废的休息方式。而中国人却尊崇这个传统，相信它是对身心的积极有效的调理，看似舍弃了半小时的时间，但是由于养精蓄锐，下午和晚上的精力更加充沛，时间并没有浪费。在一次西班牙对外合作机构组织的暑期培训班上，中西方对活动性的认知可谓泾渭分明。午休时，中国学员几乎无一例外地回寝室睡觉，而欧美同学都在炎炎烈日下或游泳或打球。他们惊诧中国人都像老人一样白天睡觉，中国人也不理解他们用消耗体力的狂热方式度过休闲时间。

在跨文化的环境中，如何认识时间观，如何组织和利用时间，如何看待准时与不准时，如何排定事情的轻重缓急，这些都是需要解决的问题，否则必然会引起交流上的冲撞。

6.3.4 时间的导向

时间的导向主要指人对时间的认知：是面向过去还是面向未来。

根据中国传统文化的理念，过去、现在和未来串成了一条延展线，而人是站在“现在”，朝向“过去”，背对“未来”。也就是说，我们的祖先一直是以过去为基础，或者说师法过去，眼睛牢牢地盯着过去，而未来在身后，是不可知的。以语言为证：

“前无古人，后无来者”。古人代表过去，他们在我们的前面；来者代表未来，在我们的后面。

“从今往后”。“后”表示未来，未来在我们身后。

“了却君王天下事，赢得生前身后名，可怜白发生。”“生前”指现世，“身后”指死后，也就是未来。

“后继无人”。“后”指后来、以后、将来。

表示未来的例子还有后人、后天、后嗣、后来者居上等等。

而表示过去的则用“前”，如前鉴、前辈、前任、前夫、前天、前世、前生等等。

“前人栽树，后人乘凉”，走在前面的人指前辈，老一代人；后人指年轻的一代，是后来者。“前”与“后”的指代非常分明。

这种观念和西语族的区别很明显，汉语说的“从今往后”，相当于西班牙语的“从今往前”（de hoy en adelante），他们的时间导向是面对未来的。在课堂上，中国老师要求学生们打开书，“往后翻，看最后一页”。而用西班牙语表示是“往前翻，看最后一页”（Más adelante，la última página.）。

“前无古人，后无来者”译成西班牙语要做调整，可以是“No haber parangón por atrás entre los antiguos ni por delante entre los hombres venideros”，直译成中文是“后无古人，前无来者”。

西班牙语的单词 atrás，在表示方位时，意思是在后面的部分；表示时间时，是指过去的时间。我们用中文说“几天**前**你对我谈到了这个问题”，西班牙语是“Días **atrás** me hablaste de este tema”。时间的方向颠倒了。

在宇宙中，无限的东西只有两个：时间和空间。而不同的文化对这两个概念的认识和利用是有很大差距的。

6.4　中国人的时间观

中国人的时间观到底是多向的还是单向的？

对这个问题的答复不能非黑即白，因为我们的时间观既有单向成分，又有多向因素。在国际学界的相关评议中，中国人的时间观介乎于单向时间观和多向时间观之间，造成这一现象的原因很复杂：人口的构成庞杂，文化教育层次的差异，幅员辽阔造成的物理距离和心理距离，等等。

中国人做事比较注重计划性和条理性，讲究有始有终，善始善终。为了国家的全面发展，中国政府在 20 世纪 50 年代制订了第一个五年计划，从那时至今已经实行了第十三个五年计划（2016—2020 年），历经多届政府、半个多世纪，任凭国内外局势如何变化，这一大政方针始终未变（十年“文革”是唯一的例外）。近些年来，中国政府组织承办了多项重大国际活动，如奥运会、G20 峰会、APEC 峰会、亚运会等等，都经过深思熟虑的策划，详尽周密的安排，严丝合缝，环环相扣，时间和速度拿捏得极其精准。每一次活动正式开始之前数日，所有的一切都已准备就序，尽善尽美。在这一点上，中国人遵循的是单向时间观。

然而，中国人又不是那么严格甚至刻板地拘泥于单向时间，单向时间的原则——守时、守次序、预先计划等，常常被我们忽略，甚至被粗暴地破坏。双管齐下、左右开弓、见缝插针、因时制宜、此一时彼一时，这类做法都属此列。比如，排队对许多国人来说是一件痛苦的事，他们不屑于按部就班地跟队，于是便千方百计地插队，以改变正常的秩序；或者用各种借口和方式同时排几个队。连开车驾驶都会肆意冲击秩序，原本行驶有序的车队常常会插进那些不守规矩的车辆，这类司机不尊重别人的时间和空间，这已经不仅仅是时间观的问题，而是牵涉到道德和法律意识。

我们中国人的多向时间倾向还体现在“灵活”利用时间方面。我们常说“计划赶不上变化”，所谓的“变化”，可能是客观的，也可能是人为的。促成变化的干扰因素也许是某位领导的个人决定，或是一次偶发事件，或是纯粹个人兴趣使然。上文举的墨西哥人和美国人的例子，如果发生在中国人身上，多数人会放弃原先制订的写作业的计划，陪同来访的老朋友一道出游，毕竟人情大于一切。

源于古老的农业文明，中华文化传统重视经验，也就是说，重视积累，积累是从过去延续下来的行为，这一点决定了我们的时间导向：我们面对的是过去，一个已知的过去；背后是未来，一个不可知的未来。“前人栽树，后人乘凉”“后代”和“前辈”，此处的“前”和“后”揭示了我们的时间导向。在中国的文坛和演艺界，从来不缺少与过去岁月（真的和假的）相关的题材，甚至有泛滥之嫌；而科幻主题却始终是个弱项，因为那是未来。在 20 世纪的若干年月，对干部和人才的选拔要经过对出身和资历的严格审查，所谓出身有时要上查三代，即父、祖、曾祖，他们的过往严重影响一个人的现实，甚至影响他的未来。足见对遥远过往的重视程度高于现时和未来。

言必称历史，这种理念有其长处，也有不可忽视的缺点，它会在不知不觉中变成一个沉甸甸的负载，使人举步维艰。

霍尔的这段话就是本章的总结：“时间会说话，而且说得比言词更明白。由于它不大受人有意的操控，所以它不像有声语言那样受到扭曲。在语词撒谎的

地方，它高声宣示真相。”（2010：6）

注释

[1] 西班牙文译文：El tiempo habla... El tiempo es un lenguaje；organiza toda actividad，establece prioridades y categoriza experiencias. Es un mecanismo con base en el cual se evalúa el esfuerzo，la competencia y los logros... Nada sucede fuera de algún marco temporal.（E.T.Hall，1973：2）

[2] 西班牙文译文：Cada cultura tiene su propio marco temporal，sus patrones ú nicos（con los que maneja el tiempo）.（Hall，1983：3）

[3] La cronémica se refiere a la concepción，estructuración y uso del tiempo.（A. M. Cestero）

[4] 西班牙文原文："Hay un minúsculo rasgo cultural que pone nervioso a los extranjeros que vienen a trabajar a España en puestos directivos：la informalidad（palabra en español significa descortesía más que espontaneidad，como ahora se entiende por influencia anglicana）en la agenda. Las obligaciones de negocios o profesionales，las reuniones sociales o de amigos，se fijan muchas veces dentro de la misma semana en que tienen lugar，y en ocasiones en el mismo día.Esto significa hacer y deshacer muchas veces la agenda，cancelar citas y posponer obligaciones. Se comprenderá que una consecuencia de este uso social sea la inmensa tolerancia para la impuntualidad. Hay veces en que las citas se deteminan a una hora tan vaga como *a media mañana* o *a media tarde*. Esta indefinición no parece preocupar mucho a los españoles y hasta les divierte."（1990：85-86）

本章推荐参考书

【美】房龙. 人类的家园［M］. 北京：东方出版社，1991：12.

【美】欧・奥尔特曼，马・切默斯. 文化与环境［M］. 北京：东方出版社，1998.

第 7 章

距 离 学

距离学的定义和分类；再分类及文化渊源；对比及差异；西语族的接触文化和东方的非接触文化；环境的文化特点

霍尔在他的《无声的语言》中首次提到空间或者距离对人类交流的影响，他说，“无数的经验告诉我们，空间也会传达信息。然而，如果不知道每种文化组织空间都有其独特的方式，我们对空间的认识也许永远不可能提升到意识的层次。几乎可以肯定，一种文化中的成员的空间联想和感觉在另一种文化中会有别的含义。”（2010：126）由此可以得知，空间可以传达信息，空间的组织受文化操控。

7.1 距离学的定义和分类

7.1.1 距离学的定义

距离学（proxémica）就是“研究人们如何理解、组织和利用个人空间和社会空间的学问”。（Knapp，1972：7；Vargas，103）霍尔的说法是，“研究人如何下意识地构造迷你空间”。（F. Davis，107）

7.1.2 距离学的分类

霍尔提出了距离学的三个组成部分：固定空间、半固定空间和活动空间。

所谓固定空间（aspecto fijo）是指固定结构的环境，如城市的构建、由墙体围绕的房屋或建筑，等等。北京城和西班牙马德里附近的埃斯科利亚尔王家修道院（San Lorenzo de El Escorial）是典型的例子。前者是依照两千年前的《周礼·考工记》的规制而设计的，“匠人营国，方九里，旁三门，国中九经九纬，经涂九轨，左祖右社，前朝后市。”这是国都的基本结构，特别是左右前后的安排：城中左侧是祭祖的太庙，右侧是祭祀土地和五谷之神的社稷坛，前面坐落着皇家宫苑，后面是百姓交易的市场。自周朝至清朝，从未改变。而都城的核心是宫城，也称大内，或者紫禁城。此名称照应了古代对天象的认识，紫微星垣高居中天，恒定不动，众星围绕，是为天帝居处，被称为紫宫，也象征着作为天子的皇帝的居所。而西班牙的埃斯科里亚尔王家修道院是一个国中之国，城中之城，为王室所有，是集皇宫、城堡、教堂、修道院、博物馆、军营和陵园于一身的建筑群，四周环围着墙垛、护城河和塔楼。上述这两个空间是固定的，难以改变。

半固定空间（aspecto semifijo）指与人类活动相关的由可活动的物体构成的空间，如用桌椅、屏风、书架、栅栏等围出的地方。典型的例子还包括居室内家具的摆放。东方和西方之间，城市和乡村之间都有差异。西方的房间布置以功能性为主，重视私密性，父母的卧室与儿童房之间不相通，各自独立，以门为界；东方居室的私密性比较弱化，常用门帘和屏风做隔断。这一类的空间属半固定式，可以适当改变。

活动空间（aspecto dinámico）指一个人的活动空间以及和其他人互动的空间。这个空间是自由的、开放的、随时改变的，直接涉及人与人的关联。因此，活动空间的形式表明了人际关系的状态。例如，人们的身体间距在不断调整，在家里和在办公室里不同，与家人和与上司的距离也不同，因为人际关系有差异。

7.2 再分类及文化渊源

人和空间的关系可以细化为三个层次：人际空间、人与建筑的空间关系和领土性。

7.2.1 人际空间

根据霍尔的划分，人与人之间的空间距离可分为 4 类：亲密距离、个人距离、社交距离和公共距离。

✧ 亲密距离

这是人与人的最短体距，通常指家人之间的亲密动作，或者朋友之间谈论私密话题时的状况，距离可为 0～0.5 米（美国标准）。

✧ 个人距离

指普通谈话的情景，如与朋友闲谈，或与同事在一起谈工作，或者教师给学生单独辅导。距离约为 0.5～1.5 米（美国标准）。

✧ 社交距离

指在一般的社交场合，如聚会、招待会等。距离约为 1.5～3.5 米（美国标准）。

✧ 公共距离

指集会、报告会等场合，听众和演讲者的距离约为 3.5 米以上（美国标准）。

之所以注明是美国标准，是因为不同的文化对体距有不同的限制。在以上四种类型中，拉美文化是公认的体距偏小的代表，尤其在个人距离和社交距离方面。和墨西哥商人谈判时，外国人会感觉到对方喜欢靠近自己谈话，会有各种身体接触，如紧紧的握手、热情的拥抱、拍肩膀或后背，这些身体语言表现了热情和好感，在某种程度上能软化谈判对手的意志。而对于某些东方人（如日本人）或北欧人来说，这种距离不是社交距离，而是亲密距离，显然他们很难轻松地接受。北欧人（以冰岛和挪威为典型）的体距相当长，他们千方百计地避免在公共场合接触到别人的身体，排队时的空挡远超过其他国家，和外人谈话时也尽量站得稍远些。正因为如此，在咖啡馆、候机大厅、汽车站等公共场所，人们往往选择一个安静的角落，或看书，或看手机，彼此保持尽可能大的距离，互不干扰。

既然谈到人的体距，自然就会联想到另一个问题：如何处理拥挤？毕竟有些文化习惯于“短兵相接”，像拉美、地中海沿岸、中国、印度、阿拉伯国家等等。在这些地区，大部分人的体距概念已经适应了他们的生活环境，必不可少的拥挤成了生活方式，在街道上、商业区、公共交通工具上，甚至在家里，个人距离和社交距离被大大压缩，有时甚至混同于亲密距离，这就是拥挤造成的后果。一个北欧人处在人挤人的环境中，会极度不适，甚至感到痛苦。但是上面提到的印度等国家的人能够较容易地适应，因为他们的体距感不同。这种差异还体现在住家地点的选择上，中国人常常惊讶地发现，不仅北欧人，美国人也喜欢“离群索居”，除了纽约这类大城市之外，自己的房子一般都离邻居有一段距离，独来独往。在冰岛，有时驱车几十公里才能见到一户人家。

他们为什么不聚居呢？中国人很难接受这样的孤独，人们都尽量彼此靠近，抱团取暖。甲骨文的“井”字是个象形字，中间是井口，四周是相互交叉的井栏，古人围绕水井建立居民点，井里就是乡里，背井离乡就是离开故土的意思。邻里关系就这样形成了，大家抬头不见低头见，“远亲不如近邻”。自古以来的村、乡、里、镇等建制，构成了农业社会的基层单位。城市文明发展以后，市井、街坊也蔓延开来，织成了社会的网络。人似乎不是独立的个体，而是依附于某个集体的附件。所以中国人有从众的心理（注意“从众”两个字的构成，共有 5 个“人”。如果是繁体字或甲骨文，会有更多的“人”），喜欢成群结队，喜欢熙熙攘攘。因此，大部分中国人不惧怕拥挤，不会对陌生人的碰撞感到恐惧和厌恶，在春运的火车上、在高峰时段的地铁上、在假日期间的热门旅游景点里，中国人能够像圣徒般的忍受着摩肩接踵和人潮汹涌的“苦难”，这就是中国传统文化的聚拢性的作用。有趣的是，一些中国旅游者（当然不是所有的人）在访问了北欧之后，表示无法接受那里过于“冷清的”环境，甚至认为“缺少人情味”“缺少活力”“死气沉沉”。差异之大，可见一斑。

在这方面，西班牙人更接近中国人。他们的体距明显比其他欧美人短，身体接触较多，在居住上倾向于以邻为伴，自古以来村落和市镇就是百姓生活的基本环境。中世纪的封建领主制把居民圈在城堡的周围，天主教的信仰如同粘合剂，巩固了群居形式，使得任何一个西班牙人都不会远离教堂而居。在西班牙旅行时最常见的一个镜头，就是在遥远的地平线上出现了一个教堂钟楼的尖顶，这就意味着那里有个村庄，一个小社会，有许多个家庭，有商业和手工业。悠久的传统和信仰把人们凝聚在一起：晚上去酒吧喝一杯，和朋友们一起看足球转播，礼拜天去教堂，节日期间一起参加朝圣游行或者载歌载舞，命名日必须和所有的亲友共同庆祝。此时居民们的体距几乎达到亲密距离的标准，因为西班牙人不喜欢孤独。

在西班牙还有个有趣的现象，那就是超高密度的咖啡馆、啤酒馆和酒吧。虽然家里都有电视机，但是男人们都选择去酒吧看电视转播的足球比赛。他们需要一种气氛，可以共享足球的快乐，交流彼此的感受，可以发泄，可以释放压力。此时的人际距离大大地缩小了，不是社交距离，而是个人距离。即使在偏远的乡村，也一定会有这样的小酒吧，总会有人在那里喝一杯，和熟人闲聊，享受陪伴的乐趣。这一点和中国的民风不同。

至于拉美人的人体距离，我们可以从许多欧美作者的作品中得到一种印象：他们倾向于近距离接触。霍尔在《无声的语言》中有一段有趣的描述：

“在拉丁美洲，交谈的距离比在美国短得多。实际上，拉美人交谈时感到舒适的距离，换到北美的环境中，已接近于唤起性欲或憎恶的距离了。结果，他们靠近一点，我们便后退一点。于是，他们认为我们疏远、冷淡、退缩、不友善。相反，我们常责备他们呼出的气味直往我们的鼻子里钻，我们感到难以透气，他们的口沫都喷到我们脸上了。

“即使在拉美地区待过一段时间，有些美国人还是不能适应拉美人交谈时的空间距离，他们只好求助‘障碍’，躲在办公桌后，用椅子和桌子来隔开对方，以维持自己感到舒适的距离。但拉美人可能会翻越这些障碍，以求达到他们感到舒适的谈话距离，”（2010：140）

理查德·D.刘易斯在《文化的冲突与共融》中这样说：

“墨西哥人的肢体语言一般也是外向的。他们习惯于近距离，男人要拥抱其他男子，亲昵地拍背、抓住臂肘以示信任。”（2000：350）

在跨文化交流的环境中，人际空间是一把双刃剑，既能促成交流，也能设置障碍。来自不同文化背景的人如何掌握彼此间的身体距离，如何才能不冒犯别人同时又能基本维持自己习惯的空间范围（也被称为个人空间气泡，burbuja），如何避免把自己文化的空间习惯强加给别人，这些都是需要认真对待的问题。

7.2.2　人与建筑的空间关系

人类的建筑既具有实用功能，也是文化的载体。因此，人与建筑的空间关系——诸如人的居住环境和家具的摆放，也必然与文化相关，同时也是一种交流的方式。

以教室的内部结构为例。教室是半固定空间，在我国传统的中小学教室里，课桌椅一向是横向排列，朝向讲台。学生们和老师面对面，但是学生们却无法彼此面对面，后排的只能看见前排同学的后背。这种形式有利于“听”，但是不利于交流。在经过改革的现代化教室中，桌椅被摆放成一个大圆圈，或若干个小圆圈，学生们可以面对面地交流；教师的位置不固定，或在圈子中心主讲，或在圈子外边指导、聆听。由于设施的摆放变成开放型，本身是半固定空间的教室变成了活动型空间，其效果是有力地促进了学生之间和师生之间的交流，即使是最“懒惰的”学生也难于打瞌睡或者走神，而是被吸引到讨论中。与此同时，“团团坐”的方式对教师提出了挑战，长篇大论的独白式讲课必须让位给师生互动，教师必须善于提出问题，组织讨论，引导学生的思维，活跃课堂。这种方式最初出现在国外，20 世纪 80 年代后逐步引入我们的教育体系，但是至今为止未被全面接受，原因多种多样。

中国文化和西方文化的另一个差别是如何看待“墙”。来中国旅游的西方人常常诧异遍地是墙的风景：过去的皇宫被高大的宫墙环绕，官宦的府邸和富人的宅第自然也被高墙围绕，显得壁垒森严；现代化的居民小区也有一道墙（可能是砖墙或者金属栅栏）作为隔开其他区域的屏障；学校机关都有各式各样的墙，把局外人挡在外边；部队营房和机关有墙，缘于安全考量；公园和景点必有围墙，既划分了领地，也保护了门票制度；别墅区、高档住宅区的围墙更是标配；农村（特别是北方）几乎家家户户有院墙，哪怕只是一道篱笆墙。监狱有墙，不是为了保护囚犯的安全，而是为了保卫司法制度。在这一点上，中西方有共识。

当我们把目光投向欧美地区时，会发现墙的使用率很低。在西班牙，墙是中世纪最常见的建筑符号，城堡和贵族宅邸有外墙、护城河和吊桥护围，墙头设有雉堞和瞭望孔，那是强权和战争年代带来的后果。如今在大部分欧美国家，围墙已经所见不多，公共机构很少被圈起来，公园景区也难得见到壁垒森严，民宅多以草坪和花园相隔。

为什么我们中国人习惯用围墙把自己封闭起来？如何解释这种人和建筑空间的关系？

在丁援主编的《一本书读懂中国建筑》中，作者说道，“（中国建筑）体现了中国古代社会结构形态的内向性特征、宗法思想和礼教制度。”（2012：8）

对西方建筑的开放性而言，中国建筑是内向性的，用围墙、回廊等将建筑封闭，以求达到对内自守、对外防范的目的。“墙”字的简体和繁体形式都提示了墙是用土或砖石垒砌的隔断，把一个个单体建筑围合成群体建筑，形成了一个有规律的组织，照应了中国式的家庭和社会结构：长幼有序，内外有别。一道墙区分了内外，也确定了领土范围。所以，人在墙里会有安全感。至今，中国人的“墙”意识依然存在，甚至有殃及自然界的趋势。许多自然景点本来无墙，人却非要用砖石、水泥和铁丝网在山岩和树木间划分出领土界限，变成只为一方所有的“私家园林”。

家具的摆放也充分体现了文化特点。在《红楼梦》第七十五回和七十六回中，荣国府内贾母设中秋家宴，宴席摆在花园里的凸碧堂，“厅前平台上列下桌椅，又用一架大围屏隔做两间，凡桌椅形式皆是圆的，特取团圆之意。上面居中，贾母坐下，左边是贾赦、贾珍、贾琏、贾蓉，右边是贾政、宝玉、贾环、贾兰，团团围坐。”围屏后面是家中女眷。这一段传递了三个信息：（1）圆形的桌椅象征团圆，应中秋节之景；（2）左中右座次分出了辈分：长幼和昆仲；也分出了亲疏：宁国公后裔和荣国公后裔；（3）围屏分出了性别。大家族从来认为礼不可废。

同样是餐桌上的座次，西方就完全不同。正式宴请时，男女主人要坐在长餐桌的两端（有时坐在长桌的中间位置），旁边是主宾，座位的安排要男女混搭。在现代社交活动中，基本延续了这个原则。马德里东方宫的国宴也是这种方式，但白宫的国宴是圆桌形式。

7.2.3 领地意识（territorialidad）

领地指的是地理位置，而领地意识就是个人可以在某个空间（房间、工作的地点、物理空间等）拥有某种权利的感觉和意识，这是一种对自身方便、舒适或安全的保障。领地意识的基础是个人空间，这是人的一种行为，也是一种本能。童话故事《三只小熊》提供了很好的例子。一个误闯进去的小孩坐了熊老二的凳子，睡了它的小床，熊老二回家后察觉到情况不对，大喊：“有人动了我的凳子和床！”熊也有领地意识。

但是不同的文化和社会条件（包括所谓地位和权力）会造成不同的领地意识，有的非常强烈，甚至夸大为不合理的占有欲，也有的相对随性。因此，在社会交往中，领地意识既能起调剂作用，也会引发冲突。

领地意识可分为三类：主要领地、次要领地和公共领地。

✧ 主要领地（los territorios primarios）

指为个人所独有的物品、空间、思想等范围，可以用物主代词来称呼，如我的电脑、你的设计、他的卧室，等等。主要领地通常受到精心的保护。

✧ 次要领地（los territorios secundarios）

指并非个人独有的物品或空间，而是临时使用或短时间内占有，例如在图书馆长期使用的座位、小区里习惯泊车的位置等。由于次要领地的分界比较模糊，有时会引发冲突。

✧ 公共领地（los territorios públicos）

指大多数人都可以利用和使用的临时领地，如公园、公共绿地、城市的广场、海滩、公交车上的座位等。

这三种领地的界定似乎很清楚，但是在不同的文化背景下仍然会出现混乱、模糊甚至冲突。比如，在欧美国家的公共场合，一个人想要从别人面前穿行时，要说“抱歉，借过一下”。因为虽然是在公共领地，但是你有可能进入了某人的个人空间。不过在许多亚洲国家却没有这个习惯，原因之一是领地意识有差别。在国外的机场上或免税店里，常常可以看到中国人在人群中间自由穿行，甚至和别人发生碰撞，但是很少有人道歉，因为除了个别人的修养较差，对空间和领地的模糊划分也是缘由。而实际上，这种现象是对领地的违规（transgresión）。根据 Lyman 和 Scott 的归纳，违规的主要形式是：侵犯、侵扰和污染（De Vito，1967）。

✧ 侵犯（invasión）

就是进入别人的领地，改变其属性或原有的结构，将其为己所用。

例 1. 媒体上报道，一些广场舞的“大妈”把小区的停车场肆意改成广场舞的活动场地，甚至不顾小区物业原有的规定，阻碍车主泊车。

例 2. 火车和地铁上的“霸座男”和“霸座女”的行为也是进入了别人的领地，是侵犯行为。不过严格来说，他们已经触犯了法律。

✧ 侵扰（violación）

未经允许擅自使用或触碰不属于自己的物品，侵扰的方式包括用身体、声音、目光等对他人造成干扰。

在剧院看戏时，吃东西、小声议论、打手机等，干扰了其他观众欣赏演出。

在国外机场的卫生间常有女性在那里整理仪容，有人出于好奇会在旁边观看，这是典型的用目光侵扰别人的领地。

✧ 污染（contaminación）

指弄脏或污染了临时使用的某一领地，给其他人造成麻烦。

在公园的长椅上留下饮料瓶或吃剩的东西，扬长而去。

住在酒店时，擅自用咖啡壶泡方便面，导致咖啡壶内有异味而无法使用。

有少数国人在国外的表现就是典型的对别人领地的违规，如住酒店时，把湿淋淋的衣物挂在室内，弄脏地毯；在景点拍照时，触摸或攀爬雕塑或长时间地占据中心位置；在自助餐厅取食物时不排队，或大声呼朋唤友，随意占座等，严重败坏了中国人的形象。从领地意识的角度看，这些人侵犯、侵占和污染了别人的领地。

✧ 思考题（语境假设为西语国家或一般的欧美国家）：

到别人家做客时，可否随意翻动主人的私人物品：书籍、摆设、衣物等等？

在街上或其他公共场合，有两人在交谈，别人可否从他们中间穿过？

在街上散步时，可否随意在别人家的花园、房子或汽车旁拍照？可否不经允许给别人的孩子拍照？遇到婚礼场合，可否不经允许为新娘拍照？

看到穿着或外表比较特殊的人，目不转睛地盯视、身体靠近或围观是否妥当？

在学校或公司等机构，可否不敲门就进入别人的办公室或房间？

在博物馆、公共图书馆等地方，可否在座位上吃东西、喝饮料？

在机场候机大厅，女性可否随意脱换衣服甚至裤子？

在和陌生人交谈时，询问对方的婚姻状态、收入、住房等情况是否合适？

7.2.4 隐私权（privacidad）

从领地意识可以引申到隐私权这个概念。所谓隐私权，是指对个人领地、私事、身体、独处的权利。这种权利理应受到法律的保护和个人的维护。但是不同的文化对隐私的划定有很大差别，社会和法律对隐私权的态度也千差万别。

在通常情况下，大部分欧美国家非常重视个人隐私，对隐私权的提出也早于东方国家。文艺复兴所倡导的人文精神和资产阶级革命全力维护的私有制，为保护隐私权提供了坚实的基础。而在东方，封建主义桎梏下的个人，只是社会结构的一个简单的组成部分，从属于统治阶级，没有多少私人权利可言，正所谓“普天之下莫非王土”。在我国，宗法社会和儒家思想强化了这样的理念，尤其在农村几乎无隐私可谈。

隐私包含的内容十分广泛，在此仅就距离学所牵涉到的一些问题做简单分析。

在跨文化的环境中，对隐私权的不同理解会造成误解甚至冲突。以领地意识为例，有些人会在不经意间对别人的领地造成违规。比如：在人行道上，从两个正在交谈的人中间穿过；为了拍照取景，自行站在别人的婴儿车旁或私家车旁；看到别人的衣服好看，伸手去触摸；到别人家去做客时，随意打听主人住房、汽车、佩戴的手表、身穿的衣服的价格；随意触摸带有宗教意义或其他特殊意义的物件（如十字架、遗属照片等）；在公园或景点的长椅上，挤占座位，把和陌生人的社交空间压缩成亲密空间；在飞机上随意调换座位等。这些行为都侵犯了别人的隐私。

以上情况完全适用于西语国家。

隐私的其他内容可以归属隐蔽的文化类，在此不做展开。

本节上面谈到的一些文化冲突现象很常见，但是不应该出现，因为有些不是文化差异，而是教养问题。本书不涉及这个题目，但是在全书的最后一部分“文化学习”中将试析某些现象。

7.3　中国人的非接触文化和西语族的接触文化的对比

在上面所谈及的对距离学的分类中，已经看到了中西文化在这一领域的相当大的差异。在本小节，将简要分析一下“接触”和“非接触”的差异。

达维斯（Flora Davis）在 *La comunicación no verbal* 一书中引入了“接触”的意义：“个人对于‘我’的感觉是由皮肤决定的。人在一个隐性的类似气泡的空间里活动，在这里他能感到自己与别人的范围相隔。”[1]作者指出，这个气泡可以轻松地逐步靠近别人，也可能会受到某种刺激而后退。这就意味着人的气泡空间，或者说人与外界的接触是有变数的，会根据某种规律而调整。我们所说的接触，主要是指三个方面：（1）出于传递某种信息的目的，人与人之间有意识的身体接触（contacto corporal），如握手、拥抱、亲吻和对身体其他部位的触碰等；（2）目光的正面肆意接触（contacto visual sin pudor）；（3）交谈时身体距离过近。

接触的意义在于以下几点：

传递如爱意、赞赏、支持等正面情感，也可传递性感觉。比如用拍肩膀表示支持，用目光示爱，排球场上的击掌表示鼓励，足球场上的紧紧拥抱表示庆祝。

表达一种放松的、嬉戏式的、顽皮的态度。比如朋友间的拉拉扯扯，在背上猛击一掌，儿童的打闹。

有时也可表达一种控制的企图，控制对方的行为、态度或情绪。比如牢牢盯视对方，把手放在对方肩上，缩短和对方的体距。

遵循礼节的要求。比如拥抱，吻手，握手。

履行职业的要求，如医生、护士、理发师、按摩师的工作。

在实际生活中，上面的第3点常常起作用。达维斯的观点是，“人类的气泡空间同时也代表了其安全感的界限。”（2010：109）所有的人都有这样的感受：在一个人不多的商店或公交车上，当有人过于靠近时，人的本能反应是稍微避开，或者有所警觉，因为此时人的气泡空间受到侵犯。警察在审问嫌犯时，二者之间必得留有相当的距离，而且中间有桌子或其他作为障碍物的东西。一旦这个障碍物消失，双方中的一方必然会感到受到威胁，因为有可能出现接触。

拉里·萨默瓦说过：“触觉是最早发育成熟的感觉，它在胚胎期的最后阶段产生，并早在眼睛、耳朵和高层中枢大脑开始发挥作用之前就已经形成。婴儿出生后不久，开始用其他感官来理解现实世界。在此期间，婴儿感觉到了各种触摸行为：别人用鼻子蹭他们，搂抱、轻拍、亲吻他们，给他们洗澡，用母乳喂养他们。触摸对人类交流至关重要。”（2013：213）

在日常生活中，人们可以注意到，婴儿哭闹时，抱起轻拍是最有效的；幼儿在恐惧或烦恼时，家人的抚摸或搂抱可以起到缓解作用。这些触摸行为帮助语言能力弱的婴幼儿与外界建立沟通，是他们身心发育的重要因素。

这一节里所说的“接触”或“触摸”，是行为语言，具有语义功能，即能够表达情感和情绪，并且能够传递信息，而不是指突发性的触摸动作，例如公交车突然刹车所产生的乘客相互挤压和冲撞，此类触摸没有语义功能。因此，《非言语概论》根据行为语言学对“触摸”所下的界定是：“触摸是个人身体各部位之间或人与人之间通过触摸性的动作来表达情感和传递信息的一种行为语言。”①

人进入青春期后，文化规则逐步开始指导触摸的行为：身体的部位、触摸的方式、环境、性别、年龄、家庭角色、社会地位、相关的禁忌等等。也就是说，触摸行为与文化背景有直接关联，因此，不同的文化有不同的触摸行为规范。东西方相异，西方内部相异，同一个国家也会有差别。

肯·库伯博士曾经开展过对于人体接触频率的研究，他记录下了一个小时之内不同国家和地区的人们身体接触的次数：“波多黎各180次，巴黎110次，

① 李杰群. 非言语交际概论［M］. 北京：北京大学出版社，2002：151.

佛罗里达 2 次，伦敦 0 次。”[①]

研究者们通过长时间的调查，总结出一张表格，罗列出了若干非接触文化和接触文化的国家和地区[②]。

非接触文化和接触文化国家和地区

非接触文化	接触文化
德国	印度
日本	土耳其
英国	法国
美国和加拿大	意大利
澳大利亚	希腊
新西兰	西班牙
爱沙尼亚	中东
北欧	俄罗斯
斯堪的纳维亚	

在接触文化一栏，应该补充上拉美国家。

在跨文化交往中，接触方式是决定双方关系走向的第一步。

在中国，大人不习惯和小孩子握手，而是摸摸头或拍拍肩膀；异性之间的社交礼仪排斥拥抱亲吻，这类过于亲昵的方式被视为有悖社交规范，甚至被视为伤风败俗；下级不会主动和上级勾肩搭背，这是举止不当；在公共场合，异性之间的体距大于拉美国家的习惯体距；亲属之间，非血缘关系的异性成年人之间基本没有亲密体距；排斥长时间的目光正面接触。

由于在中国人的传统礼仪中一向排斥身体接触，在现代礼俗中较少使用拥抱亲吻类的非语言符号，同时在公开场合异性的体距大于大部分欧美民族，所以普遍认为中国人属于非接触文化。

出于民族性（含蓄、内敛）和儒家思想的影响，过去中国人之间习惯于保持较大的个人体距，读书人尤甚。人们认为这是一种教养。避免不当的身体接触，就是避免侵犯和违规，也是避免狎侮。古代的礼仪，像作揖、鞠躬、叩拜、稽首等，均没有体触，不像西方的握手和拥抱那样的直接接触。古代西班牙骑士觐见王后、公主或贵妇时，要单膝跪下行吻手礼，这在中国是不可想象的。

① 亚伦·皮斯，芭芭拉·皮斯. 身体语言密码［M］. 北京：中国城市出版社，2007：96.

② 亚伦·皮斯，芭芭拉·皮斯. 身体语言密码［M］. 北京：中国城市出版社，2007：96.

在西方的宫廷舞会上，男男女女手牵手，他们视之为上流社会的文明，而西太后一类的国人斥之为伤风败俗，是蛮子的行为（参阅德龄所著的《御香缥缈录》）。所以，交谊舞不可能诞生在中国。不仅身体接触少，连目光接触也有许多限制。在封建时代，下级拜谒上级，臣子觐见君主，晚辈向长辈晨昏定省，前者都不可长时间地直视后者，那是冒犯。宫廷中，经皇帝允许，臣子才可以“抬头面圣”，否则只能低头，或偶尔抬眼，或顾左右。如今虽然没有这些规矩了，但是其后遗症仍然存在，偶可见之。

西语族群基本上属于接触文化，他们习惯于用频繁的身体接触来传递各种信息。按照人类学家的观点，一个民族或群体的社会文化价值体系是研究其民族特点和民族性的基础，而对价值体系的研究可以依照若干个架构进行，比如霍夫斯泰德的四种维度：（1）个人主义和集体主义，（2）不确定性规避，（3）权力距离，（4）阳性主义和阴性主义。再比如 Talcott Parsons 的界定：（1）个人取向与集体取向，（2）情感性与情感中性化，（3）普遍性与个体性，（4）模糊式导向与明确式导向，等等。根据 T. Parsons 的第 2 点（这一点也被称为表达性取向和工具性取向），情感性指的是对情景立即产生感性反应或表达：而情感中性化是指对情景产生认知性而非感性的反应。Trompenaars 曾做过相关实验，征询参与者对工作中的某个问题的看法，意大利人和法国人是情感性表达（“我的看法和您一样”），而日本人和德国人的反应是典型的情感中性化（“我同意您的想法和论据，所以我会支持您”）。（参阅 E. McEntee，p.517）西语族具有拉丁民族的主要特点，他们对人、物、环境的反应往往是即时的，充满感性色彩，这一特点也注定他们的文化属于接触文化：直接的、迅速反弹的、富于情感的。

不少案例证明了中国和西语族的接触和非接触文化所造成的文化“休克”。中国人在乎两性之间的接触，而拉美人不在乎，一般的社交场合和正式场合，除了握手，拥抱、贴面、吻手都有可能，都属正常礼节。在一般聚会、开会或就餐时，中国人习惯于和同性坐在一起，体距可以达到个人距离甚至亲密距离；走路时也多是同性（特别是女性）相伴而行。而西语族倾向于男女混合座位，体距等于个人距离或社交距离。目光接触也能导致问题，西班牙人和大部分拉美人喜欢直视谈话的对象，中国人不习惯这种凝视，特别是在两性之间，认为这是冒犯，起码是不礼貌。西语族感到很无辜，他们认为这是专注的表现。

造成“休克”的主要原因之一是性别问题。对于现代中国人来说，被民族文化认同的本国同性之间的身体接触，基本属正常现象，像男性之间或者女性之间握手、拥抱、手拉手、勾肩搭背、体距达到亲密距离、嬉笑打闹等。从偏远地区、小城镇或乡村刚刚到大城市或新的环境中的人，有时会和同乡或好友拉手、挽臂、搭肩，这类接触动作反映了他们需要安全感，需要来自熟悉的人的支撑，心理上需要依靠。一旦他们适应了环境并且能够驾驭环境时，体触会渐渐减少或者弱化。

西语族的体触主要发生在两性之间，特别在社交场合。而在同性之间的接触是有限的，女性间的礼节性的拥抱、吻脸、拉手、拍手臂在西班牙和拉美都很普遍，亲属和闺蜜的体距可以达到亲密距离。男性间的接触动作一般限于拥抱、拍肩、拍后背、握手，父子和祖孙间，长者可以吻晚辈的前额。如果超出了这些范围，人们会认为有同性恋的可能。西语族还有一个极富民族特点的接触动作：拧脸蛋，这是一个表现亲密甚至亲昵的动作，多在女性间或大人对小孩使用，常常配有“¡Qué preciosa!”或者“¡Qué mona!”一类的旁白。“拧脸蛋”是亲密距离范围的体触，并不完全被其他欧美民族（如北欧人和盎格鲁—撒克逊人）接受。

中国人和西语族群这样大的差异，自然会在双方交往中制造很多误解。后者来到中国后非常惊讶：你们真开放，竟然有这么多公开的同性恋！而中国人到了拉美后常常很尴尬，难以接受对方国家异性的吻脸和拥抱，尤其是某些女性，她们更加排斥与陌生的外国人的亲密接触，即使对方并无恶意。谈话时的人体距离常常引发误解，拉美人的近距离和目光专注会让中国人不自在，甚至会觉得有冒犯之意，而中国人的后退和目光的躲闪，又让西语族觉得不自然、不诚实，甚至有所隐藏。一位在中国工作的墨西哥教授提前回国了，他的理由让中国同事们大跌眼镜。他说，同事们总是和他保持相当的距离，几乎没有身体接触和诚挚的目光接触，让他感到气氛冷漠，而且没有安全感。在墨西哥，触摸是行为语言的重要组成部分，拥抱、紧紧地握手、击掌、贴面、拍后背、正面的目光接触、挽手…… 是人际关系的粘合剂。

总而言之，双方需要的是了解彼此的文化习俗和逐步缩短彼此的认知距离，为此就需要投入到文化学习之中。相关题目将在后面探讨。

触摸的类型除了上面所说的相互行为，还有自我触摸。例如，人在不知所措时会挠后脑勺，在懊悔时会拍大腿，在兴奋时会鼓掌，在沉思时会用手托腮，在跃跃欲试时会搓手，紧张时会抖腿。在中文的语汇中，有许多例子：顿足捶胸、摩拳擦掌、扪心自问、抚躬自问、额手称庆、扼亢拊背等。

自我触摸的功能包括自我调整、自我保护、掩饰等。例如：求职者在面试时容易紧张，双手会下意识地在身上摸来摸去，或者整理一下头发，或者轻抚胸口，用来镇定情绪和调整心理。闻到异味时，人都会掩鼻以自我保护。人在说假话时，常常会用手触摸脸或鼻子，或者摸脖子，有经验的人可以立即察觉出。

在不同的文化环境中，自我触摸的形式有相同点，也有差别。相同或相似的例子：

（1）tirarse de los pelos，自己揪自己的头发，表示绝望或者极其苦恼。

（2）darse unas palmaditas en la mejilla，自己拍自己的脸蛋，表示某人或者交谈者脸皮厚，厚颜无耻，¡Qué cara! Tienes mucha cara。

（3）frotarse las manos escupiendo en ellas，搓搓手掌并向掌心吐口吐沫，意思是“要干活了”或“大干一场”。在西班牙，此例仅适于农业地区。

相异的例子：

自搧耳光，表示自我惩罚或者悔恨；西语族没有。

mano sobre mano，两手相叠，表示无所事事，懒惰；中文的表述不同，同样的意思可以是“抄着手”或者“袖手”。

关于“手”和“手臂”，西班牙语有的词组和习语是中文没有的。例如：“怠工”的“怠”是松懈或者消极的意思，西文是 huelga de brazos caídos，直译是手臂下垂的罢工，即工人到场而不干活。

7.4　人与环境关系的文化特点

所谓环境，主要指距离学所说的固定空间和半固定空间以及人和建筑的距离。每个民族的生存环境都带有其特有的文化烙印。文化的既定规则限制着环境中的居民，人人都下意识地在这个文化框架里生活。在此，需要提出中国风水学的深远影响，它是我国环境与西方环境差异的根源之一。而且时至今日，风水一说仍在潜移默化地起作用。

据说是伏羲氏创立了风水学，他通过对自然现象的系统观察，归纳出宇宙运行和大自然对环境的作用法则。风水的原有名称是“堪舆”，“堪”为天，“舆”为地，天和地彼此影响，这种关系就是风水。所以风水一说始终与古老文明有着千丝万缕的联系，其精髓是天人合一的思想，强调人与大自然建立和谐的关系，人要尽可能地协调自然万物的节奏，以求获得可安身立命的地位并达到人和环境的均衡。过去大到定都、建城、设村落，小到筑屋、立墙、建桥，中国人都要讲风水。北京城和一些古城的建筑格局和建筑特点都与此有密切的关联。例如，帝都的选址须满足以下条件（陈国明，2009：131）：

“（1）帝都不能局促于一隅，必须能控扼天下。

（2）帝都必须有众水汇聚。

（3）帝都必须有龙关（指山脉的锁眼处）可以依赖。

（4）帝都必须上合星垣，以为天下至尊之地。

（5）帝都必须是龙干中出者所结，不能旁出，以得正气。”

以上所谓风水学的说法并非都有科学依据，但是许多世纪以来却始终对中国人产生着相当大的影响。包括海外华人，他们虽然已经脱离传统中华文明的生存大环境，但是在他们可以控制的范围内，常常自觉或不自觉地寻求风水的指导。如家里家具的摆放、房子选址、植物的选择、公司的选址…… 有的案例表明，华人为了所谓风水问题，随意改变门窗的朝向，砍伐庭院的树木，或采取其他行动，以至于和当地的文化习俗产生冲突。

从微观上看，居室也真切地通过人和物体的距离反映出居住者的文化背景。在封建时代，房间的布置和装饰传递出一种四平八稳、平和稳重的对称风格。“中国建筑的室内布局，宋元时就有了一定的格式。一般厅堂正中置屏风，屏风前面置椅，两侧又有数把椅子相对而设，或在屏风前置二圆凳，供宾主对坐。书房和内室可以稍微随便一点，但它的几、椅也是成组配套的，或一几二椅，或二椅四几，置放盆景、瓶花、器玩、悬字画也大多是成双的。”[①]这种无处不在的程式化可以解读为对封建正统的执着和对标新立异的抵制，也是区分上下内外的标尺，是区分人与人的距离的标尺。但是在中国古代，也不乏有识之士，他们有独到的审美标准，有不落窠臼的品味，是一些敢于另辟蹊径、敢于打破平衡和挑战传统的人物，如明朝的文震亨、袁宏道、张岱，清朝的李渔等大家。

上面所说的这种居室布局使人们在厅堂落座之前，要彼此谦让，尽量让出上位给长者或尊者。鲁迅先生曾经取笑过几位赴日本留学的清末学子，他们无论在火车上还是轮船的客舱里，都要尽量排座次，以显示礼仪之邦的修养。而西式的座位无此分别。

在这一领域，西语族自有他们的环境特点。在墨西哥东南部的恰帕斯州有许多印第安村落，被群山或热带雨林环绕，远离都市。当地的土著人大多住在十分简陋的茅草房或草棚里，家中最引人注目的家具是吊床（hamaca），悬挂在屋子中央，地上有石头垒砌的灶。与 1492 年哥伦布发现美洲之前相比，基本格局未有根本的改变，屋顶上仍然覆盖着草或棕榈叶，墙壁是抹灰的篱笆墙，也许是多了几件简单的电器和塑料、金属制品，因为许多地区通电了。这类居室布置只是满足了人类生存的最基本需求，符合该地地理环境的特殊条件，也符合其社会文化背景和生产力的水平。可以说，玛雅人的居住环境充分表明，他们和自然环境的距离是彼此融合的。

在墨西哥和拉美大部分地区都有一种特别的人文景观，叫做殖民风格（estilo colonial）。这种风格是强制混血文化的结果。欧洲人为了彻底改造美洲，把自己的文化移植到了新大陆，从上层建筑到经济基础，从物种、生活方式到语言、信仰、文学艺术，其中包括建筑艺术，一律西化。17、18 世纪欧洲的主要艺术

---

① 展望之. 居室雅趣［M］. 上海：上海古籍出版社，1991.

流派都被陆续地引进到殖民地，装点了教堂、修道院、总督宫、博物馆、大学、公共机构以及富人的宅邸和城镇民宅。有许多城市如同从遥远的宗主国复制下来的，如墨西哥的瓜纳华多（Guanajuato）、圭那哇卡（Cuernavaca）以及古巴的哈瓦那（La Habana）等地。过去土著的建筑主要是许许多多的金字塔、酋长“宫室”和茅草屋，欧洲人在这片土地上建起了无数的石墙、坚固的屋顶、固若金汤的堡垒、教堂、阶梯，划分了街道，在居民点竖起十字架，拉大了人和自然的距离，固化了人与人的距离，划分了居民的等级距离。这些都是哥伦布到来之前所从未见过的。印第安社会的文化更偏向原生态，而殖民风格的主流则源自欧洲中世纪的封建主义和文艺复兴思潮，彼时的人际距离就是阶级的级差，这些在殖民风格的建筑中得到了充分体现。

距离学不仅是文化交流的组成部分，也和社会学紧密相连。人体距离、人的空间位置，都体现了人作为社会人的地位。只要看看各种场合的集体照相就会一目了然，人们也许并不懂什么叫距离学，但是却本能地实践着距离学的规律。

◎ 案例分析

关于所谓“坟场”或者“墓地”的文化差异

2018 年最轰动的新闻之一是中国一家三口在瑞典的遭遇。事件本身说不上复杂，但是其中的文化冲突把矛盾升级了，造成了文化“休克”。

有一个情节是瑞典警察把这三口人带到一处“坟场”后离去。关键词是“坟场”。对于相当一部分中国人（特别是来自乡村的人）来说，那是个阴森恐怖的地方，荒坟野冢，鬼火荧荧，远离人寰，是幽冥世界。人们视之为不吉之地，避之唯恐不远（当然，烈士陵园又当别论）。通常，坟地和陵园都安置在远离居民区的地方，如郊区和远郊区。所以一听说警察三更半夜把老人带到坟场丢弃不顾，不少国人无法接受，认为这是地地道道的迫害。

换个角度，在西方人眼里，墓地的概念是什么？

首先，在以基督教为主要信仰的国家，墓地一般紧挨着教堂或修道院，也就是说，可以在市中心或者紧靠居民区，并不一定被安置在荒僻之地。墓地里遍布十字架和天使及圣徒的雕像，墓碑上刻着逝者的生平和圣经上的箴言，充满宗教气氛。由于离居住区不远，园中可以看到家人和朋友们敬献的鲜花，环境比较温馨。在不少西语国家，陵园是一个城市的圣地和胜地，常有游人慕名前往，例如马德里的圣伊西德罗修道院陵园、布宜诺斯艾利斯的埋葬庇隆夫人的公墓等，长眠在那里的既有伟人也有大量的普通人，生者怀着敬仰或好奇之心去造访陵园，这是一件非常自然的事，没有鬼怪之想（俄罗斯是个以东正教为主要信仰的国家，对墓地的理念与大部分欧美国家相同。莫斯科的新圣女公墓已经成为访客必去之地）。

最近一档英国电视台的“小空间大改造—5”节目引起我国电视观众的极大兴趣。[2] 其中在墓地建屋的一则，提供了一个绝妙的跨文化交流的分析案例。屋主在海格特公墓（马克思墓的所在地）的墓地边上购得一块十二米见方的土地，垂直地建起一座四层小楼，代替墙体的是巨大的玻璃窗，墓地景色——绿树、草地、墓碑、白色的十字架、雕塑尽收眼底。最不可思议的是，小屋的地下影音室与墓地的标高持平。主人非常珍爱小屋，认为小屋满足了他对环境的要求：宁静，绿色，无干扰，无污染。栏目的主持人乔治（也是一位建筑师）登楼眺望后慨叹：真是太美了！

然而，估计任何一个中国人也不会有此奇想，幽明相隔，人绝不愿与“鬼”为邻，墓地在国人的传统概念中始终是个忌讳。

对环境的要求首先出自文化背景。

◎ 案例分析

北京市密云区的阳光城是一个别墅区，其中的许多房子是意大利托斯卡纳风格，暗黄色的墙面，深棕色的屋顶，门廊在大门入口的一侧，地上铺着仿古的瓷砖，每扇窗户都带百叶窗装饰，二楼的阳台配有铁艺护栏，让人想起朱丽叶和罗密欧相会的场景。房子的正面不对称，大门位于宅子正面的一侧，斜对门廊，而不是朝外；门是普通的木门，没有任何技术含量，其上端呈半圆形，形制古朴。在绿树和花木的掩映下，房子显得很可爱，似乎可嗅到一股意大利的山间空气。

但是，业主们拿到房子之后，都开始了大规模的改建。虽然物业管理部门严禁破坏建筑的原有风格，业主们还是尽可能地按照自己的审美和需求做了改动，一部分人封住了所有开放的部分：门廊、阳台、户外过道；全体业主都拆掉大门，还有人移走了门前的侧柏和院内的带刺玫瑰树，重新调整了院子的布局。改动的原因有三点：一是北京和托斯卡纳的自然环境有差别，二是审美观念有异，三是环境理念不同。究其实质，是两种社会文化背景的差异使然。业主们的观点是：从风水学的角度看，房子应该方方正正，中规中矩；入户的大门要居中（所以叫正门），决不能朝宅子的侧面开；松柏树和带刺的植物不宜栽种在大门两侧和庭院；从传统习俗看，开放式的阳台不宜过多；门廊似乎不安全，大多数人不习惯坐在那里喝茶或与邻居聊天；且北地多风沙，等等。

改造后的房子呈现出中西混血的效果，托斯卡纳基调得以保留，但是多了些中国元素：一是在房子正面的正中间部位重新装门，门是高质量的防盗门，材质为铜、铸铝、合金钢等；门锁更为复杂，足以应付各种级别的盗贼。这是名副其实的正门，体现了房屋的体面地位，同时又保证了安全。体面和安全是大部分业主的第一考量。二是部分业主用玻璃或板材把所有开放的部分都封上了，变成室内部分，也就是变成不必与任何人分享的空间，而且据说日后卖房可增加面积。但是其审美效果不伦不类。三是栽种绿植的选择基于有果可食、有花可赏、品名吉利几个原则，更有业主考虑栽树必须利于风水。

意大利人的考虑和中国业主大为不同，大门隐在门廊里可能更安全，能避免正面受攻击（要考虑到该国的绿林传统）；门廊和阳台是喝咖啡和就餐的理想位置，因为南欧气候温和，光照时间长，更兼意大利人喜欢户外生活、善交际，露天的庭院、过道、门廊都是与大自然和人交流的理想场地。

总而言之，中国人生活方式的“内向”，遭遇了意大利人生活方式的“外向”。中国人的讲求实用，遭遇了意大利人的享受至上。黄永玉在《从塞纳河到翡冷翠》中说过，意大利人有能力创造“温饱”以外的空间。中国人的风水意识，遭遇了意大利人的“一切为我所用”的率性，相互的磨合显然不易。

所有外来的东西一旦进入中国，都有被改造、被本土化的可能：抽象的（如宗教、意识形态、艺术流派等）如此，具象的（技术手段、饮食、建筑等）也如此。中国人凭借其海纳百川和为我所用的文化吞吐功能，有这个本能和本领。

注释

[1] ¨El sentido del yo del individuo está limitado por su piel；se desplaza dentro de una especie de burbuja invisible，que representa la cantidad de espacio aéreo que siente que debe haber entre él y los otros.¨（Flora Davis，*La comunicación no verbal*，2010，p.107）

[2] 这档节目在央视 139 频道播出，2019 年 2 月 16 日曾重播，之后也曾在其他台多次重播。

本章推荐书目

丁援. 一本书读懂中国建筑［M］. 北京：中华书局，2012.
展望之. 居室雅趣［M］. 上海：上海古籍出版社，1991.
李渔. 闲情偶得［M］. 延吉：延边人民出版社，2000.

第 8 章

中西交际文化中其他的非语言对比

行为举止的非语言功能；礼仪规范的形式和内涵（赠礼的习俗）；语言交流中的非语言形式

8.1 行为举止的非语言功能

跨文化的差异在非语言交流领域里更为突出，特别是在行为举止上，因为这是最表象化、最能引起感官第一反应的区域。当来自不同文化群体的两个人第一次接触时，长相、衣着、口音、问候方式、站姿、身体距离等，都会给对方留下印象：奇怪的/正常的，令人愉快的/令人反感的，可接受的/排斥的。当双方的接触加深时，各自的反应也会加深：友好的/敌对的，正确的/错误的。在跨文化的语境下，表面上的行为举止确实具有不同寻常的意义。

◎ 案例介绍

在 20 世纪 70 年代末，“文革”还没结束时，头几批中国学人根据双方政府的文化协定，来到墨西哥的国立自治大学（UNAM）和墨西哥学院（研究生院）（Colegio de Mexico）进修。这批年轻的中国人引起了全校的瞩目，他们给墨西哥人留下的最初非语言印象是：都穿着蓝色或灰色的毛料服装，样式整齐划一（男生西服，女生小翻领西服）；拿着相似的书包（女生没有坤包）；发型相似（男生一律偏分，女生齐耳短发或马尾辫）；上课和下课一律集体行动，没人私自外出；表情严肃，不苟言笑（以至于有的人好奇地问：中国人会笑吗？）；离群索居，少与外人接触（中国学生享受对方政府的奖学金，有独立的住宅，有专车接送。另外当时国内的外事纪律对学生有诸多限制），等等。这个群体的表面印象使得那些自由放纵的墨西哥人不解，甚至不快，感到中国人太拘谨、封闭、保守、神秘，他们是来自另一个不可知世界的人。这些通过行为举止而形成的第一印象妨碍了彼此的交流和沟通。

这种刻板印象随着新人的不断到来才逐渐被改变，因为中国的改革开放政策从根本上改变了过去几十年，特别是十年“文革”形成的思维方式和生活方式，中国人逐步走向了世界。

8.2 礼仪规范的形式和内涵

“礼仪”即“礼”与“仪”之合体，是对礼节、礼貌、仪态和仪式的统称。礼仪是文化的一部分，同时也展现了文明。文明包罗万象，哲学、语言、文字、宗教、法律、艺术等等从不同的角度阐释着文明。长久以来，人类用智慧适应、改造着大自然，推动社会发展，制定道德准则和礼仪规范，构建丰富多彩、独具特色的各国文化，创造灿烂的物质文明与精神文明。通常来说，礼仪可以分为政务礼仪、商务礼仪、服务礼仪、社交礼仪、涉外礼仪等类别。

8.2.1 行为举止的规范：不同时代的文明约束

礼仪是人类对自然、对人类自己表示敬畏、祈求、尊重等意愿时约定俗成或是特意规定的行为准则。西班牙语中的礼仪一词“protocolo”来源于拉丁文“protocollum”，这个词又可以追溯到古希腊文“protokollon”，含义是“重要手稿的首页，同时附上对手稿内容的注释（la primera hoja o tapa，encolada，de un manuscrito importante，con notas sobre su contenido）”[①]。如果我们在字典上查询 protocolo 一词，多个释义跃然纸上。随着时代的变迁和社会的发展，“礼仪”其实囊括了更多的内容。西班牙皇家语言学院（Real Academia Española）西班牙语字典（DEL）列出的五个释义其实也是各有侧重并且有不同的含义。

（1）*m.* Serie ordenada de escrituras matrices y otros documentos que un notario o escribano autoriza y custodia con ciertas formalidades. 由公证员或者书记员正式授权整理有序的特殊文本或文档。

（2）*m.* Acta o cuaderno de actas relativas a un acuerdo，conferencia o congreso diplomático. 与外交协议、会议相关的文书。

（3）*m.* Conjunto de reglas establecidas por norma o por costumbre para ceremonias y actos oficiales o solemnes. 按照规定或者依据习俗进行的系列正式或神圣的典

① Fernández y Vázquez，Jorge J （2012）. “Antecedentes históricos del protocolo y su influencia a través de la historia en los Estados，en la sociedad y en la política en España y Europa”.

礼及活动。

（4）*m.* Secuencia detallada de un proceso de actuación científica，técnica，médica，etc. 科学、技术、医学过程的系列具体环节。

（5）*m. Inform.* Conjunto de reglas que se establecen en el proceso de comunicación entre dos sistemas. 两个机制沟通后制定的系列规范。

同理，我们在汉语词典里也能找到“礼”字的多个释义。

● 礼（禮）lǐ
◎ 社会生活中，由于道德观念和风俗习惯而形成的仪节：婚礼、丧（sāng）礼、典礼。
◎ 符合统治者整体利益的行为准则：礼教（jiào）、礼治、克己复礼。
◎ 表示尊敬的态度和动作：礼让、礼遇、礼赞、礼尚往来、先礼后兵。
◎ 表示庆贺、友好或敬意所赠之物：礼物、礼金、献礼。
◎ 古书名，《礼记》的简称。
◎ 姓。

——在线汉语词典

西班牙语以及汉语词典中列举的有些释义其实与我们探讨的“礼仪”有一定的距离，剩余的那些解释又只涉及了一个方面。费尔南德斯·巴斯克斯教授归纳出的“礼仪”让我们较为全面地了解这个概念。

“礼仪是法律规定或是约定俗成的系列规范，符合社会需要，以规范人、机构、政府之间的关系。礼仪最基本的目的就是规范人们在不同社会领域（政治、社会、文化、贸易、宗教、旅游、体育等等）中须遵循的礼貌。”[1]

礼仪在人们的工作和日常生活中扮演者十分重要的角色，更是不同文化和地区人们顺畅交流的一个先决条件。所以，西班牙前外交官德乌尔比纳先生（J. A. de Urbina，2001）曾说：那是一门既真实又讲究技术和艺术的学问，有确定的模式或是形式，在此之下，开展重要的人际交往；其最终目的是更好地共存。[2]

8.2.2　礼仪发展变迁

在漫漫人类发展史上，不同文明先后在不同地域出现。不同文明下的礼仪规范不尽相同，同一地域的礼仪受到时代的影响，也会有所变化。时代不同、地域不同，礼仪也就不一样。正因如此，华金·马尔蒂内斯·科雷切尔（Joaquín Martínez Correcher）教授曾提到了礼仪改变的两个先行条件：（1）政治、社会、经济状况发生了变化；（2）权威机构（法令、国王、总统）要求建立新的礼仪规范。

其实，现行的礼仪规范也是随着历史的车轮，在社会不同层面逐渐形成的。

不同领域有着各自的礼仪规范，如外交礼仪、商务礼仪、军事礼仪等，在此框架下，又派生出着装礼仪、邀请礼仪等等。公元前 776 年，希腊人制定了首部体育礼仪。公元前 330 年，亚历山大大帝（公元前 356—公元前 323 年）引入了希腊人制定的首部军事礼仪，后来罗马人效仿了其中的很大一部分内容。博洛尼亚加洛林帝国（imperio Carolingio）时期，学术礼仪正式出现，也是在那里，诞生了耳熟能详的 《国际学生歌》（Himno Gaudeamus igitur）。

◎ 知识链接

Gaudeamus igitur 是这首拉丁歌曲的第一句话，中文翻译为“让我们欢乐起来吧”。一些学院将这首曲子作为学生毕业时的毕业歌，也是现在国际大学生体育联合会会歌，并且是大运会及世界大学生锦标赛颁奖礼歌曲。

西班牙的礼仪主要经历了以下几个阶段。

古代礼仪

公元前 38 年，罗马人在西班牙设立了伊斯帕尼亚（Hispania）行省，西班牙的罗马化进程由此开始。西班牙人除了接受罗马的法律法规和行政建制以外，还有礼仪规范。

罗马人重视崇拜礼仪，注重等级，有一整套繁复的礼仪和规章制度。凯撒大帝在伊斯帕尼亚的乌尔索（Urso，现在西班牙的奥苏那）颁布的法律中明确规定了圆形剧场、剧院等的座位划定，违规乱坐者将缴纳巨额罚款。这种做法不只是一个好位置的问题。[3]

公元五世纪，西哥特人打败伊比利亚半岛的罗马人后将西班牙收入囊中。骁勇善战的西哥特人在把自己的日耳曼传统带到西班牙的同时，也保留了诸多罗马帝国的习俗及礼仪。589 年，西哥特国王雷卡雷多（Recardo）率王室放弃长久以来一直信奉的阿里乌斯教，皈依基督教。西哥特国王在登基仪式上采用了基督徒的礼仪，先完成涂油礼（unción），接着宣誓（juramento），然后是加冕（coronación）。

◎ 知识链接

涂油礼是基督教中极为神圣的一种仪式。曾被作为信徒入教的基本宗教礼仪。后来，变为一种赋予少数人以特殊政治身份和权利的典礼。在天主教界，它成为教皇、主教的圣职就任礼了，以显示上帝对其授予宗教神权。

油即是圣灵。涂油礼给新国王的至高权力增添了一层神圣色彩，增强了国王的权威性。

近现代时期礼仪

天主教双王（Los Reyes católicos）伊莎贝尔和费尔南多完成国家统一，西班牙也从此迈入近现代。查理五世时期将“勃艮第模式”引入西班牙，这在西班牙的礼仪发展史上有着重要的意义。

勃艮第在 15 世纪时曾是法国的一个公国，后来不断扩展领地，管辖范围包括了现在的比利时、卢森堡、荷兰部分（当时名为低地国家，los Países Bajos）以及法国北部大部分地区和东部地区。“勃艮第模式”是由好人腓力三世（1419—1467 年在位，Felipe III el Bueno，瓦卢瓦王朝的第三代勃艮第公爵）首创的典礼规范。西班牙卡洛斯一世①（Carlos I，也称查理五世，1500—1558 年），即瓦卢瓦王朝最后一位独立的勃艮第公爵大胆的查理（Carlos el Temerario，1467—1477）的孙子。1586 年，菲利普二世感觉“勃艮第模式”礼仪过于繁琐，于是出行低地国家回来后，结合卡斯蒂利亚的习惯，将西班牙的礼仪规范进行了修改。

宫廷礼节奢华烦琐。“勃艮第模式”之所以为诸多王室效仿，是因为这些礼节能将君主至高无上的权力与地位表现得淋漓尽致。18 世纪，随着波旁家族的到来，西班牙波旁王朝创始人菲利普五世（1700—1746 年）又再次革新了礼仪制度，而其中一个考量便是要减少宫廷在维持繁文缛节上的开销。值得一提的是，使节接待规则、作为国家象征的国旗等的礼节性规范是在波旁家族统治时期慢慢出现的，并通过西班牙国家官方公报②向外公布。

Número 150.

JUEVES 17 DE JULIO DE 1834.

Este periódico sale todos los dias, y se suscribe en Madrid en el despacho de la Imprenta Real, y en las provincias en todas las administraciones de Correos.

PRECIOS DE SUSCRIPCION.

GACETA DE MADRID.

ARTICULO DE OFICIO.

Oficio recibido en el ministerio de lo Interior.

Excmo. Sr.: S. M. la Reina nuestra Señora y su augusta Madre la Reina Gobernadora, continúan sin la menor novedad en su importante salud.

De igual beneficio disfrutan SS. AA. la Sra. Infanta Doña María Luisa, y el Sr. Infante D. Francisco de Paula.

De Real órden lo participo á V. E. para su satisfaccion y efectos oportunos.

Dios guarde á V. E. muchos años. San Ildefonso 16 de Julio de 1834. = Francisco Martinez de la Rosa. = Sr. Secretario del Despacho de lo Interior.

REAL DECRETO.

Deseando aumentar las garantías del crédito público de la nacion por todos los medios compatibles con los principios de justicia: teniendo en consideracion, que mi augusto Esposo (Q. E. G. E.) creyó bastante eficaz al sostenimiento de la religion del Estado la nativa é imprescriptible autoridad de los M. RR. arzobispos y RR. obispos, protegida cual corresponde por las leyes de la monarquía: que mi Real decreto de 4 de Enero próximo pasado ha dejado

experimentar la salud pública, si en lo caluroso de la presente estacion permanecieran hacinados en las cárceles muchos infelices que incurrieron en ciertos delitos leves en sí de contrabando, defraudacion ó sus incidencias: se ha dignado resolver, en nombre de su augusta Hija Doña Isabel II, lo siguiente:

Artículo 1º Los subdelegados de rentas, tan luego como reciban esta Real determinacion, acompañados de sus asesores, practicarán una visita extraordinaria de todos los presos actualmente en las cárceles por delitos cometidos contra la Real Hacienda, ya esten pendientes de la sustanciacion de sus respectivas causas, ó ya se encuentren estas fenecidas, y los pondrán en libertad, siempre que las penas personales que les corresponderian no excedan de cuatro años, pues que S. M. les indulta por esta vez de la expresada condenacion.

Art. 2º Aquellos que, por ser mas graves sus delitos, deban sufrir hasta seis años de pena aflictiva, quiere S. M. que se les rebajen tres, y dos á los que les correspondan ocho años.

Art. 3º Para los que hayan de sufrir mayor condena, quedará esta reducida á solos ocho años.

Art. 4º Si los contenidos en las dos disposiciones anteriores se conformaren en experimentar desde luego la Real clemencia de S. M., saldrán inmediatamente á cumplir su tiempo en el presidio peninsular de la provincia á que corresponda el juzgado.

Art. 5º No aviniéndose los reos á las rebajas indicadas, segui-

资料来源：http://www.diario-abc.com/fe-848x442-data/fotos/gaceta-de-madrid---ip.jpg.

---

① 16 世纪欧洲最强大的君王之一，统治的领域包括西班牙王国（当时西班牙王国的领地除了本土之外，还包括那不勒斯、撒丁岛、西西里岛和美洲殖民地）、奥地利、尼德兰、卢森堡、名义上的整个德意志邦联，还有非洲的突尼斯、奥兰等，他的帝国被称为“日不落帝国”。

② 国家官方公报，即 Boletín Oficial del Estado （BOE），1661 年到 1936 年间被称为马德里报（*Gaceta de Madrid*）。

19 世纪是西班牙从旧制度向现代国家过渡的时期，这一阶段，陆续出现了国家礼仪（protocolo de Estado），自然与传统的宫廷礼仪（protocolo de corte）不一样。“etiqueta”这个词便常常被人用来指在国王或是当权者面前的言行规范（Sánchez González，2015：147）。佛朗哥时期，宫廷礼仪消失，仅保留了一些社会礼仪（etiqueta social）和官方礼节（etiqueta oficial）。

◎ 知识链接

资料来源：瓦卢瓦王朝徽章. 百度百科. https://baike.baidu.com/item/瓦卢瓦王朝?fr=aladdin.

瓦卢瓦王朝（Casa de Valois）

瓦卢瓦王朝是 1328—1589 年统治法国的封建王朝。1328 年法王查理四世死后，因卡佩家族嫡系无男嗣，由卡佩家族的旁支瓦卢瓦伯爵查理之子腓力六世继承王位（1328—1350），建立瓦卢瓦王朝。1589 年 8 月 1 日，亨利三世（1574—1589 在位）遇刺身亡，因无子嗣，王位由纳瓦尔的亨利四世继承（1589—1610 在位）。至此，瓦卢瓦王朝结束，波旁王朝开始。瓦卢瓦王徽的图案是红色边框、蓝底和金色鸢尾花，此后成为法国波旁王朝和西班牙波旁王朝王徽的组成部分。

1853 年，在委内瑞拉加拉加斯出版了一本书，书名是《男女青年良好行为及礼貌指南》（*Manual de Urbanidad y Buenas Maneras para Uso de la Juventud de Ambos Sexos*），作者是委内瑞拉作家、政治家马努埃尔·安东尼奥·卡雷尼奥（Manuel Antonio Carreño，1812—1874）。该书的问世为使用西班牙语的美洲国家的社交礼仪规范奠定了基础。

卡雷尼奥的礼貌指南内容丰富，包括餐桌礼仪、跳舞礼仪、敲门规范、鼓掌方式等等，包罗万象。一个多世纪以来，从墨西哥到智利，这部书可以说是人们礼貌礼仪的一个参考文献。随着时代的变迁，它仿佛渐渐被人遗忘了。

◎ 知识链接

卡雷尼奥列举的公共场合不良举止

- 咬头发、嚼头发
- 咬指甲、咬指甲边的皮
- 坐的时候双腿分开或者以不合适方式交叉
- 说话时嚼口香糖或者开口嚼口香糖
- 在街上抽烟，或者没有征求在场人同意后抽烟，尤其是明知香烟味道会让在场人士感到不适时，情节更为严重
- 说话时嘴里含烟
- 只因自己需节食而令他人在享用甜点时感到不适或者愧疚
- 揉搓脸
- 高声问询他人隐私问题，言行轻浮，如“是顶假发吗？”
- 使用不洁净的梳子
- 用餐时化妆或是梳头
- 公共场合使用发卷
- 指甲油残缺不全、指甲未打理，指甲不清洁更为严重
- 化妆粉底与自然肤色之间的界限过于明显、造作
- 过多谈论他人的痛楚之事：手术、病痛、焦虑、过敏、事故等等
- 吃饭声响大，举动夸张
- 吃饭时狼吞虎咽[4]

我国自古以来就是礼仪之邦。很多典籍上都有关于礼仪要求的表述：

“不学礼，无以立。”（《论语・季氏篇》）

“非礼勿视，非礼勿听，非礼勿言，非礼勿动。”（《论语・颜渊》）

“礼者，贵贱有等，长幼有差，贫富轻重皆有称者也。”（《荀子・富国》）

“礼之于正国家也，如权衡之于轻重也，如绳墨之于曲直也。故人无礼不生，事无礼不成，国家无礼不宁。”（《荀子・大略》）

“五常”，即仁、义、礼、智、信是我国古代价值体系中最核心的因素。孟子提出“仁、义、礼、智”，董仲舒增加了“信”，其中的“礼”即是礼仪。公元前 221 年，秦王嬴政最终吞并六国，统一中国，建立起中国历史上第一个中

央集权的封建王朝。秦始皇在全国推行“书同文”“车同轨”“行同伦”，这为后世礼仪的统一和推广奠定了基础。汉代时，《礼记》问世，共计 49 篇：有讲述古代风俗的《曲礼》（第 1 篇）；有谈论古代饮食居住进化概况的《礼运》（第 9 篇）；有记录家庭礼仪的《内则》（第 12 篇）；有记载服饰制度的《玉澡》（第 13 篇）；有论述师生关系的《学记》（第 18 篇）；还有教导人们道德修养的途径和方法，即“修身、齐家、治国、平天下”的《大学》（第 42 篇）等。吉、凶、军、宾、嘉五礼对历代礼制有着深远的影响。《周礼》《仪礼》《礼记》“三礼”也成为后世学者研究礼法的重要依据。

历朝历代的礼仪规则或是突显皇家威严，或是协调社会关系，总而言之，是让社会更加井然有序，服务于统治阶层，也体现了人的身份地位。我们有时或许觉得礼仪是锦上添花的事情，其实，我们更愿意说“礼仪”让人类社会——国家、不同层面的个人的交往有章可循。

8.2.3 礼仪：文化与文化的分界线

礼仪是文化不可分割的一部分，在各个文明中都占据着重要的作用。但是文化不等同于礼仪。有文化（persona culta）不懂礼仪（descortés）的人、没有文化（persona inculta）讲礼节（cortés）的人在生活中都能找到。当然，“文化”和“礼仪”也不是“熊掌”和“鱼”的关系，我们的目标恰恰是二者兼得。

在国际合作日趋频繁的今天，各文化的礼仪习惯有个性也有共性，了解与尊重不同文化和国家的社交礼仪，是个人和集体素养的体现，也是推进合作、促进交流的一个渠道。在我们和西班牙语国家人士的接触中，有一些我们工作和生活中经常会碰到的环节，例如邀请、馈赠、餐桌等礼仪，下面略作比较。

邀请

通常情况下，较为正式的邀请应该在至少 15 日以前发出，给对方足够的考虑和准备时间，以示尊重。如果是研讨会之类的学术活动，往往会提前更长的时间。

正式活动在发出邀请的同时应该附上邀请函，并注明活动的时间、地点以及活动内容，在个别场合还需要写明着装情况（下图左下角）。正式邀请函右下角“S.R.C.”字样是“se ruega contestación”，是“请予以确认”的意思，非西语国家经常使用法式缩写“R.S.V.P.”，即“répondez，s'il vous plaît”。

Sus Majestades los Reyes

(q.D.g.)

Y en Su nombre,

El Jefe de Su casa

Tiene el honor de invitar a

时间、地点、活动内容

la ceremonia religiosa que se celebrará en la Catedral de Santa Maria la Real de la Almudena de la ciudad de Madrid, el Sábado día 22 de mayo de 2004, a las 11,00 de la mañana, con motivo del enlace matrimonial de

S.A.R. el Príncipe Don Felipe de Borbón

con

Doña Leticia Ortiz Rocasolano

La ceremonia estará oficiada por el

Arzobispo de Madrid, Antonio María Rouco Varela.

El cóctel y el almuerzo con motivo de la Boda de S.A.R. el Príncipe Don Felipe de Borbón y Doña Leticia Ortiz Rocasolano se celebrará en el Palacio Real de Madrid, a las 14, 30.

着装要求

Hora límite de llegada: 10.30 h.　　S.R.C..:　　Tlf.

Cabelleros: Uniforme de Gala o Chaqué.　　Fax.

Señoras: Traje corto.

资料来源：https://www.protocolo.org/extfiles/i-42-cG.16148.1.png.

"(q.D.g.)" 含义为"que Dios guarde"，该缩写自 1496 年教宗亚历山大六世授予卡斯蒂亚伊莎贝拉一世女王（Isabel，1451—1504，自 1474 年起执政）和阿拉贡费迪南德二世国王公教君主时便开始使用。

（译文）

西班牙王室总管
以国王及王后的名义
诚挚邀请您

出席 2004 年 5 月 22 日（周六）上午 11 点在马德里阿穆德纳圣母主教堂举办的

堂费利佩·德波旁殿下
与
堂娜莱蒂西亚·奥尔蒂斯·罗卡索拉诺女士的婚礼
婚礼将由马德里大主教安东尼奥·玛利亚·楼科·巴雷拉神父主持。

堂费利佩·德波旁殿下与堂娜莱蒂西亚·奥尔蒂斯·罗卡索拉诺女士婚礼的酒会及午宴将于 14:30 在马德里皇宫举行。

入场时间：10:30 以前　　确认方式：　　电话：
男士：礼服　　传真：
女士：小礼服

我们国内撰写邀请函也会有上述要求，服装方面一般使用“正装出席[①]”或“男士请着正装，女士请着礼服”等字样。

① 资料来源：http://www.suibi8.com/cizhixin/216491-shuiminghui-yaoqinghan.html.

投资环境说明会邀请函

尊敬的　　　　先生/女士：

兹定于 2016 年 06 月 10 日 13:30 在缅甸驻华大使馆举办“千佛之国，商机无限”——“缅甸投资暨文化产业说明会”。

届时，缅甸驻华大使、缅甸商务参赞、中缅友协会长、缅甸贸促会领导等主要官员将亲自讲解“一带一路，互联互通”大环境下，缅甸的最佳商机。诚邀您着正装携名片准时出席。

缅甸主办方：缅甸驻华大使馆
　　　　　　缅甸国际贸易促进会
中国主办方；中缅友好协会

西班牙语邀请函中对男士的着装是“uniforme de gala”或者“Chaqué”，这两种都是礼服，不同的是前者更为隆重，一般是晚上活动穿着，也叫做“smoking”或者“esmoquin”；后者一般为上午或者午后穿着，所以也称“晨礼服”，以便区分。还有一种更高规格的礼服叫“frac”，也称“燕尾服”。

男士的礼服

Chaqué 晨礼服	据说，以前是英国绅士骑马时穿着的服饰，下摆分叉，以方便胳膊活动。 一般包括：外套（一颗纽扣，通常是黑色或者灰色）、马甲、衬衫（白色）、领带、长裤、皮鞋、礼帽、手套（可选）
Smoking/ esmoquin 礼服	宴会常用。据说，以前是绅士们吸烟时穿着的服装。 一般包括：外套（衣身直筒，不分尾叉，通常为黑色或者深蓝色）、衬衫（白色额、翼型领）、马甲（黑色）、领结（黑色）、腰封（黑色或者淡色，有光泽）、黑色皮鞋
Frac 燕尾服	最高规格宴会使用。 一般包括：外套（开叉燕尾、丝绸领口、可佩带勋章等装饰品）、马甲（可选）、领结（白色）、长裤（直筒，外侧裤缝镶丝质边）、皮鞋（系带、亮皮）

女士的礼服

vestido corto 常礼服	主要是上午穿着。裙长齐膝或者膝盖处略上，但是不能太短，设计时尚，剪裁得体。可搭配中跟鞋、高跟鞋或者平跟鞋
vestido de cócte 小礼服	宴会常用。长裙。质地上乘，设计简洁大方。可以是日装或者晚装，日装可以酌情选择较为明亮的颜色。 可搭配中跟鞋、高跟鞋
vestido largo 晚礼服 （大礼服）	最高规格宴会使用。长裙，有时拖地。 做工考究，通常为晚装，单色居多，黑色、绿色、深蓝色、红色、白色、金属色较为常用。 可搭配高跟鞋、细跟鞋

如果没有对着装有特殊要求，我们可以参考 TPO 原则来选择服装，同时兼顾协调性原则、整体性原则、三色原则和整洁性原则。

TPO 原则是着装基本原则之一。“T、P、O”分别是英文时间（Time）、地点（Place）、目的（Object）这三个单词的缩写。该原则要求人们结合着装的“时间”“地点”“目的”选择服装，以求着装与活动时间（季节、时刻等）、地点（公司、咖啡厅、家、教堂等）、目的（会谈、宴会、聚餐等）协调一致。便装出现正式场合，有失尊重；盛装出席普通场合，既影响氛围，个人也显得尴尬。如果是去教堂或寺庙等特殊场所，则更要注意当地的传统和习惯，衣服过短或者裸露都不合适，女士进入寺院还要注意不要使用香水。

馈赠

在跨文化交往中，赠送与接受礼品是一种十分普遍的现象，是人际往来的有效媒介之一。它以一种非语言的形式，寄情于物，起到“无声胜有声”的作用。得体的馈赠，有如无声的使者，不仅能够有效化解不同文化背景的人们在交际时所产生的误解、摩擦，还可以缩短彼此之间的距离，增进彼此的感情。

西语国家的人们互送礼物，通常不会讲求礼物的价值和档次，而是更注重其礼物的意义。中国人常担心礼物太轻“拿不出手”，而西班牙和拉美人送礼往往会避开太贵重的礼物。

如**去朋友家做客**，可以带一瓶酒或一盒点心，蛋糕或巧克力，也可以给女主人带一束鲜花。

如有**婴儿出生或受洗**，和中国一样，亲朋好友会选择送一些实用的礼物，如婴儿穿的衣服、用品、食品等，也可赠送一些着眼将来的礼物，比如刻有婴儿名字的项链或挂件、钢笔或书籍等。

西语国家的人**庆祝生日**常常邀请家人和朋友参加生日晚会，但比较随意，家庭成员或朋友可以赠送鲜花、生日卡或者小礼物。西班牙人对孩子的 18 岁生日极为重视，因为这是孩子的成人节。这一天孩子会收到来自父母亲友所送的很多礼物。钟表和手铐，这些对于中国人来说是禁忌的礼物，在西班牙的成人节却十分流行。赠送钟表代表长辈希望孩子像时钟一样，时刻不忘进取，努力学习和工作；与此相反，如果赠送玩具手铐或装饰手铐则代表一种警示：你年满 18 岁，可以自己承担法律责任，达到被警察铐手铐的年龄，要懂得约束自己的言行。

在一些拉丁文明中，女孩的 15 岁生日被称为“Quinceanera”，标志着女孩进入成年。这种庆祝活动通常包括在教堂举行的一次宗教仪式，使步入成年的年轻女子从中认识到她所继承的文明和她的精神归属。许多 15 岁成人礼都有点蜡烛的仪式：年轻女子用自己手中的蜡烛火焰点燃她父母的蜡烛；随后，女孩的父母也要用自己手里的蜡烛点亮他们父母的蜡烛，以此类推。在某些拉美国家，姑娘们还要在仪式过程中将以往的平底鞋换成高跟鞋。

在墨西哥，孩子们过生日有其特别的庆祝方式。在生日聚会上，亲朋好友会提前准备好一个空心的糖果罐（piñata），形状可以根据孩子的喜好设计：动物、花朵、汽车等，里面装着各式各样的糖果和玩具。然后把它悬空挂在房顶上，过生日的小孩必须蒙上眼睛，用一根小棍去敲打吊着的糖果罐，直到把它打开。当里面的宝贝掉到地板上，人们就一哄而上地去抢。人们相信，孩子能把容器打开就能给他带来幸运。

参加西班牙人的**婚礼**，给新人的赠礼可以分为红包和礼物两种。如果送红包，和中国一样，最亲近的亲友要送得多一些，略不熟的送得少一点，也可以几个小伙伴凑一个红包。一般来说红包的金额应不少于婚礼当天的个人餐费（大概 150～200 欧元）。很多西班牙婚礼没有设立前台接收红包，一般都是客人趁机塞给新人或者新人父母。另外一种方式是直接赠送礼物。通常新郎、新娘会在给宾客发请柬的时候附赠一张礼物清单，上面清楚地列出他们心仪的或者家中缺少的东西。意思就是，希望宾客们在清单中挑选出一件买来作为结婚礼物。这种方式既考虑到了来宾们不同的经济承受力，又照顾到了新人的需要，避免了买来无用的礼物，可谓两全其美。

在跨文化交往中，赠送礼品要充分了解对方国家的馈赠习俗，尊重不同文化的赠礼禁忌。小到朋友之间的往来，大到**跨国商务合作谈判，甚至国事交往**，合适的礼品总是能够充当交际的粘合剂，起到促进合作、发展友谊的作用。一些能够体现或代表本国或本民族的传统和文化特质的礼物，往往成为涉外赠礼的首选。如果能够更有针对性，了解收礼人的喜好，则能起到事半功倍的效果。正如著名作家查尔斯·达德利·沃纳所说“送礼的绝妙之处在于它的合适性，而不在于它的价值。”

2015 年 5 月，李克强总理出席秘鲁中拉文明互鉴系列活动的时候，赠送给秘鲁的国礼是四川三星堆出土的戴金面罩青铜人头像的复制品。因为三星堆的文化图形与查文文化（Cultura Chavín）的图形有相似之处，证明了两种文明内在理念的某种神交。这一礼品既代表了中华文明的博大精深，又拉近了两国人民之间的距离，赢来一片美誉。

2014 年 7 月，习近平主席在访问拉美期间，时任阿根廷副总统布杜向习主席赠送了印有习主席名字的阿根廷国家足球队 10 号球衣，而习主席回赠了一套包括《北京青年》《老有所依》和《失恋 33 天》的 DVD 光盘，并配有中、英、西、葡四种语言字幕。两国元首选择的国礼都并不贵重，但亲切又易引起共鸣，更起到了宣传本国文化的作用，收效甚好。

除了彰显文化内涵，促进双边发展也往往成为选择国礼的标准。2016 年 10 月，我国外交部高官前往拉丁美洲，访问秘鲁、厄瓜多尔、智利三国。中国公共外交协会副会长胡正跃在会见了智利前总统爱德华多 • 弗雷 • 鲁伊斯 • 塔格莱（Eduardo Frei Ruiz-Tagle）时，便选择了一台卡萨帝双子云裳洗衣机作为国礼赠予总统基金会。卡萨帝是海尔旗下高端子品牌，在全球有 14 个设计中心、28 个合作研发机构（如麻省理工等），更有着业界享有盛名的设计师所带领的跨越多个国家的 300 多位设计师团队（意大利、英国、德国、法国、美国、日本、中国等 12 个国家）参与开发设计，创造意式生活艺术。卡萨帝诞生十多年以来，已经得过多项国际大奖。作为国礼的卡萨帝体现的是“中国制造”和科技的发展，目的在于进一步推动两国的经贸发展与科技合作。

当然，也不是所有的国礼都能得到受礼者的赞赏或者肯定。2019 年 6 月美国总统特朗普对英国进行国事访问，英国时任首相特雷莎 • 梅为其准备的官方礼物是《大西洋宪章》副本复印件，以此来提醒他维护国际贸易和外交的价值。《大西洋宪章》是美国总统罗斯福和英国首相丘吉尔于 1941 年签署的，旨在努力推动贸易自由化。而当时的特朗普却不顾世界经济的发展，对中国和墨西哥发起贸易战。此件国礼的选择可谓用心良苦。

礼品的选择需要避免触碰文化禁忌，否则就会弄巧成拙，适得其反。

与很多西方国家一样，西班牙也忌讳 13 这个数字，所以赠送礼物和鲜花的数量应避开 13 这个不吉利的数量，也尽量不要选择在每个月的 13 日赠送礼物。送花不要送菊花和大丽花，对于西班牙人来说这两种花与死亡有关。不宜给新娘送珍珠制品，在传统习俗中，珍珠象征眼泪和预示夫妻不和。

在拉美国家，13 同样是忌讳的数字，送花也要避开菊花。黑色和紫色为丧色，是忌讳的颜色，所以包装礼物不要选择这两种颜色。此外，忌以刀剑为礼物相赠，因为它意味着一刀两断，意味着友情的完结。手帕也不能作为礼物，因为他们认为手帕是用来擦眼泪的，容易让人感到悲伤。

当然，西语国家也有一些特别的赠送习惯，在中国人看来或许难以接受。比如，在墨西哥的亡灵节，人们会互相赠送骷髅形状的装饰和糖果。因为骷髅源于古老的阿兹特克（Azteca）文化和其他中美洲部落，他们尊崇骷髅，认为骷髅是生和死之间最近的连接，而死亡意味着生命进入了新的阶段，要开始新的旅程，是吉祥的象征。所以如果恰巧我们在墨西哥遇到亡灵节，不必因为收到骷髅而大惊小怪。即使不喜欢，也不要表现出厌恶的神情，要尊重当地人的文化。

除赠礼的内容外，赠送和接受礼品的方式也是使整个赠送行为取得成功的一个重要环节。赠送礼品时，中国人一般只在正式场合包装礼物，而西语国家的人在任何时候都特别注意礼品的包装，即使再小的礼物，也会认真地用包装纸包起来，有时还会在上面写上祝福的话或者附上小卡片。在 20 世纪以前的西班牙，人们还会在卡片上做些文章，以表达不同的含义。（Marchesi，1992：84-85）

赠送礼品时，东方人比较讲究赠送的姿势：身体前倾、双手奉送、避免单手，尤其是左手单手奉送。但西语国家的姿势往往比较随意，没有那么严格的讲究。

在对礼品进行说明的时候，受儒家文化影响，中国人往往表现得极为谦虚，在送礼时常常故意贬低自己所送礼物的价值。即使送给对方的礼品价格昂贵，也要说一声“区区薄礼，不值一提”“只是一点小小的心意”，甚至是“东西很便宜”“只是随便挑选的”。而西语国家属于低语境文化，不会懂得这种以否定的形式来肯定自己所送礼品价值的表达方式，如果信以为真就会引起不必要的误会。西语国家的表现完全相反，他们自然大方地介绍自己的礼物：“这是我精心为您挑选的”“相信您一定会喜欢”，或是说明礼物是在哪里买的，经过了多少周折，或者制作工艺多么复杂，总之，对自己的礼物采取肯定赞赏的态度。

接受赠礼时，西语文化的人会小心地当面拆开礼物，并表现得十分高兴，中国人可能会感觉过于夸张。他们会再三夸赞礼物，表示感谢和喜爱，还常会将礼品当场拿出来使用，如果是食品、酒类等则直接打开与大家共享。而在中国，人们首先要推辞一番，接过礼品也不会当面打开，认为这样很不礼貌，过于寒酸，让人感觉对礼物过分在意或是想要检查礼物的真假与好坏。所以往往等到赠礼人离开以后再慢慢打开欣赏。当然，随着中国国际化程度不断提高，越来越多的年轻人之间赠礼也会选择当面拆开礼物。此外，如果礼物是他人转交或者是寄交的话，不论在中国还是在西语国家，人们都会在接到礼物的时候通知对方礼物已收到并表示感谢。中国人感谢的方式相对随意：电话、邮件、短信、微信等方式都可以传达。而西语国家会专门写一封感谢信正式道谢。

卡片传递的信息	
左上角折叠	离别
右上角折叠	探访
左下角折叠	祝贺
右下角折叠	哀悼
右上角+右下角折叠	葬礼
左上角+左下角折叠	婚礼
左上角+右上角折叠	宴会
左下角+右下角折叠	舞会
对折（如同书页般）	挑战
左侧对折至中缝处	建议/推荐
右侧对折至中缝处	致歉/推托

最后，还礼也是赠礼礼仪不可分割的部分。西汉戴圣《礼记·曲礼上》："礼尚往来，往而不来，非礼也；来而不往，亦非礼也。"在接受别人礼物以后在适当的时候予以还礼，这在两种文化中几乎没有差别。可以选择与自己获赠礼物相同的时机，或者对方有节日庆典或重大活动的时候，也可以在自己下次登门拜访时选择与对方相赠之物价格大体类似的礼物作为还礼。当然，还礼的方式并不拘泥于同一种形式。也可以宴请对方及家人，甚至是再见面时使用对方的赠礼以示重视等，都可视为可行的还礼。

有一点有必要特别强调一下：欧美一些国家，朋友之间赠送的礼品并不一定需要贵重，符合对方心意是最好的。另外，不熟悉的人之间赠送礼品反而不明智（官方访问情况除外），这一点和中国人的处事方式有点不一样。国人总觉得略备薄礼是对他人的尊重，可以增进感情，但是对方可能会误会你另有所图。之前，一名中国学生假期到西班牙继续做论文。她的指导老师有喝茶的习惯，所以特别精心给老师挑选了一个仿宋的茶杯，也不贵重，以表感谢。但是，老师看见礼物后，并不是很高兴，反而神色有些异样。由于她是这位老师指导的第一位中国学生，老师对中国文化并不了解。在这位老师看来，目前论文仍在撰写阶段，学生的举动有"贿赂"嫌疑。后来，在学生的百般解释下，老师才勉强接受了。另外，有的国家禁止给公务员送礼，这些都需要注意。

餐桌礼仪

餐桌礼仪是在外事活动中常常碰到的问题。由于中西方饮食习惯不同，餐具的摆放上也各有讲究。西班牙饮食属于地中海菜式，餐桌上主要使用刀叉。

在非正式场合一般摆放供两道菜使用的餐具。第一道菜通常是汤、沙拉之类；第二道菜为主菜，根据个人喜好，可以是鱼、鸡肉或是牛肉；饭后甜点通常准备水果、酸奶、布丁、特色糕点、咖啡等等。西班牙人或是拉美人用餐时会有佐餐酒、果汁，或是矿泉水。

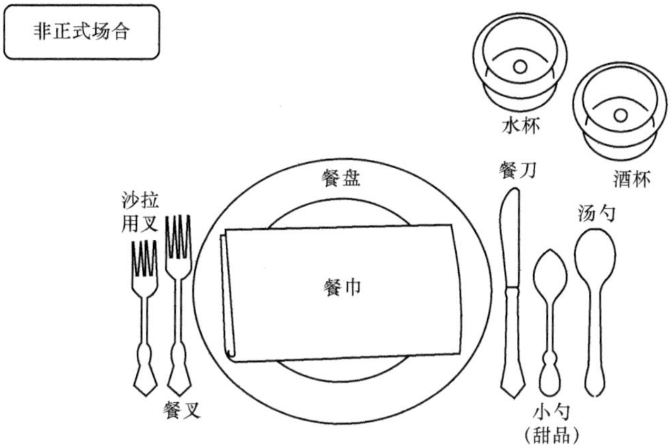

资料来源：http://www.imagui.com/a/como-se-acomodan-los-cubiertos-inebGk67X.

正式场合下的餐具摆放略微复杂一些，饮品的杯子、餐刀和餐叉的数量和位置都有所不同。在西班牙，人们用餐时有配面包的习惯，所以还会放置面包牛油碟和涂抹牛油时需要的餐刀。根据需要，还会放置名牌。

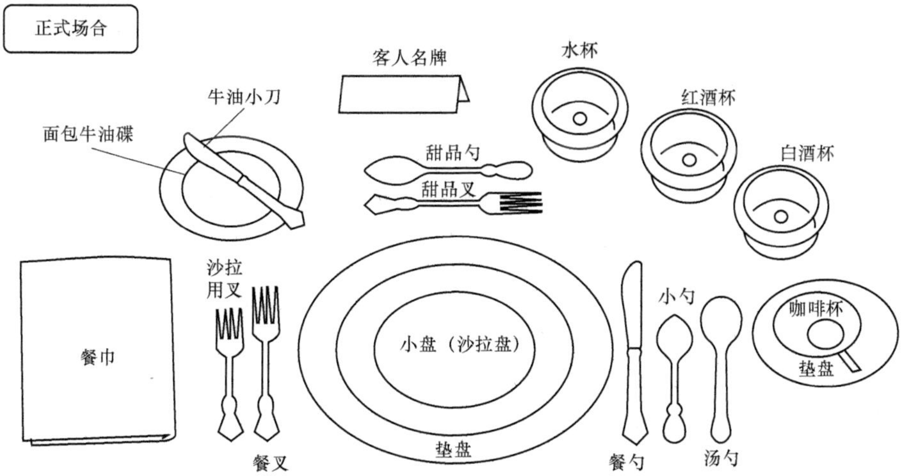

资料来源：http://pewterdemexico.com.mx/tag/plato-base/.

中餐的餐具主要有杯、盘、碗、碟、筷、匙六种。在正式的宴会上，水杯放在菜盘上方，酒杯放在右上方。筷子与汤匙可放在专用的座子上，或放在纸套中。与西餐相比，中餐最大的不同点就是使用筷子，所以，会有筷子及筷架，另外还会摆放牙签、毛巾托等物品。非正式场合，酒杯的数量也可酌情减少。

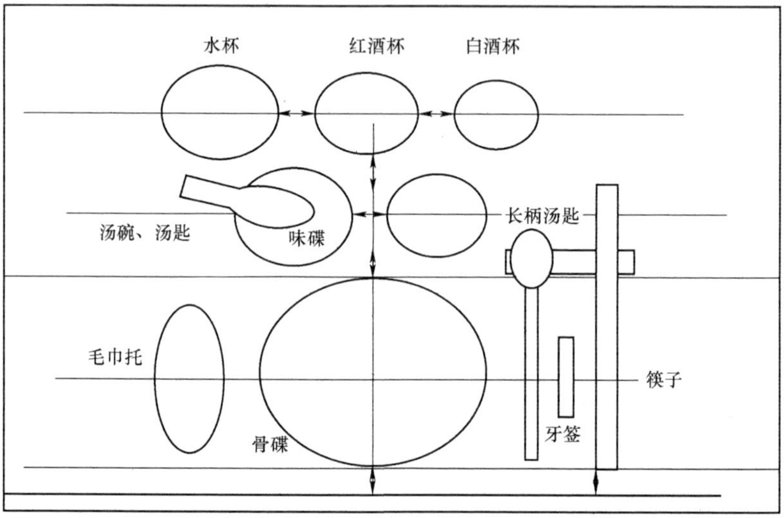

无论是中餐还是西餐，斟酒时需要留意酒的量，一般来说红酒斟至酒杯的1/3 处，白葡萄酒斟至 1/2 处，气泡类酒斟至 3/4 处。中式白酒斟至酒杯七八分为宜。

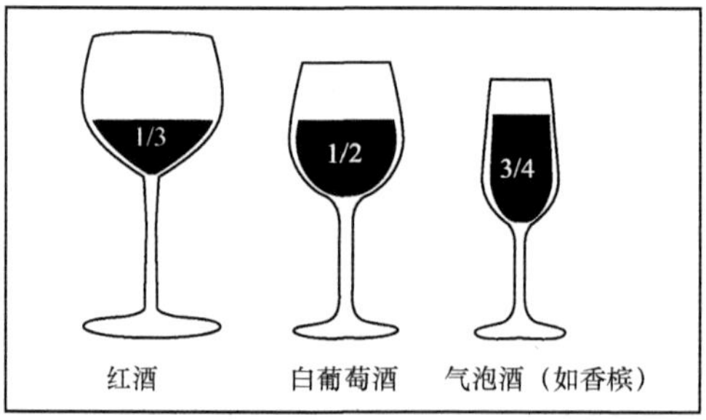

如果在有服务员上菜的情况下，食物类通常会从客人的左侧上桌，饮品从右侧上；用餐过程中需要换餐盘时，西班牙（以及法国等国家）的习惯是从左侧撤下用过的餐盘，从右侧摆放新的，但是在英国或是美国等国家，则做法相反。

除了桌面上的用餐规范以外，安排座次也是有讲究的。

传统中餐通常使用圆桌或者八仙桌。主宾或者主人应该在上位（对着门的位置），然后以左为尊地依次安排客人。

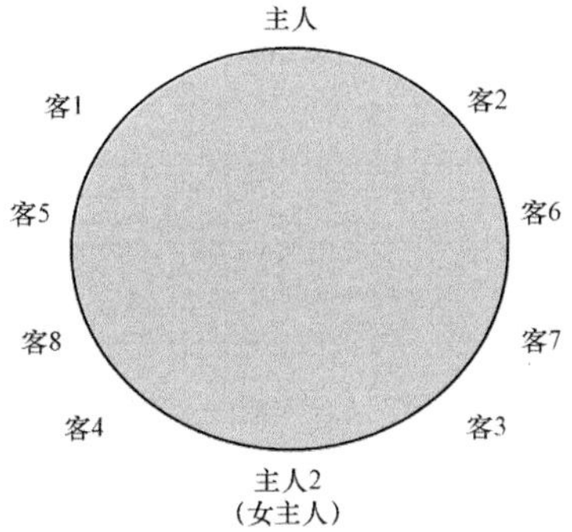

资料来源：https://www.sohu.com/a/243644212_100131204.

相比中餐座次，西餐的座位排列方法种类就稍微多样一些，以法式座序（左图）和英式座序（右图）两种最为常见。

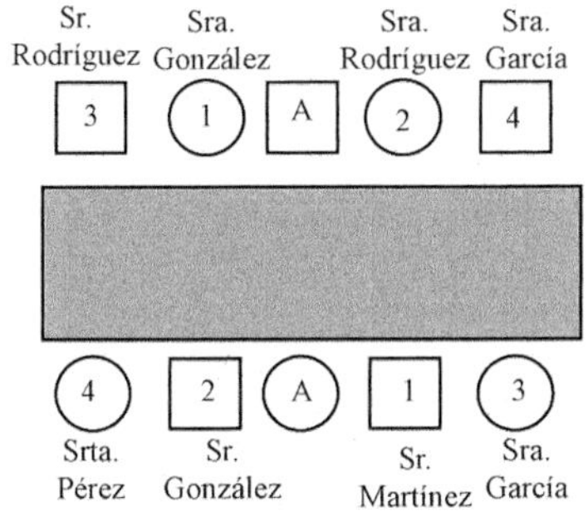

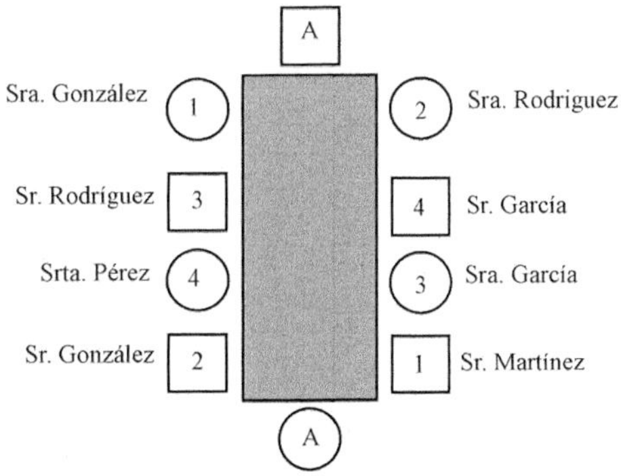

资料来源：Marchesi, Marí a Rosa . El protocolo hoy [M]. Madrid: Aguilar, 1992.

特殊场合还会有特别座次。2018 年 11 月习近平总书记携夫人访问西班牙时，西班牙国王费利佩六世与王后莱蒂齐亚设晚宴款待中国贵宾。在晚宴上就采取了传统的特殊座次排法：习主席夫妇作为贵宾同国王夫妇在晚宴桌的中间，并且上宾在中间位置，主人在侧。

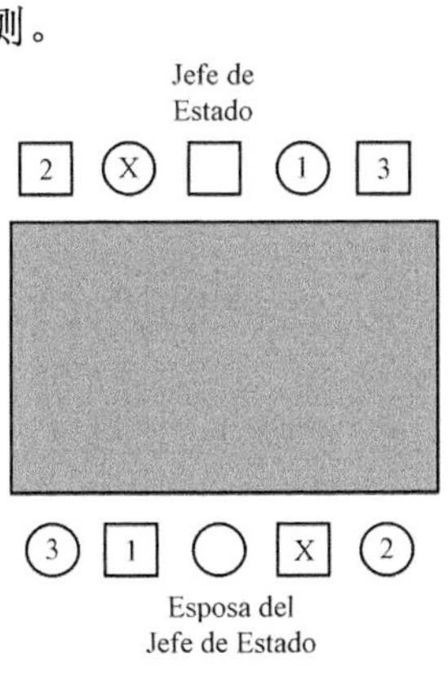

资料来源：Marchesi, Marí a Rosa . El protocolo hoy [M]. Madrid: Aguilar, 1992.

偶尔也会碰到 U 型的用餐环境，座次安排根据主人是否携带夫人而稍有不同。这样的座次通常采取下列方式。

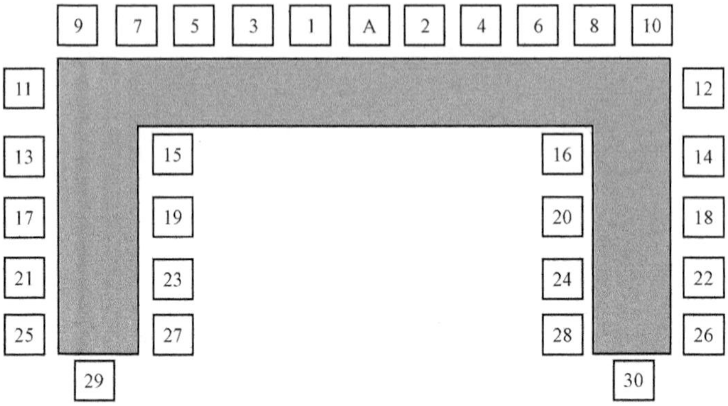

上图：主人A无夫人陪同
下图：主人A携带夫人出席

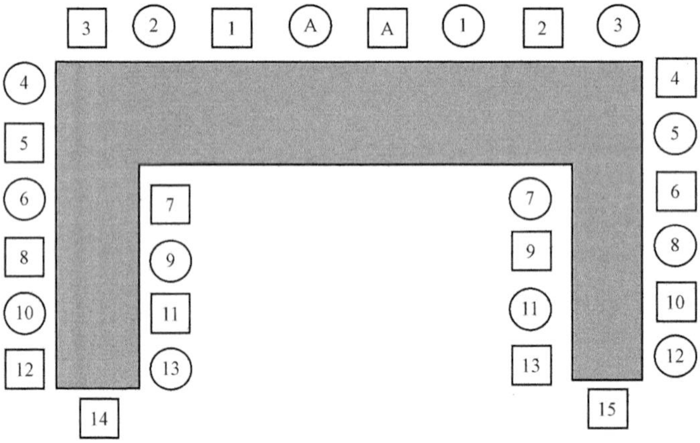

资料来源：Marchesi, María Rosa. El protocolo hoy. El País Aguilar, 1992.

宴会后的道别，中西方有所不同。在西班牙，客人起身准备离开，主人不会挽留，否则是比较失礼的做法。如果受邀嘉宾中有地位或者辈分较高的人，其他客人理应在其之后离开。“道别”之礼让我们想起谢福芸[①]《中国淑女》中的一段描述，我们不妨从一位久居中国的外国友人的角度去理解一下“礼”在中国文化中的重要性。

① 苏福芸（Dorothea Soothill），英国女作家，著名汉学家苏慧廉的女儿，跟随父亲在中国生活过很长时间。一生六度来华，接触过许多中国家庭，有名门望族，也有普通百姓，亲身体验过当时中国的家庭生活。

跟那个女孩以及其他女士们道别之后，我们向大门走去。在她们的陪同下，我们穿过那些好奇地望着我们的男士方队，走出了栅栏门。女孩儿也跟着出来，有些迟疑。不过我们的演出已经结束，马车在等着我们，观众们也可以满意地离场了。我转过身，双手在胸前抱拳，用中国人的方式，向她神情庄重地鞠了一躬，我自己常常在政府衙门前被这样施礼道别。然后，我迅速抬脚开步，依然眼睛朝下，整理好裙子，面无表情地坐上马车。露西也漂亮地出演了她的角色。一位站在路边，留着稀疏白胡子的绅士对自己的同伴说：

"这些外国人多有礼啊！"

听到这个，我心里别提有多高兴了！

"你听到他说的话了吗？"我问露西，有些诚惶诚恐。因为他用了"礼"这个字——中文里最富表现力或者说思想最深刻的字之一。倘若他用的是"规矩"这个词，我们可能会感到受宠若惊。因为"规矩"的意思是正确得体的行为。然而"礼"，它的发音是 lee——是中国经典里用的字，意思是：你心正，所以行为才正确，至少你心灵的方向是正确的。它意味着正确的行为，你与他人之间正确的关系，正确的礼仪，这些都是心正的自然结果。这个汉字包含了崇拜和尊敬的根源：表示你要像尊敬圣人一样去尊敬别人。中国思想认为礼是一切人际关系的基础，是中国文明的基调。礼是肉体得以呼吸的精神的香水。"那些外国人很有礼。"那位老年绅士说。露西和我虽然眼睛还是朝下看，可是我们的手却悄悄地握在了一起，自豪、开心，也觉得自己有点配不上这么高的评价。

（《中国淑女》2018：164-166）

8.3　语言交流中的非语言形式

语言是人类在漫长的与大自然的抗争中相互交流的产物。在全世界已知的语言中，汉语和西班牙语，都是具有极强表现力的、结构完整的、历史悠久的语言，在古代和现代都曾经并且依然具有极其广泛的影响。

在汉、西语言的丰富词汇中，可以发现大量表现非语言交流的名词、形容词、副词、动词、词组和短语，这是两个民族在几千年的历史演进中，把非语言符号凝练成稳定的、固化的口语或书面语言的编码，将持续时间相对短暂的形象升华为持久的，甚至永恒的印记。例如，"巾帼"本来是古代妇女戴的头巾，属客体语言范畴，该物早已随着那个时代的消失而消失，但是这个词却流传至今，成为女性的象征，如"巾帼不让须眉""巾帼英雄"等。另外，"裙带"本来是指女子穿的裙子和衣带，后来象征与女性亲属有关的人和事，多为贬义。

像“某人靠裙带关系得到提拔”，如今的使用频率依然很高，说明了这是一个社会痼疾。再比如，“袍笏登场”一词，“袍”指古代的官服，“笏”是古代官员上朝时手中拿的手板，二者皆已消失，但是这个语言形象得以流传，意思是粉墨登场。

有些汉语和西语的非语言表达，在形式和内涵、语义和语用上都非常相似，甚至完全呼应，说明了人类的情感、情绪以及其宣泄和传递方式具有某些共性；同时也有很多差异，甚至抵触，恰好回应了两种文化的不同个性。

在这一小节，主要介绍一些汉、西的非语言语例，并做简单的比较。

8.3.1 相同和相似的语例

推动（体态语）——empujar，dar un empujón，empuje
肩负（体态语）——echarse al hombro algo，encargarse de
屈膝（体态语）——doblar la rodilla，ponerse de rodillas，arrodillarse
肩并肩（体态语）——hombro a hombro
回顾（体态语）——echar una mirada retrospectiva，mirar hacia atrás
袖手旁观（体态—客体语言）——con los brazos cruzados
折腰（体态语）——inclinarse
屈指可数（体态语）——contar con los dedos
抱头沉思（体态语）——con la cabeza entre las manos
张口结舌（体态语）——con la boca abierta
双拳紧握（体态语）——aptetar los puños
等等。

上述例子多为体态语，证明了人类生理结构的共性主导了动作和表情的意义延伸。比如，肩膀是身体承重的部分，特别是男性宽阔的双肩，更给人以能够承担重负的感觉。因此，“肩”（hombro）在中文和西文里都可组成动词“肩负”。“肩并肩”是并排站在一起的意思，也表示相助，如 arrimar el hombro。而肩膀塌下来就没有承重的能力了，人的力度也降低了，所以“胁肩谄笑”和“胁肩累足”传递的是恭顺和恐惧，如同西文的 encoger los hombros，意为逆来顺受、忍让。生理结构的共性也为不同文化群体的相互模仿提供了可能。如耸肩并不是汉民族的传统体势，但是现在许多人都在使用，其含义和 encogerse de hombros 相同，表示无奈、无所谓、不介入或无动于衷。

8.3.2 相异的语例

在语言演变的过程中，不同的文化往往导致语言向不同的方向发展，差异体现在词汇的构成、语义、语法和语言表达方式等方面。

下面一些语例是西文独有的。例如：

mirar a alguien por encima de hombro（体态语）——从肩膀上看人，意为轻视、蔑视。

ponerse los pantalones（客体语言）——穿上了长裤，意为女性掌权、当家。

bajarse los pantalones（客体语言）——脱下长裤，意为忍辱退让、屈从。

boca abajo（体态语）——口朝下，意为俯首帖耳。

no ver más allá de sus narices（体态语）——只看到鼻子旁边的地方，意为目光短浅。

recoger el guante（客体语言）——拾起手套，意为接受挑战。

chuparse los dedos（客体语言）——舔手指，意为喜欢。

morderse los dedos（体态语）——咬手指头，意为悔恨、气恼。

ponerse el dedo en la boca（体态语）——把手指放在嘴边，意为要别人沉默。

ponerse uno de mil colores（体态语）——脸上有多种颜色，意为脸上红一阵白一阵，变脸。

comedia de capa y espada（客体语言）——穿长袍佩宝剑的戏剧，意为剑侠剧、侠客剧、武打戏。

defender algo a capa y espada（客体语言）——身披斗篷，手持宝剑地保卫，意为拼死保卫。

darse con la cabeza contra la pared（体态语）——以头撞墙，意为懊恼、悔恨。中文：顿足捶胸。

ponerse como una amapola（体态语）——脸红得像罂粟花，意为羞涩、紧张。中文：面红耳赤。

vestirse de largo（客体语言）——穿上长裙，意为女孩子长大了，可以进入社交界了。

以下是一些中文独有的例子：

纨绔子弟（客体语言）——穿着细绢做的裤子的富贵人家子弟。西文：pisaverde。

峨冠博带（客体语言）——士大夫的装束。西文无。

五体投地（体态语）——佛教的最崇敬之礼，头、双肘和双膝着地，表示极其敬佩。类似西文的 besar la tierra que otro pisa。

正襟危坐（客体—体态语）——敛正衣襟而端坐，表示严肃恭敬。西文无。

领袖（客体语言）——领子和袖子是衣服的突出部分，指有组织能力的人。西文无。

襟怀（客体语言）——衣襟和胸口重合，指胸怀。西文无。

贵人语迟（副语言）——地位高的人寡言少语。西文的 El buen callar se llama santo 与此类似。

这些语例显示的是差异，造成差异的主要原因是不同的习俗和价值观。语例中提及的长裤、手套、襟、冠、带、斗篷，都是客体语言的成分，在社会生活的演进中，被赋予了非语言交流的意义，有了不同的演绎。

以“长裤”为例，在 20 世纪之前，西班牙女性只穿裙装（女伶人例外），所谓穿上了长裤，隐喻可以像男人一样掌权。所以，脱掉长裤的意思就是失掉了权力，表示屈从。但是在中国文化中，“长裤”没有性别上的区分意义。根据《中国文化史词典》，上古时男女通着裙装，即下裳，隋唐以后，女子着裙，男子着绔或裈，西式长裤是清末民初才被引入中国。即使女子以裙装为主，女童和劳动妇女仍可穿裤子。因此，长裤从未和权力有关联。

再以“手套”（guante）为例，在中国的古代服装史上，似乎从未出现过时尚意义的手套，这是近代的舶来品。而在西方，包括西班牙和拉美，手套是贵族和王族的专用服饰品，有男用和女用之分，多为白色，做工精美，一般搭配礼服或其他正装，由此派生出高贵和绅士的象征意义。西语有很多与手套相关的短语和习语，例如：arrojar el guante（扔掉手套，意为下战书，发出挑战），colgar los guantes（拳击手挂起手套，意为洗手不干，相当于足球界的“挂靴”），recoger el guante（拾起手套，意为接受挑战），más blando que un guante（比手套还软，意为温顺，服服帖帖）。

再举一例：西文的 corona（王冠）和 cetro（权杖）是中国文化没有的符号，我国的古代帝王虽然头戴冠冕，但是形制不同于西方。帝王登基从来没有被加冕（coronar）的程序，因为根据中国封建时代的理念，皇帝是天子，是天下第一人，任何人都不能高于他。不像西方基督教国家的大主教和教皇，他们握有神权，能够以上帝的名义为国王加冕。因而西班牙文用这两个名词组成了诸如 empeñar el cetro（手握权杖——登基，执掌权力）、 ceñirse la corona（戴上皇冠——开始执政）等习语。而中文的“黄袍加身”表示的是同样的意思，但是“黄袍”却是西班牙文化中的缺项。

此外，客体语言中的某些符号虽然同时存在于中、西两种文化中，但是其内涵与外延有很大区别。比如，中文的“衬衫”一词，它没有被赋予文化层面的意义，也很少被演化成修辞形式。但是其对应的西文的 camisa 却包含了更多内容：camisa 相当于衬衫、内衣，可贴身穿着，是着装的最里层，也是最后的部分，脱掉 camisa 就等于光身。因此，西文的习语 jugar hasta la camisa，连衬衫都赌掉了，意思是嗜赌成性；dejar sin camisa a uno，使得一个人连衬衫都没了，意思是使某人身无分文。作为正式服装，衬衫也可以穿在外边，因此演变成一种有特殊含义的符号，如 camisa azul，蓝衫，指西班牙长枪党成员；camisa negra，黑衫，指意大利法西斯党徒；camisa parda，褐衫，指德国纳粹党徒；camisa vieja，旧衫，指西班牙的老长枪党分子；cambiar de camisa，换衬衫，指改换党派，改换门庭。

"裙子"也是中、西文都有的客体语言单位，指"围在腰部以下的装束，没有裤腿"（《新华多功能词典》，2007 版）。在中国文化中，裙子主要是女装的一种，由此派生了"裙钗"等词汇，代指女子。古诗中有"记得绿罗裙，处处怜芳草"之句。而前面提到过的"裙带关系"也出于此，最初指因妻子或者女性亲属的关系而获得官职或其他利益，而后泛指因亲属或私密朋友关系而获得利益。西语的对应词是 nepotismo，源自拉丁文 nepote，最初是指教皇的亲属和亲信，意思是凭借这类人的关系而得到官职或其他好处，与裙带毫无关系。从欧洲历史上可以看到，在中世纪，教皇的权力达到顶峰，教皇被视为"基督在世代表"（自英诺森三世起），并且"在伦理和信仰上永无谬误"（始于庇护九世），他有权干预各国政务，甚至可以插手王室婚姻。这个高度是中国历史上任何宗教领袖都无法企及的。

语言形式和非语言形式相互交织，你中有我，我中有你，共同构建了人类的交流渠道。

本章推荐书目

常敬宇. 汉语词汇与文化［M］. 北京：北京大学出版社，1995.

顾家祖. 跨文化交际—外国语言文学中的隐蔽文化［M］. 南京：南京师范大学出版社，2002.

注释

[1] El Protocolo es la normativa o conjunto de reglas que son legisladas o establecidas por los usos y costumbres; se implanta como consecuencia de una necesidad social, sirven para normalizar las relaciones entre todas las personas y entre instituciones y gobiernos. Su objetivo fundamental es el civismo en el trato entre los seres humanos en sus diversos ámbitos sociales; político, social, cultural, empresarial, religioso, turístico, deportivo, etc.

[2] "Aquella disciplina que con realismo, técnica y arte, determina las estructuras o formas bajo las cuales se desarrolla una actividad humana pluripersonal e importante; con objeto de su eficaz realización y, en último lugar, de mejorar la

convivencia"（2001）.

[3] La ley que promulgara César para la colonia de Urso -actual Osuna- en Hispania，ya había dado instrucciones claras sobre la disposición de los asientos en el anfiteatro y el teatro，a la vez que establecía multas enormes para las infracciones，lo cual indica que estaba en juego algo más que obtener una buena localidad.

[4] Hábitos que son considerados de mal gusto.

- Chuparse o morderse un mechón de pelo.
- Morderse las uñas o cutículas.
- Sentarse con las piernas separadas o con las piernas cruzadas o torcidas de una manera poco convencional.
- Masticar chicle mientras habla o con la boca abierta.
- Fumar en la calle o hacerlo sin haber pedido permiso a los presentes，especialmente a sabiendas de que el olor a cigarro puede ofender o incomodar a alguien.
- Tener un cigarrillo en los labios mientras habla.
- Hacer que los demás se sientan culpables o incómodos mientras comen algún delicioso postre solamente porque usted debe abstenerse debido a alguna dieta.
- Rascarse o pellizcarse la cara.
- Cometer la indiscreción de hacerle alguna pregunta íntima a alguien en voz alta：¿Es eso una peluca?
- Usar un cepillo o peine sucios.
- Aplicarse maquillaje o peinarse en la mesa de comer.
- Usar rulos en el cabello en público.
- Llevar esmalte de uñas descascarado，uñas partidas o maltratadas o，peor aún，sucias.
- Una línea demasiado dramática y notable que delimite claramente dónde termina el maquillaje y dónde comienza el color natural de la piel.
- Hablar demasiado o en detalle de excentricidades personales：operaciones，enfermedades，neurosis，alergias，accidentes，etc.
- Comer ruidosamente haciendo gestos exagerados.
- Introducir pedazos de comida demasiado grandes a la boca.

Fuente:https://www.protocolo.org/familiar/virtudes/el-manual-de-carreno.html.

结束语

文化学习与非语言交流能力的培养

差距不是鸿沟；跨文化交流的基本原则；文化学习；培养非语言交流的能力

在本书的前几章谈到了中西非语言交流的差距、表现形式以及根源。在这一部分，也是本书的结束语，作者将着重探讨对差距的处理，即如何提高每个人在中西跨文化交流的背景下的非语言交流能力。

1. 差距不是鸿沟

尊重文化的多样性是平等进行跨文化交流的前提。众所周知，政治和经济的单边主义无不脱胎于文化的霸权主义。只有承认不同文化的差距，认可每种文化的地位和价值，才能保证世界格局的和谐与平等。

根据前面几章的阐述，可以看到中国文化和西班牙/拉美文化在非语言交流范畴的共性和个性。有共性是促进交流与沟通的基础，保持个性，才能取得存在的合理性。非语言交流的多个类别（如体态语、副语言等）具有生物性和社会性两大特征，前者主要指先天生成的部分，后者指的是后天习得的部分。高级哺乳动物的某些生物特征使得两个文化群体的人在喜怒哀乐的表现上有相通之处，因为我们都受生物学规律的制约。而后天的社会文化环境对人类的影响更大，如果说在 19 世纪之前人类的发展有严重的不平衡的话，在 21 世纪经济全球化的背景下，各国和各民族之间互相依赖、互相制约、互相扶持的现象已经是常态。1492 年之前，新大陆的印第安人独立培植了他们的文明，完全不受旧大陆的干扰。如今这一现象已经成为不可能，几乎不存在任何一种绝对脱离现有文明轨道的文明。

差距依然存在，一起又一起的文化冲突就是证明。但是，差距并非是不可逾越的鸿沟。随着社会的进步，差距在缩小。哥伦布启航寻找东方航线之前，天主教双王伊莎贝尔和费尔南多召见了他，命他带一封国书给中国的大皇帝——“契丹大汗”，并且还给他配备了一名能说阿拉伯语的通事，大概以为汉语和阿拉伯语差不多。彼时，双方互不了解，对彼此的认知近乎零。直到 486 年之后的公元 1978 年，胡安·卡洛斯一世作为第一位到访中国的西班牙君主，才了却了其祖先的意愿，不过那时了解中国的西班牙人仍然微乎其微。但是在今天，由于科技的进步和理念的更新，两国在许多方面达成共识，共同语言越来越多，彼此不再陌生，差距在明显缩小，保障了中西跨文化交流的阔步前行。

2. 跨文化交流的基本原则

跨文化交流已然不可避免地成为现代人的生存方式了，那么在交流过程中，应该遵循哪些原则以确保跨文化双方的文化得到尊重呢？

在诸多的原则中，以下几条有举足轻重的作用。

——相互性

首先在跨文化交流的行为中，双方应该力求构建一个以客观、宽容、理性为基础的互动空间，排除仅仅以自己的文化价值观为出发点来评判对方的文化单边主义或者民族中心主义。相互性也意味着在这个空间里，各个文化的代表能够自由自在地互相交流，从而达到相互了解、相互学习、取长补短、相互补充的目的。承认相互性，就是承认多样性。这是进行跨文化交流的起码条件。

——尊重

如果以主要民族和宗教信仰来划分的话。世界上至少有近千种文化，每一种文化都是一个世界。所谓尊重，就是要走进这个我们可能不熟悉的世界，去了解它，与之相处和共存。陈国明认为，“尊重”所强调的是“对互动双方基本人权的护卫”。具体来说，就是尊重差异，尊重个性，尊重个别性，尊重隐私，在了解每种文化的认知方式和行为方式的前提下承认其存在性。纵观身边所发生的文化冲突，会发现对于同一个概念或同一个思想，不同文化的表达方式有时是不同的。没有起码的相互尊重，文化就会被破坏，甚至被毁灭。

——宽容度

宽容是站在自我中心主义、民族中心主义和排他主义的对立面的一种态度，在跨文化交流的过程中，不要以自己的文化价值作为评判其他文化的唯一标准，不要用本族或者自己的群体所熟悉的理念去判断别人或异文化的是与非。以礼品馈赠为例，中国人送礼，要考虑礼物寓意好，避免引起负面联想。人们通常不会给老人送一个钟做生日礼物，因为送钟，谐音“送终”。但是一个外国人或一个外族人有此举动，我们通常会接受他的好意，容忍这种文化差异。

在当今，随着社会的进步，“宽容度”（tolerancia）或者“包容性”（inclusión）

这类词经常出现在各种政治宣言中，成为一种趋势和导向。

——坦诚和诚实

不同文化的差异可能构成交流的障碍，但是如果彼此坦诚相待，正视差异，诚实地看待本身的文化和对方的文化，排除偏见以及刻板印象（el estereotipo），客观地对待彼此的优势和劣势，差异就会变成沟通的桥梁。坦诚是指开诚布公，诚实是指看待事物之本然。这是跨文化交流的重要伦理原则。

3. 培养非语言交流能力

首先要明确的是，跨文化语境下的非语言能力主要是后天习得的，因此可以培养，可以提高。

在了解非语言交流能力之前，有必要知道什么是跨文化交流能力（西文 competencia de la comunicación intercultural），因为前者是建立在后者的基础上。

陈国明在《跨文化交际学》中指出："这种立于平等的地位，相互了解、尊重与接受文化的差异，必须建立在情感（affective）、认知（cognitive）与行为（behavioral）能力的培养上。情感的能力与个人属性（personal attributes）有关，认知的能力侧重在对文化知识的理解（cultural awareness），行为的能力则代表着沟通技巧（communication skills）的习得。归纳起来，就是所谓的跨文化沟通能力（intercultural communication competence）。"（第 29 页）这种能力模式涵盖四个层面：个人属性、沟通技巧、心理调适和文化理解，具体包括自我概念、自我认识、社交技巧、互动经营、疏解压力、文化价值、文化规范等诸多方面。

上述内容也是非语言交流能力的核心。除此之外，本书作者认为，还有两个具体条件需要强调：文化敏感性和相关知识的学习。

在情感、认知和行为能力的基础上，可以提炼出一个重要因素：文化敏感性（sensibilidad cultural）。文化敏感性要求我们擅长观察不同文化的特殊性，能够捕捉到差异的信息和不同的编码形式，可以做出客观的比较和分析，并且能较快地找到适应环境的应对策略。对于培养非语言交流能力方面，这一点尤其有效。当中国游客走进一个斯拉夫国家的东正教教堂时，比较敏感的人很快会注意到，周围的本地女信徒在进入教堂时都戴上了披巾，遮住了头发。显然这是一种礼仪。于是这位中国游客会自觉地调整自己的行为模式，戴上头巾，以示尊重。正如俗话所说的，入乡随俗，以达到融入环境的目的。这也体现了沟通的能力：有效性（efectividad）和适当性（apropiación）。

文化敏感性可以帮助我们开拓视野，提高跨文化沟通的胜任度。

对于相关知识的学习和不断积累，是培养非语言交流能力的又一个方面。阅读与本专业相关的书籍，通过音像资料和实地考察的渠道来观察不同文化群体的成员的行为方式，研究其思维方式，用做调研报告的形式对观察结果进行分析和对比，参加非语言交流能力培训的实践活动，充实心理学、社会学、语言学、文学艺术等学科的修养等等，都是提高非语言能力的方法。这是一个不断积累的过程，唯此才能不断提高。欧美许多国家的大学和研究机构都经常组织相关能力的培训，其理念、方法和体系都值得我们借鉴。

在本书的结束语中，作者深感对中国—西班牙/拉美的非语言交流进行的研究只是刚刚起步。两个庞大的文化圈都有深厚的内涵和巨大的影响力，作为东西方文化的代表，未来会有越来越多的交集和交往，只有加深并拓宽交流渠道，才能在这个多种文化的星球上彼此永不陌生。

本章推荐书目

【美】欧文·拉兹格，等. 多种文化的星球——联合国教科文组织专家小组的报告［M］. 北京：社会科学文献出版社，2001.

参 考 书 目

毕继万. 跨文化非语言交际［M］. 北京：外语教学与研究出版社，1999.

常敬宇. 汉语词汇与文化［M］. 北京：北京大学出版社，1995.

陈国明. 跨文化交流学［M］. 上海：华东师范大学出版社，2009.

陈郁，尹青骊. 服装·服饰·礼仪［M］. 北京：中国轻工业出版社，2006.

丁援. 一本书读懂中国建筑［M］. 北京：中华书局，2012.

顾宏义. 外四种——香谱［M］. 上海：上海书店出版社，2018.

顾家祖. 跨文化交际——外国语言文学中的隐蔽文化［M］. 南京：南京师范大学出版社，2002.

关世杰. 跨文化交流学——提高涉外交流能力的学问［M］. 北京：北京大学出版社，2005.

季羡林. 禅与园林艺术［M］. 北京：中国言实出版社，2006.

季羡林. 谈东西方文化［M］. 杭州：浙江人民出版社，2016.

李杰群. 非言语交际概论［M］. 北京：北京大学出版社，2002.

李理. 清代官制与服饰［M］. 沈阳：辽宁民族出版社，2009.

李芽. 中国历代女子妆容［M］. 南京：江苏凤凰文艺出版社，2017.

林大雄. 失落的文明：玛雅［M］. 上海：华东师范大学出版社，2004.

林翔云. 香味世界（第 2 版）［M］. 北京：化学工业出版社，2018.

林翔云. 香味世界［M］. 北京：化学工业出版社，2011.

上海师范大学古籍整理研究所. 中国文化史词典［M］. 杭州：浙江古籍出版社，1987.

孙孟英. 服饰汇［M］. 上海：生活·读书·新知三联书店，2018.

谢福芸. 中国淑女［M］. 北京：东方出版社，2018.

徐冬. 跟小格格学旗袍［M］. 北京：电子工业出版社，2018.

鄢敬新. 尚古说香［M］. 青岛：青岛出版社，2014.

艺术研究中心. 中国服饰鉴赏［M］. 北京：人民邮电出版社，2016.

余光中. 古堡与黑塔［M］. 北京：中国人民大学出版社，2015.

展望之. 居室雅趣［M］. 上海：上海古籍出版社，1991.

朱凯. 金阙风雨——西班牙王室［M］. 北京：社会科学文献出版社，1998.

朱凯. 西班牙——拉美文化概况［M］. 北京：北京大学出版社，2010.

【奥】马克斯·胡贝尔，罗伯特·特来希勒. 漫画欧洲人［M］. 北京：世界知识出版社，2009.

【德】G. 马勒茨克. 跨文化交流——不同文化的人与人之间的交流［M］. 北京：北京大学出版社，2001.

【法】让·克罗德·艾列纳. 调香师日记［M］. 北京：中信出版社，2017.

【美】E. T. 霍尔. 超越文化［M］. 重庆：重庆出版社，1990.

【美】E.T. 霍尔. 无声的语言［M］. 何道宽，译. 北京：北京大学出版社，2010.

【美】拉里. A·萨默瓦，等. 跨文化传播［M］. 第六版. 北京：中国人民大学出版社，2015.

【美】拉里·萨默瓦，等. 跨文化传播［M］. 北京：中国人民大学出版社，2004.

【美】罗纳德·B. 阿德勒. 沟通的艺术［M］. 北京：世界图书出版社，2016.

【美】欧文·拉兹格，等. 多种文化的星球——联合国教科文组织专家小组的报告［M］. 北京：社会科学文献出版社，2001.

【墨】McEntee，Eileen：*Comunicación intercultural*，McGraw-Hill，1998.

【委】Rojas，Darcy & Martínez，Hernán，"Percepción de la velocidad de habla en el español de mérida（venezuela）" *Estudios de Fonética Experimental*，ISSN 1575-5533，××，2011，pp. 179-203.

【西】Angel Felices y otros，Cultura y negocios，Editorial EDINUMEN，2010.

【西】Casado Trigo，M. "*Reseña del libro：Historia del Ceremonial y Protocolo*". Revista Internacional de Relaciones Públicas，Vol. VI，Nº 12，2016，231-236.https：//www.protocolo.org/social/etiqueta-social/el-protocolo-en-espana-ayer-y-hoy.html.

【西】Davis，Flora. *La comunicación no verbal*，FGS，2010.

【西】de Miguel，Amando. *Autobiografía de los españoles*，Planeta，1997.

【西】de Miguel，Amando. *Cien años de urbanidad—Crítica de costumbres de la vida española*，Planeta，1991.

【西】de Miguel，Amando. *El espíritu de Sancho Panza*，Espasa-Calpe，2000.

【西】de Miguel，Amando. *Hablando pronto y mal*，S.L.U. ESPASA LIBROS，2013.

【西】de Miguel，Amando. *La vida cotidiana de los españoles en el siglo XX*，Planeta，2001.

【西】de Miguel，Amando. *Los españoles*，Editorial Temas de Hoy，1990.

【西】Díaz-Plaja，Fernando. *El español y los siete pecados capitales*，Alianza Editorial，2004.

【西】Ennes，Luis Rodriguez. *Apuntes históricos en torno a la evolución del protocolo desde la Roma imperial hasta finales del antiguo régimen.* Laurea Hispalis：Revista internacional de investigación en relaciones públicas，ceremonial y protocolo，ISSN 1579-7430，Nº. 2，2003，pp. 217-246.

【西】Fernández y Vázquez，Jorge J（2012）. "*Antecedentes históricos del protocolo y su influencia a través de la historia en los Estados，en la sociedad y en la política en España y Europa*". Anuario Jurídico y Económico Escurialense，XLV737-754 /.

【西】J. Coll/M.J.Gelabert/E. Martinell：*Diccionario de gestos con sus giros más usuales*，EDELSA，1990.

【西】Mancera，M.Cestero y otros：*Estudios de comunicación no verbal*，1998.

【西】Marchesi，María Rosa . *El protocolo hoy.* El País Aguilar，1992.

【西】Martínez，María Albaladejo，"*Fasto y etiqueta de la casa de Austria Breves apuntes sobre su origen y evolución*"，Imafronte，Nº 19-20 – 2008. pp. 9-19，file：///C：/Users/lini9/Downloads/200791-Texto%20del%20artículo-721771-1-10-20140620.pdf.

【西】Menéndez Pidal，*Los españoles en la Historia*，Marcial Pons. 2007.

【西】Pilar Cernuda，José Oneto y otros，*Todo un Rey*，Editorial EYE，1981.

【西】Sánchez González，Dolores del Mar & Gómez Requejo，María &Pérez Marcos，Regina María，*Historia del ceremonial y del protocolo*，Sintesis，2015.

【西】欧内托，等. 西班牙国王胡安·卡洛斯一世［M］. 北京：商务印书馆，1990.

【意】巴尔齐尼. 意大利人［M］. 北京：三联书店，1986.

【英】德斯蒙德·莫里斯. 裸眼［M］. 上海：上海远东出版社，2003.

【英】德斯蒙德·莫里斯. 手势语言［M］. 天津：天津百花文艺出版社，2003.

【英】理查德·D. 刘易斯. 文化的冲突与共融［M］. 北京：新华出版社，2000.

【英】丽莎·埃尔德里奇. 彩妆传奇［M］. 北京：北京联合出版公司，2017.

【英】亚伦·皮斯，芭芭拉·皮斯. 身体语言密码［M］. 北京：中国城市出版社，2007.

【智】巴勃罗·聂鲁达. 回首话沧桑——聂鲁达回忆录［M］. 林光，译. 北京：知识出版社，1993.

外国人名中外文索引

第 1 章

史密斯	A. D. Smith
鲁本	B.D.Ruben
斯迪沃特	L.P.Stewart
拉里·萨默瓦	L. A. Samovar
菲德尔·卡斯特罗	Fidel Castro
霍尔	E. T. Hall
聂鲁达	Pablo Neruda
德米格尔	Amando de Miguel
罗纳尔德·阿德勒	Ronald B. Adler
普罗科特	Russell F. Proctor
阿索林	Azorín
肯顿	Johe C. Condon
巴博	L.Barber
科里斯	N. Collins
莱伊·伯德克斯戴尔	Ray Birdwhistell
阿尔伯特·梅拉宾	Albert Mehrabian
杰劳德·霍尔通	Gerald Holtom
莫拉莱斯	Evo Morález

第 2 章

克鲁克洪	C. Kluckhohn
克洛伊贝尔	A. Kroeber
爱德华·B. 泰勒	E. B.Tylor
伊莲·麦肯提	E. McEntee
马勒茨克	Gerhard Maletzke

第 3 章

保罗·埃克曼	Paul Ekman
阿斯图里亚斯	Miguel Angel Asturias
帕斯	Octavio Paz
塞拉诺	Joaquín S. Serrano
达维斯	Flora Davis
爱伦堡	Ehrenburg
C.费尔南德斯	Castro Fernámdez
托里霍斯	Omar Torrijos
加西亚·马尔克斯	García Márquez
M. 皮达尔	Menéndez Pidal
雷卡雷多	Recaredo
格列柯	El Greco
路易吉·巴尔齐尼	Luigi Barzini
德斯蒙德·莫里斯	Desmond Morris

第 4 章

波亚托斯	Poyatos
特拉格	G.L.Trager
伯德惠斯特尔	R.L.Birdwhistell
乔治·特雷格	G. L. Trager
纳普	M · Knapp
萨克斯	H. Sacks
谢格罗夫	E.A.Schegloff
佩雷斯·加尔多斯	Pérez Galdós
理查德·D. 刘易斯	Richard D. Lewis

第 5 章

泰奥弗拉斯托斯	Theophrastus
迪亚斯—普拉哈	Francisco Díaz-Plaja
盖姆伯	Gamble
伊瓦涅斯	Vicente Blasco Ibáñes
委拉斯凯斯	Diego Rodríguez de Silva y Velázquez

第 6 章

附录（采访汇编）

结合本书内容，本书编写组根据书中提及的一些问题特别采访了 10 名西语国家的朋友，他们年龄、职业、在华经历都不太一样，他们的回答可以帮助我们进一步了解西语国家的非语言习惯。下面将整理出来的采访内容汇编如下，供读者参考。

受访人　　　　　　　　　　　特点描述

A　哥伦比亚籍，哥伦比亚高校博士生导师，教授，女

B　哥伦比亚籍，哥伦比亚高校经济学教师，麦德林孔子学院行政助理，厦门大学经济学硕士毕业，女

C　西班牙籍，在中国高校担任西班牙语教师 3 年以上，女

D　西班牙籍，在中国高校担任西班牙语教师 3 年以上，男

E　西班牙籍，在中国高校担任西班牙语教师 2 两年，汉语语言学硕士，女

F　阿根廷籍，在中国高校担任西班牙语教师近 10 年，之前曾在日本公司工作，男

G　古巴籍，对外汉语留学生，男

H　阿根廷籍，对外汉语硕士生，女

I　西班牙籍，知名作家、记者，女，在中国担任西班牙语教师 3 个月

J　西班牙籍，西班牙高校博士生导师，教授，男，经常到拉美访学，2 次以上访问中国，每次 10 天左右。

采访汇编：

Proxémica：distancia interpersonal　社交距离

El término proxémica es el que el antropólogo Edward Twitchell Hall propuso para referirse al estudio del uso y percepción del espacio social y personal, dentro del contexto cultural, para referirse a la “distancia interpersonal” que mantenemos cada uno de nosotros en relación a los demás.

1 ¿Es muy diferente la distancia interpersonal en China y en su país?
您的国家和中国的社交距离是否有很大不同？

A： Sí es muy diferente.
是的，很不同。

La diferencia en el manejo de la distancia interpersonal se aprecia sobretodo en el contexto familiar：en Colombia cuando se trata de la familia la distancia social es mucho menor que en China. Con relación a los ambientes sociales como laborales，académicos，entre otros，la distancia social es más similar en ambos países.

Por ejemplo，el saludo de beso es normal en Colombia，generalmente en la mejilla derecha y se presenta entre familiares y los más allegados como los amigos. Hasta donde conozco，en China，no es común esta expresión.

En Colombia，en fiestas de cumpleaños o en cualquier otro tipo de festividades，las distancias entre los sujetos tienden a borrarse sin tener en cuenta las diferencias de género o diferencias de poder（por ejemplo，entre el patrón y el trabajador）. La gente en este contexto festivo，se besa y se abraza，al contrario，en reuniones formales，la distancia interpersonal se acentúa según las jerarquías de poder.

最大的不同是家人之间的距离，在哥伦比亚家人之间的距离比中国要小很多。但是在社会、工作和学术环境中，两国的社交距离便没有太大的差别。

比如，在哥伦比亚，家人和亲近的朋友之间打招呼常常亲吻右侧脸颊。据我所知，中国人不会这样打招呼。

在生日聚会或者其他的聚会上，哥伦比亚人之间的距离更随意，更不在意性别或等级的差异（比如老板和员工之间），大家可以互相拥抱、亲吻。但是在正式场合的聚会，社交距离会根据各个权力等级而变化。

B： Sí，es muy diferente. El nivel de cercanía latinoamericana es muy alto y para otras cosas，en China es muy alto. Es decir，somos cercanos en momentos diferentes. En nuestro país，la cercanía con una persona que no conoces o de mayores edades o de mayores estatus es muy alta. Para nosotros，saludo de un beso en la mejilla，o de un abrazo o tocar a una persona las espaldas es muy común en un saludo con alguien que no conoces. Aquí，no. Sin embargo，cuando ya se ha establecido una relación de amistad grande，hay una cercanía mayor entre las personas en China，que no es común en Latina América. Esa cercanía latinoamericana se tomaría como una relación de pareja. Es decir，que dos mujeres adultas se toman de las manos，eso parecería más una relación romántica que una relación de amistad. Por ende，en este sentido，es diferente.

是的，很不同。两国都有社交距离比较近的情况，但具体时刻不同。在哥伦比亚，同陌生人和年长的人之间的距离比较近。打招呼时亲吻脸颊，拥抱或拍拍后背都比较常见。相反，在中国，如果两人之间已经建立起深厚的友谊，那么距离就会非常近。而拉丁美洲人觉得这是情侣之间才会有的距离。比如，两个成年女人手牵手，哥伦比亚人看来是情侣关系，而不是友谊的关系。

C：Muy diferente. En España la distancia social es muy cerca，pero para los chinos，sí que hay que guardar un poquito más.

很不同，西班牙比中国的社交距离更近。

D：Sí，para los españoles los besos son entre personas cercanas o familia，pero los nortes de España no son tan próximos.

是的，在西班牙，家人和亲近的人之间会互相亲吻。但在西班牙北部，社交距离会稍远一些。

E：No muy muy diferente pero un poco. Según mi experiencia personal en general digo que la distancia es más corta aquí que en España，sobre todo entre los desconocidos.

Hay una diferencia muy grande en la distancia entre hombres y mujeres. En España la distancia es la misma entre las parejas，amigos y familiares. Aquí entre hombre y mujer la distancia física se nota mucho. Mis amigos chinos guardan mucha distancia física conmigo.

有一点，但不是特别不同。据我个人观察，中国的社交距离普遍会比西班牙近，特别是陌生人之间。另外，关于男女之间的距离，两国有很大不同。在西班牙情侣之间，朋友之间，家人之间的距离几乎是一样的。但在中国，人们会更注意男女之间的距离。比如我的中国男性朋友都会与我保持一定的社交距离。

F：En Argentina entre los conocidos es muy cercano. Es más una relación de confianza y de amistad，pero entre los desconocidos se mantiene la distancia de respeto. Más que todo aquí en China es un poco más cercano，tanto entre los conocidos，entre los desconocidos también como no hay un sentido de distancia y de respecto por alguien que no conoces.

在阿根廷，认识的人之间的距离更近。信任的人和朋友之间距离更近，但是陌生人之间则会保持尊敬的距离。但在中国，不管是熟悉的人还是陌生人之间的距离都更近一些。人们对陌生人的距离概念不是很强，尊重程度也较弱。

G：En el caso de Cuba，aunque existe distancia entre Argentina y Cuba，en la mayoría de las situaciones，nos parecemos bastante.

También existen varios situaciones. Una es la social. Me doy cuanta de que en China la distancia social es un poco más cerca por el tema de la población tensa. Pero en mi país no tanto. Aunque por el transporte difícil en ocasiones estamos cerca，existe distancia en la fila. Si se acercan mucho，la gente se alarma un poco. En la otra situación，la distancia entre amigos，hay algo más cerca en Cuba. En China no es normal que el hombre y la mujer se acerquen mucho. En Cuba los amigos se tocan más sin importar el género.

我发现在中国，由于人口密集，人们的社交距离比较近。但是在古巴，虽然有时由于交通很紧张，但人们之间也会保持一定距离，注意排队。如果过分靠近，人们会很警觉。

但如果是朋友之间，中国的距离会更远。尤其是男女之间，不会特别靠近。而在古巴，朋友之间会互相触碰，不论男女。

H：Sí，es muy diferente.

Hay dos situaciones：en comparación con Argentina，la distancia pública en China es más cerca y la distancia íntima en China es menos cerca.

是的，很不同。分为两种情况：同阿根廷相比，中国的公共距离更近，而亲密距离更远。

I：Se dan menos besos，menos abrazos（entre amigos íntimos），pero la distancia，no hay grandes diferencias，se guarda. Es muy parecida la distantica.

中国人（亲近的朋友之间）亲吻和拥抱更少。但是社交距离区别不大。

J：Es muy parecido al hablar. Cuando hablas con una persona，que no conoces，se guarda la distancia.

在中国和西班牙，人们之间讲话的时候，距离是差不多的。当跟不熟的人讲话的时候，是要保持一定的距离。

2 ¿Tiene usted experiencias en China en las que no le cae bien la distancia interpersonal?

中国的社交距离是否让您感觉不舒服？

A: Inicialmente, me sorprendió que los chinos no saludan a la gente desconocida aunque vivan en el mismo edificio. En Colombia, siempre se saluda al desconocido. Igualmente, pude apreciar que en lugares públicos la mayoría de los chinos no respeta las filas y estruja a las personas para acceder a un puesto más adelante, se ve en el metro o en lugares turísticos.

No obstante, son diferencia culturales que después de un tiempo uno entiende y se acomoda.

刚到中国的时候，看到中国人不和陌生人打招呼，即使是住在同一栋楼房里，我感到很奇怪。在哥伦比亚我们总是跟陌生人打招呼的。我还看到在公共场合，比如地铁里或旅游景点，大部分的中国人不喜欢排队，而且会推挤前面的人。

当然，这是一种文化差异，过一段时间也就理解和适应了。

B: No, pero hay momentos, en los que caigo en error de tocar a la persona que no debo tocar. Por ejemplo, tocar a un mayor o de mucha importancia en las espaldas al saludarlo en vez de simplemente decir un saludo con las manos. Le tomo la mano con la mano derecha, y con la izquierda toco en la espalda. A veces me ocurre porque es muy inconsciente.

不会。但是会有我做错的时候。比如跟年长的或是重要的人打招呼，应该握手，而我拍了后背：用右手握手，同时左手拍后背。有时不自觉的会这样做。

C: Yo sí que creo que influye porque una persona que acabamos de conocer cuando no se nos acerca, pensamos que es más frío.

我觉得对我有些影响。比如一个刚认识的人，如果离我们很远的话，我们会认为他/她比较冷漠。

E: No me importa ni me molesta porque estoy en otro sitio, pero me llama la atención.

我不会在意，也没有反感，因为我知道我在另一个地方，但是我能感觉到不同。

F： Venimos de sociedades... que los latinoamericanos que somos más amigueros，más unidos entre los amigos.

Con respecto a la pregunta en particular，bueno，uno por lo general la de estar fuera de su país se adapta a la característica del sitio donde está viviendo. Pero a mí me ha chocado un poco el hecho de que si bien somos amigos，pero tal vez no lo alcanzamos o no estamos realmente tan cercanos o no sentimos esa cercanía como la que sentimos en nuestro país.

当然，我们来自不同的社会……拉美人更爱交际，朋友之间的联系更紧密。

关于这个问题，一般来说，一个人身处异国，会去适应所在的环境。但是对我来说，我觉得有一点确实有差异。在中国，即使我们是朋友，但是事实上却没有到朋友那么近，我们感觉不到像在阿根廷那样朋友之间的那种亲近。

G： Por ejemplo，en el caso de la fila，mucha gente pasa fila. En Cuba，nadie se atreve a hacerlo. No lo permiten. Socialmente no pensamos en perjudicar el interés a nadie.

比如排队，在中国很多人插队。在古巴插队是不允许的，没人敢这么做，而且我们也不想损害他人的利益。

H： Un caso que se me ocurrió acá，es justamente no tocar a la gente cuando habla. En argentina，es muy común tocarse durante la conversación entre compañeros.

有一点我觉得不太适应的是，在中国，人们讲话的时候不会互相触碰。在阿根廷，同学之间谈话的时候常常有肢体接触。

I： No.

不会。

J： No.

不会。

3 ¿Existen reglas específicas sobre la distancia interpersonal en su país o su región?

在您的国家或地区有没有特定的社交距离规则？

A： La distancia entre los cuerpos se expresa mejor cuando existen relaciones de poder evidentes，como aquellas entre jefe y subordinado，menor y adulto，paciente y médico，hijos（menores）y padres，ricos y pobres，entre otros. La distancia social depende de las estructuras de poder y generalmente，tiene que ver con el respeto.

在哥伦比亚，如果双方的权力有明显的差别，像是上司和下属、成人和小孩、医生和病人、长辈和晚辈、富人和穷人等等，社交距离会根据权力等级以及尊重程度而定。

C： En España，sólo hay reglas en situaciones formales（entrevista de trabajo，pública），que no se dan los besos，sino la mano.

在西班牙，只有一些正式场合（如面试等）是行握手礼而不是亲吻礼的。

D： En España，es poca la regla de protocolo，sólo en caso muy concreto. No hay reglas en un ambiente relajado，incluso de compañero de trabajo.

在西班牙很少有，除非是在特定的场合里。一般轻松的环境，甚至同事之间都没有什么规则。

E： En España no. Entre la gente normal no existe protocolo. En la vida diaria si existen reglas las tengo tan interiorizadas que no soy consciente. Es algo natural.

Pero el alto protocolo es complicado.

在西班牙没有，普通人之间没有什么规则。可能日常生活中有一些下意识的规则，但是我自己都察觉不出来。都是自然的反应。但是高层之间的礼仪规范更加复杂。

I： Guardar la distancia es una regla universal.

保持社交距离是一个国际通用的规则。

J： Si alguien se nos acerca mucho，a nosotros los españoles nos molesta. La distancia interpersonal de los latinoamericanos es mucho más cerca. A nosotros nos molesta.

对于西班牙人来说，太靠近会让我们感到不舒服。但是拉美人的社交距离会更近。

Kinésica 体势语

lenguaje corporal estudia el significado expresivo， apelativo o comunicativo de los movimientos corporales y de los gestos aprendidos o somatogénicos， no oral， de percepción visual， auditiva o táctil y solos o en relación con la estructura lingüística y paralingüística y con la situación comunicativa.

4 ¿Hay diferencias con temas de saludos，mirada，sonrisa en China y en su país?
两国之间在打招呼、目光和微笑方面有无不同？

A：Si hay diferencias en saludo，mirada y sonrisa：por ejemplo，gran parte de las chicas chinas son muy tímidas，y cuando ríen tienden a taparse la boca o la cara. Las colombianas por su parte，son menos tímidas.

是的，都有不同。比如大部分的中国女孩很腼腆，当她们笑的时候喜欢捂住嘴或脸；而大部分的哥伦比亚女孩没那么害羞。

B：Primero de saludo. Ya hablamos del saludo de un beso en la mejilla en Colombia. En Colombia los hombres no se saludan de beso a menos que sean un hijo y su padre. Aun así，es extraño. Normalmente，se hacen un apretón de mano. Entre los muy conocidos，aparte de jalarse mutuamente las manos，se dan un abrazo con distancia，aproximadamente de dos o tres golpes. El saludo en China es generalmente por la primera vez de mano. Agitar la mano derecha o un abrazo，donde se mantienen la distancia entre los cuerpos，o tocar un poco las espaldas cuando ya son conocidos.

首先打招呼：之前我们讲过哥伦比亚人打招呼会亲吻脸颊。但是男人之间不会这样，除非是父子之间，但即使这样也会很奇怪。男人之间一般会握手，熟人之间除了握手之外，还会简单拥抱一下，拍两三下后背。中国人第一次见面打招呼一般会握手，或挥动右手，或拥抱（身体不太贴近），熟人之间会拍拍后背。

Yo creo que la mirada en Colombia es muy fuerte. Los ojos pueden quedarse mucho tiempo en un solo sitio y en la cara. Eso manifiesta que estás diciendo la verdad o que estás prestando atención al otro o que estás concentrado.

哥伦比亚人的目光更强烈，可以长时间盯着对方的脸。这意味着你讲的内容是真的或者你在注意听其他人讲话。

La sonrisa de los colombianos transmite alegría pura. Si no estás alegre，no te ríes. Si te ríes cuando alguien te dice algo serio，normalmente，se va a enojar pensando que no te tomas el asunto en serio. La sonrisa de China，la entiendo como una de pena，de vergüenza，o de una situación incómoda que se quiere volver más liviana. Como hay mucho sentidos，es difícil de entender la sonrisa china.

哥伦比亚人的笑容是纯粹传递喜悦的。如果你不高兴就不会笑。如果有人在跟你讲严肃的事情你却笑了，对方会不高兴，会觉得你没有认真对待。

中国的微笑很复杂，可以解读为遗憾、羞怯或者想要摆脱某种尴尬的、不舒服的场面。由于有多种含义，所以很难理解。

C：En china，cuando conoces a alguien nuevo，le dices como “Hi”.

Me choca mucho cuando hablando con mis alumnos，algunos dicen que nunca le han dado un beso o un abrazo a su madre.

La sonrisa es más frecuente en China.

比如，在中国，两个人第一次见面不会行亲吻礼，而是互相摆摆手，说“嗨”！

此外，听一些学生讲，他们从来没有给过自己的母亲一个拥抱或是亲吻，这点我觉得很不可思议。

微笑在中国是很平常的一件事。

D：

En cuanto a saludos，en España se dan mano，abrazo o dos besos.

En España siempre se miran los ojos cuando hablan. A los chinos les da vergüenza y miran a otro lado.

En China a veces la sonrisa no quiere decir que esté contento，quiere decir muchas cosas. La sonrisa en España es una cortesía.

西班牙人打招呼可以握手、拥抱或亲吻。

在西班牙人们谈话会看着对方的眼睛，在中国有些人会害羞看向别处。

在中国有时微笑不意味着高兴，可能意味着其他的意思。在西班牙微笑也可以表示礼貌。

E：

Saludos：En España un saludo entre los conocidos siempre hay una parte física. Normalmente son dos besos. Y si es una persona a la que te cae muy bien o la aprecias mucho es un beso con abrazo. Es de muy mala educación no saludar a tus familiares，amigos，vecinos，o alguien familiar.

打招呼：在西班牙，认识的人之间打招呼总会有一些肢体接触。一般是亲吻两侧脸颊。如果是关系特别好的人还会加上拥抱。见到亲人、朋友、邻居或很熟悉的人不打招呼是非常没有礼貌的。

Mirada：Nosotros consideramos que es de mala educación no mirar a alguien si estás hablando con alguien.

Me resulta muy curioso，es que alumnos míos o conocidos míos si me ven fuera de clase no me saludan，no me sonríen o nada. Hacen como que como no existes. Me pasa mucho. Eso también en España se considera de mala educación.

眼神：西班牙人认为在跟人讲话时不看对方的眼睛是不礼貌的。

我感觉很奇怪，在中国，我的学生在教室以外见到我，不跟我打招呼，也不微笑，没有任何表示。好像没看见我一样。经常会这样。这在西班牙也是不礼貌的行为。

Sonrisa：Una diferencia notable es que aquí entre los desconocidos hay menos sonrisas，especialmente entre gente que te dan un servicio.

微笑：最大的不同是中国人较少对陌生人微笑，尤其是对为你提供服务的人。

F：Saludos：Sí sí hay mucha diferencia. En Argentina entre los conocidos y los familiares siempre damos un saludo en todos los momentos del día，con los desconocidos también.

El saludo es algo que ya viene de la casa. Cuando llegas a casa dices hola mamá o hola papá.

打招呼：是的，有很大不同。在阿根廷，熟悉的人和家人之间在任何时间见面都会打招呼，不熟悉的人也会。这种习惯是来自家庭的。当你到家的时候也会说："你好，妈妈！你好，爸爸！"

Mirada：Esa es una gran diferencia con China porque aquí la gente no mira. En la calle no hay intercambio de miradas. Es muy difícil encontrar a alguien que te miras en los ojos cuando vas caminando por la calle.

目光：这点阿根廷跟中国有很大不同。中国人的目光接触很少。在街上几乎没有目光交流。当你在街上走路的时候很少有人会与你目光对视。

H：En Argentina，siempre se dan un beso. No importa el sexo，la edad，no importa si es la primera vez que se ve... Es muy extraño no dar un beso.（en mi país，cuando vamos al trabajo por la mañana，damos un beso a cada una de la oficina，cuando nos despedimos，también un beso a cada uno...no importa cuantos somos，no importa la hora del día...jajaja）

在阿根廷，人们打招呼一定要行贴面（亲吻）礼，不论性别、年龄，也不管是不是第一次见面……总之，我们觉得不行贴面（亲吻）礼是很奇怪的。（比如，在阿根廷，我们早上上班的时候会跟办公室的每个人行贴面（亲吻）礼，下班时也一样，不管有多少人，也不在乎几点钟……）

G： Los chinos son más tímidos，y no miran directamente a la gente. A veces sé que me miran，pero no me doy cuenta de que me miran. Creo que es un tema asiático，que te miran con un poco más respeto.

中国人更加腼腆，不会直接地看人。有时我知道有人在看我，但是却感觉不到目光直视。我觉得这是亚洲的普遍特点，不直视对方以表尊敬。

I： Sí. Por ejemplo，en el saludo，aquí no se suele dar besos，que es una cosa en España que se utiliza mucho， incluso demasiado. Nosotros damos dos besos.

Nosotros estamos acostumbrados a fijar la mirada muy intensamente. Aquí no se gusta el contacto visual nunca.

El que los españoles se den besos al primer encuentro aunque no se conocen ya les empieza a molestar a muchas personas en España，a mí me molesta. A la persona de confianza，sí le doy un beso o dos；si es un desconocido，yo doy siempre la mano.

是的，比如西班牙人打招呼亲吻脸颊是很平常的事情，但中国人不会这样打招呼。

西班牙人习惯目光注视对方。而中国人不喜欢有眼神接触。

其实西班牙人第一次见面，就算之前不认识，也会亲吻脸颊，这让人感到不舒服，我就很不喜欢。对信任的人，我会亲吻单侧或双侧脸颊；但是如果是陌生人，我一般只会握手。

J： No lo pienso cuando alquilen viaja mucho，en mi caso，yo nunca doy besos，porque como viajas mucho，adonde estoy，a ésta le doy un beso，no se lo veo，yo siempre doy solo la mano. Lo hago allí incluso en mi país.

Es verdad que un español en principio daría besos y aquí no se dan besos.

是的，原则上西班牙人喜欢亲吻脸颊，但中国人不喜欢。

我觉得一个人如果经常出去旅行，就会有这样的意识，不会行亲吻礼。即使在西班牙我也总是会握手。

La sonrisa de los chinos es como una barrera de seguridad contra el mundo.

Cuando nosotros sonreímos，es como una invitación y una puerta que abres. Cuando hay una relación de amistad，de conocimiento previo o de confianza，la sonrisa es más natural. Pero si no conoces，yo lo toque por ejemplo，los alumnos sonríen como para decir “quédate allí”，“ya no me molesta”. La sonrisa en China es como un signo de protección.

中国人的微笑好像是隔绝世界的一道屏障。西班牙人微笑意味着邀请，意味着向你打开一扇门。

在中国，如果是认识的人或信任的人，微笑是很自然的。但是如果是不熟悉的人，比如学生们，有时他们的微笑是意味着“你别过来”“不要打扰我”。总之，在中国，微笑是一种自我保护的信号。

5 ¿Le cuesta adaptarse a la forma china con respecto a saludos，mirada o sonrisa?

那么您会很难适应中国打招呼、目光接触和微笑的方式么？

A：No me cuesta，la entiendo.

不难适应，我很理解。

B：Para mí，lo más difícil es la sonrisa，después，la mirada y lo tercero，los saludos. Me cuesta la sonrisa. Es que cuando está un problema，si uno pide ayuda，otros que no pueden ayudar se ríen，lo que causa confusión o malestar de los colombianos. Es que generalmente la mayoría de los chinos no te mire fijamente a los ojos debido a la falta de experiencia o formación especial.

对我来说，最难适应的是微笑，其次是眼神，最后是问候。比如有人遇到了问题寻求帮助，不能够帮忙的人会给一个微笑，这对于哥伦比亚人来说是不能够理解的。另外，大部分的中国人，如果缺乏经验或没有学习过相关知识，同人讲话的时候是不会注视对方的眼睛的。

E：No. Tampoco es un gran problema. Te choca. Es una diferencia. No es insuperable o insoportable.

不会，我觉得不是什么大问题。确实有不同，但是可以忍受，也可以克服。

I：No. Considero que es una manera de presentarse，tiene un fuerte componente cultural，y algo que no se puede evitar.

不，我觉得这些是一种表达的方式，有着强烈的文化印记，是无法避免的。

6 ¿Ha notado usted en China algunos gestos políticos y gestos religiosos que le llaman la atención y por qué? ¿Son muy distintos de los de su país o su región?

您在中国是否注意到一些政治或是宗教手势？和您的国家或地区是否有很大区别？

A：Me llamó la atención la tendencia de los jóvenes chinos a inclinarse（poner una parte del cuerpo más baja o hacia abajo）frente a un superior. Es un gesto político que expresa respeto，docilidad y disciplina. En Colombia，los jóvenes no actúan de esta manera.

我注意到中国的年轻人的某些社交动作，他们遇到上级的时候喜欢向下微微鞠躬。这是一种表示尊敬、服从和纪律的政治姿态。哥伦比亚的年轻人不会做这个动作。

B：Solo he visto gestos religiosos en el templo. He visto cosas políticas，tales como los pines en la reunión，que son muy significativos. Asimismo，he notado las corbatas de color rojo que llevan los niños en la escuela.

我只在寺庙看过宗教手势。政治方面，我知道中国人出席有些会议会佩戴特定的胸针。也见过小学生戴红领巾。

Sí，llevan un pin general no específico a menos que hayas entrado en una universidad y pongas el pin de la universidad，lo que tiene nada ver con la política. En Colombia，cada colegio tiene su propio uniforme，que no contiene sentido político ni religioso.

当然了，如果是大学里的校徽，是没有任何政治含义的。在哥伦比亚，每个学校也都有自己的校服，这些都没有任何政治和宗教含义。

En nuestro país，los taxistas se persignan o dan bendición cuando pasan por la puerta de un cementerio o una iglesia. Aparte de eso，también se echan la bendición de una a tres veces por un pensamiento o una premonición de un asunto negativo que puede ocurrir.

在哥伦比亚，出租车司机在经过墓地或教堂的时候会划十字或做祈祷。此外，当预感到坏事要发生的时候也可以做一次或三次祷告。

C：Religiosos no，porque los gestos religiosos no se ven en la calle，no están presentes.

没有，因为宗教手势一般在街上看不到。

D： No. Dentro de un ámbito concreto，sabemos que es sólo para eso.

没有，我们知道这两种手势一般是用在特定的场合。

E： No，las fórmulas como se dan los discursos son iguales en todas las partes del mundo.

没有，领导人在报告演讲中使用的手势全世界都是一样的。

H： En mi caso，he visto que existe una diferencia en los discursos políticos entre Argentina y China. Los gobiernos o los jefes chinos siempre toman una posición recta en su discurso y no mueve más. Al contrario，en Argentina，gesticulan más. Mueven las manos cuando están hablando.

和阿根廷领导人在作报告时的姿势有些不同。中国的领导人或者政府官员总是站得笔直，很少会动。相反，阿根廷的领导是手势很多，讲话的时候总会带上很多手势。

G： En los discursos de Fidel Castro，tiene un gesto típico，casi toda la gente hace esto...（con el índice hacia arriba）...esto puede ser un gesto político en Cuba. Por lo general hacen esto cuando indican algo. Pero en China，ve que la gente no usa mucho el gesto.

在菲德尔卡·斯特罗做报告的时候常常使用这个手势（食指朝上指)。我觉得在古巴这算是一个政治手势，人们在说明一件事时常会使用。但是我看在中国，大家很少会使用这个手势。

I： Yo veo que no. A la gente no le importa. Viniendo de España，me encanta porque no tengo que habar de política ni de religión.

我没有注意到。民众对政治不感兴趣。我很高兴我来自西班牙，这样我就不用谈论政治和宗教了。

7 ¿Cuáles son los gestos más usuales de los españoles o de los latinoamericanos?

西班牙人或拉丁美洲人最常见的手势是什么？

A： En Latinoamérica，particularmente en Colombia，los gestos políticos y religiosos hacen parte de la cultura. Entre los gestos políticos tenemos por ejemplo：el respeto a los mayores que se expresa cediendo el lugar para ellos，trato respetuoso，y especialmente，no contradecir públicamente al mayor.

在拉丁美洲，尤其是哥伦比亚，政治和宗教手势是文化的一部分。政治手势比如说：给年长的人让位置表示尊重或者不公开顶撞长辈。

Entre los gestos religiosos es muy común por ejemplo，la expresión “Dios le pague” para agradecer al otro. Existen muchas expresiones en el lenguaje de corte religioso que regulan las relaciones e intercambios.

宗教手势也很常见，比如说用“上帝会报答您”来感谢某人。日常的人际交往中也常常会使用一些宗教用语。

B： Sí，hay gestos usuales，tales como ¨no lo sé¨ y ¨chao¨. Normalmente es así. Aparte de lo mencionado，también existen ¨bueno¨，¨chévere¨ y ¨llámame¨.

是的，比如表示“我不知道”或“再见”。也有“太棒了”和“打电话给我”的手势。

C： Contar dinero（pero no es igual en todos los lugares de España）. Tener frío.

数钱（但在西班牙不同的地方手势也会不同）。感到寒冷。

D： La cuenta. Los andaluces son muy gestuales.

比如埋单。我们安达卢西亚人手势很多。

F： Usamos mucho las manos. Al hablar tenemos muchos gestos faciales. Nosotros somos muy expresivos.

我们讲话的时候面部表情和手上的动作都很丰富。阿根廷人都比较富有表现力。

I： La exageracion y la intensidad emocional como Ay，tío，Qué bien.

一些夸张的和强烈的情感表达，如“哎呦！”“太好了！”

J： La sonrisa，las despedidas，las efusiones.

微笑，告别时的动作，表达热情的手势。

8 ¿Cuáles son los ademanes con significado político más conocido en su país?
你们国家最常见的政治手势有哪些？

A： En ciertos encuentros políticos se dan ademanes relacionados con la marcha militar，el respeto a la bandera，el uso de traje formal，guardar silencio cuando suena el himno nacional o regional，entre otros. Ya en el mundo cotidiano，entre los ademanes con significado político están aquellos que rigen los intercambios cotidianos de respeto o cooperación：por ejemplo，ceder el puesto al mayor（si estás en una sala de espera y no hay sillas，el menor cede la silla al mayor），ayudar al anciano，al niño o a la mujer embarazada（depende del contexto，por ejemplo，colaborarle alguno de ellos con llevar algún peso como bolsa o maleta）；ceder el primer lugar en el ingreso o salida de un lugar generalmente a las personas mayores o mujeres embarazadas. Entre otras.

在政治场合会出现一些政治手势，如行军规范、尊敬国旗、着正装、奏国歌时要肃立等。在日常生活中，有政治含义的手势一般跟尊敬与合作有关，如：给年长的人让座位（在等候室里给年长的人让座位）、帮助老人孩子和孕妇（比如帮助他们提重的袋子或行李）、在出口或入口处让老人和孕妇先行，等等。

B： En Colombia，algunas veces se bajan los pantalones mostrando la cola，como una forma de protestar. Este acto se denomina Antanas Mockus por el senador homónimo，quien lo ha hecho varias veces en el Congreso. Hay un político que hace el gesto de mamola，que contiene un sentido político fuerte transmitiendo la imposibilidad. Dicho gesto es de los 90 y en la actualidad，lo conocen los adultos. Otro ademán político fuerte tiene su origen en el partido de Uribe，con la mano en el corazón，lo que coincide con su lema ¨mano firme，corazón grande¨ y ahora se sigue viendo.

在哥伦比亚有几种手势。一种是脱下裤子露出臀部，是表达抗议的方式。这种行为叫做“安塔纳斯·莫库”，是由一名议员的名字命名的，他在议会上做了好几次。还有政治人物做过“抚摸对方下巴”的手势，表达“不可能”。这个手势在 20 世纪 90 年代，包括现在，哥伦比亚的成年人都是了解的。另外一个强烈的政治手势源自乌里韦政党，是把手放在胸口，意思跟他的口号——“坚定的手，坚强的心”相吻合，现在仍然能见到。

F： No. Sí（no muy seguro）los hay. Cada partido político tiene su propia canción，algunos gestos.

每个政党都有自己的歌曲和手势。（我不太确定）

9 ¿Hacer piropo es un fenómeno muy popular en su cultura?
在公共场合对女人起哄在你们的文化里是一种常见的现象吗？

A： Sí. Es una práctica muy común que refleja el machismo de nuestra cultura donde la mujer es mirada como objeto. Aunque dicha práctica tiende a presentarse más en los sectores más pobres que son los que generalmente carecen de educación formal o universitaria.

是的，在我们的文化里这是一种把女人物化的大男子主义常见表现，但是这种行为一般出现在缺少正规教育或大学教育的贫困阶层。

B： Sí，muchos lo hacen. Es normal y natural en Colombia que un hombre le diga cosas a una mujer en la calle.

Hay de todo. Yo creo que un hombre no debería hacerlo. Eso es mi opinión y de muchas mujeres. No obstante，en Colombia，los hombres tienen ese derecho mientras que no está bien visto que una mujer le diga algo a un hombre. Y generalmente lo hace la población menos educada. Pueden ser cosas bonitas o feas que se ocupan de la sexualidad. En la generación pasada，en un contexto de seguridad，el piropo dirigido a una mujer se trataba de la impresión de un hombre. En cambio，actualmente，por el matiz sexual que se transmite se percibe como una falta de respeto e incluso acoso sexual. No obstante，sigue existiendo en América Latina.

是的，很常见。在哥伦比亚，常常会有男人在街上对女人起哄，喊几句话，这很自然。我觉得男人们不该这么做，这是我的想法，也是很多女人的想法。但是，哥伦比亚男人仍然有这样的权利。可是如果是女人对男人这样做就会很不雅。大部分还是受教育程度较低的人在做。起哄的内容大概是关于性的赞美或难听的话。在我们的上一代，piropo 的内容代表男人对女人的印象，而且都是健康的，安全的。可是，演变到现在，内容总是涉及“性”，则会令人感觉不尊重或是性骚扰。但是，这种行为在拉丁美洲仍然存在。

E： Sí que hay. Depende de dónde te muevas.
是有的，但取决于具体的环境。

F： Todavía hay.

Siempre depende del ambiente donde la chica se mueva o el nivel educativo de la sociedad. En el centro de la ciudad donde la gente es más educada no hay tantos piropos.

还是有的。但是取决于女生所处的环境或社会教育水平。在市中心，人们受教育程度比较高，也就不会出现 piropo 这种现象。

H：Lo hay también，en Argentina，pero es negativo，nadie lo aceptan. Se puede enojar con el piropo.

在阿根廷也会有这种现象，但是没有人喜欢，也不接受。对人起哄会激怒对方。

G：Sí. Es muy común en Cuba. A las mujeres cubanas les gusta ser piropeados. Se sienten con mucho ego，mucha confianza. Por lo general，los piropos los hace el hombre a la mujer. Puede ser que una mujer piropee a un hombre pero no es muy común.

是的，在古巴很常见。古巴女人很喜欢被起哄，她们感觉很自豪，很有自信。一般来说都是男人向女人起哄，也有女人向男人起哄的时候，但不常见。

I：Te puede poner una multa. Es un acoso. Es muy difícil demostar el piropo. Se hace cuando estás con gente relativamente conocida en una comida，te toca a un hombre al lado y te dice cosas inconvenientes.

现在 hacer piropo 会遭到罚款。这是一种骚扰。很难表现出这种举动。一般是在相对较熟的人一起吃饭时，你恰巧坐在一个男人旁边，他对你说出一些不当的言语。

J：Ahora son prohibidos，se puede poner una multa. Hay regresión porque el piropo se considera una manifestación clara de machismo，de hecho，no me había dicho piropo en mi vida. Ahora para la gente joven y educada，yo creo que esto va menos.

现在在西班牙是禁止的，会被罚款，这种现象也越来越少。它是一种典型的大男子主义的表现，我从来没有做过这种事。现在受过教育的年轻人越来越不会这样做。

Paralenguaje：副语言

El paralenguaje es la comunicación donde se hace énfasis al componente vocal de un discurso， una vez que le hemos eliminado su contenido.

10 ¿Características del acento de los hispanohablantes que le gustaría compartir?
您能讲一讲拉美不同地区的口音特点么？

A： Los acentos de los hispanohablantes son muy diferentes. A manera de ilustración，en Colombia existen diferentes acentos según las regiones y localidades，incluso en una misma región se pueden encontrar acentos diferentes，dependiendo de la procedencia de los individuos. En las ciudades de Colombia，a raíz del fenómeno de desplazamiento forzado debido a la historia de guerra y violencia，tenemos una mezcla de acentos procedentes de diferentes regiones campesinas y urbanas. Aunque se puede identificar todavía una marcada fuerza regional alimentada por la tradición，por ejemplo，los diferentes acentos corresponden a los paisas（los montañeros：viven en la montaña），los rolos（los de la capital），los pastusos（del sur），los costeños（de la costa），etc. Ellos se diferencian en el ritmo al hablar，en la fuerza de la expresión，en el tono de la voz，entre otros.

拉丁美洲人的口音是多种多样的。比如在哥伦比亚不同地区，甚至在同一个地区都会有差别。由于战争、暴力等历史原因，人们被迫迁移。城市和乡村不同地区的口音混合在一起。当然，还是有一些明显的、传统的口音划分，比如：帕伊萨（山区人）、罗洛（首都人）、帕斯托（南方人）以及沿海的人的口音。这些口音在发音强度、声调和节奏上都有区别。

B： Colombia es un país con muchos acentos. Yo tengo un acento propio de mi región Paisa.

Lo que pasa es que hay una regionalización tan alta en Colombia que simplemente por el acento ya se pueden descartar para hacer negocios por ejemplo. Un amigo costeño fue a Medellín a comprar una camioneta de segunda mano. Entonces le recomendé que vaya a Bogotá，donde el mercado de segunda mano era más grande e iba a conseguir un caro más económico y me respondió que no quería negociar con ese tipo con sonsonete. Le pregunté el porqué y me dijo que todos los de Bogotá eran malos，a quienes los llaman cachaco los costeños.

哥伦比亚境内有许多不同的口音，比如我讲话就带有自己的家乡帕伊萨口音。

哥伦比亚的地域化很严重，仅仅因为口音就能够破坏一单生意。比如，一个沿海地区的朋友来麦德林想买一台二手的小货车。我建议他去波哥大，那里的二手市场更大，能买到更便宜的。但他回答我说不想跟口音平直的家伙做生意。我问他为什么，他说所有的波哥大人都很坏，沿海地区的人称他们为“讲究人”。

C：Sí，claro. Mi acento es super-marcado. El acento gallego es super-marcado.
当然了，比如我是加利西亚人，我的口音就特别明显。

D：Aquí hablo mejor，pero en casa，hablo muy rápido y con la boca más abierta.
我在中国讲话会更标准，但是在家里讲话会更快，或是嘴巴张更大。

H：Tenemos la diferencia de “ll”. En el Río de la Plata，hablamos con “sh”.
在拉普拉塔河流域，我们把“ll”读作“sh”.

G：En el caso de Cuba，en comparación con otros países hispanohablantes，creo que el cubano habla rápido. Por el tema de hablar rápido，tenemos esa tendencia a aspirar，algunas palabras. Aspirar la “s”，por lo general，es de la capital，la Habana. Qué letra aspiramos? En vez de decir “para acá”，decimos “pa-cá”，“pa-lla”. eso es aspirar. La “ra” lo quitamos，o decimos “pa-qué” por “para qué”. sobre todo，es algo típico de Cuba.

跟拉美其他国家相比，古巴人讲话更快，因为我们有吞音的习惯。我们会省略字母“s”或“ra”，尤其是在首都哈瓦那。我们吞音的例子如“para acá”，我们会读成“pa-cá”，或者把“para qué”读成“pa-qué”。这些是古巴口音的特点。

Aunque dentro de Cuba，existen diferencias. En la parte oriental，sobre todo en Guantánamo y Santiago，existe mucha influencia dominicana. Allí el acento es parecido a lo de la República Dominicana. Lo que ellos hacen es cambiar la “r” por la “l”，por ejemplo “parque” la dicen “palque”，“verde” la dicen “velde”.

但是在古巴的其他地区，也有不同的语音特点。比如在东部，关塔那摩和圣地亚哥，口音受多米尼加的影响很大。

他们会把“r”读作“l”，比如“parque”读作“palque”，“verde”读作“velde”。

J：En cada país latinoamericano，tiene su acento y dentro de cada país，puede haberlo también. En España，el gallego，el andaluz，el vasco，el catalán，es algo distinto.

拉丁美洲的每个国家都有自己的口音。在同一个国家的不同地区，口音也会有差别。比如在西班牙，有加利西亚语、安达卢西亚方言、巴斯克语、加泰罗尼亚语，这些方言都不相同。

11 En su cultura，¿cuándo /en qué circunstancia la gente acude al silencio? ¿Puede entender el silencio de la cultura china y qué estrategia usa ante el silencio de los alumnos en aula?

在您的文化里，人们什么时候/在什么情况下会选择沉默？你能理解中国文化里的沉默吗？面对学生在课堂上保持沉默你用什么方法调动气氛？

A: En el contexto universitario，en Colombia，el silencio de un estudiante puede significar muchas cosas（concentración，respeto o indiferencia），sin embargo，el estudiante siempre está presto a participar，preguntar o dar sus opiniones. En China，la mayoría de las veces，el estudiante está en una postura pasiva de silencio，situación que desconcierta al profesor occidental.

在哥伦比亚大学里，学生的沉默可能意味着很多情况（专注、尊重或冷漠），但是更多的时候学生还是时刻准备参与、提问或发表看法。在中国，大部分学生保持一种消极的沉默，这种情况让西方老师感到很迷茫。

Mi estrategia ante el silencio de los estudiantes era la motivación，es decir，hablarles de mi necesidad de escucharlos porque la relación en el aula no puede ser de arriba hacia abajo sino más horizontal.

我的方法是鼓励引导，告诉学生我需要听他们讲，因为在教室里我们的关系不是上下的而是平等的。

En los estudiantes chinos existe mucho temor a expresar sus propias ideas，por la sumisión o el respecto exagerado，no han alimentado la autonomía ni el espíritu reflexivo de crítica o análisis. Es un sistema educativo muy memorístico，y de ahí precisamente，proviene el silencio porque el estudiante siente que no tiene nada que aportar ante aquello que se enseña. Ellos respetan el profesor，pero es un respeto fundado en el temor.

出于过分的尊重和服从，中国学生很害怕表达他们自己的想法，他们缺少独立思考、分析和批判的精神。在以记忆为主的教学模式中，学生认为只听老师的讲授就可以，没有必要发言。他们尊重老师，但是是基于畏惧的尊重。

Otra estrategia era hablar con los estudiantes por fuera de clase，creo que eso fue lo que más me ayudó a romper el silencio.

另一个方法就是课下跟学生聊天，我觉得对于我很有效，能帮我打破沉默。

B：Normalmente el silencio se toma como tristeza o rabia en una conversación.

一般在谈话中，沉默代表悲伤或者愤怒。

C：Cuando es algo que no va conmigo，me callo.

在其他人谈论跟我没关系的事情的时候，我会沉默。

D：Cuando en alguna situación tensa，quizás no quiere tomar partido，se calla. Pero los andaluces no callamos nunca.

在比较紧张的情况下，而你不想参与，这个时候会选择沉默。

但是我们安达卢西亚人从来不会沉默。

E：En España，el que calla otorga. Quiere decir，yo estoy implicando algo，tú mantienes el silencio，lo que significa aceptando lo que yo digo.

Interrumpir es de mala educación.

在西班牙有一种说法：沉默即默许。意思是我在讲一件事情，你保持沉默，就意味着你同意我说的话。打断别人的讲话是不礼貌的。

Si no me hablan es perder el tiempo de los alumnos. En el aula，en España，si saben la respuesta y quiero que digan que yo sé la respuesta，si no，y quiero que digan no，y seguimos adelante con otra compañera.

如果学生不讲话就是浪费其他学生的时间。在西班牙上课的时候，我提一个问题，如果学生会回答，就说知道；如果不会，那么就告诉我你不知道，然后我再继续问其他的同学。

F：Silencio es tan malinterpretado，nos gusta la participación.

沉默容易被误解，我们还是更喜欢参与。

Particularmente hago los alumnos que se sientan en un ambiente agradable，para que se participen con muy baja presión. Posiblemente los estudiantes tienen el miedo de cometer errores.

我会尽量给学生营造轻松的环境，减少他们的压力，让他们参与进课堂中。可能学生们不敢参与是害怕犯错误。

H： En situaciones incómodas se hace un silencio. Digamos de un breve silencio. Y luego se trata de solucionarlo o se entiende que fue algo incómodo. A veces con el silencio ya se puede entender. En casos de conmemorar alguien que falleció，también dan un minuto de silencio.

在气氛微妙的时候，当谈话令你感到不舒服，可以短暂沉默，然后试图解决问题，或让对方察觉这种氛围。

当悼念去世的人的时候，也会默哀一分钟。

En universidades argentinas，los estudiantes nos peleamos por hablar. Pero en mi clase，nadie respondía y había un silencio total. Creo que el estudiante chino，por un lado，es tímido，por otro lado，algunos alumnos tienen temor a la figura del profesor.

在阿根廷，大学里学生们都是争抢着回答问题。但在我的课堂上，学生们没有人主动回答，全班一片寂静。我觉得中国学生一方面是由于害羞，一方面对老师有畏惧的心理。

G： Yo creo que en mi país no. Por lo general no hay silencio.

En ritmos de ceremonia，también guardamos un minuto de silencio.

我觉得在古巴，几乎没有沉默的时候。

当然，在典礼或仪式时，我们也会保持一分钟的沉默。

Muchas veces，los chinos saben y no hablan. Yo，normalmente si doy un tema，siempre digo “alguien me pudiese decir” y les enseño un ejemplo como respuesta. Pero a la pregunta todos bajan la cabeza y no hablan. Tengo que animar y ordenarles para que me respondan.

很多时候，中国学生会回答，但不愿讲话。我一般会在提出问题之后，说：“这个问题，可能有人会回答”，并且给他们一个范例。但是全班同学都低着头不讲话。我不得不鼓励他们或是点名回答问题。

I： Nunca. En Europa，a los españoles y los italianos no les gusta el silencio，y los portugueses son más silenciosos.

从来不会。在欧洲，西班牙人和意大利人不喜欢沉默，葡萄牙人更加沉默一些。

Sí. Es una discreción，que significa que no me importa o me complique la vida. En China，nadie me da cuenta ni me mira en la calle aunque estoy cantando.

能够理解。这是一种谨慎的表现，意思是与我无关，不要来打扰我。在中国，即使我在大街上唱歌也不会有人理会我。

Es un problema para mí y para ellos. Mi estrategia es que yo pregunto directamente y les obligo a responder. Si yo pregunto en la clase y nadie responde, entonces escojo la lista a ver: “Lluvia, dímelo”.

El silencio de los alumnos sí me afecta. Sé que es una cosa cultural. Yo voy uno por uno en la clase. Cuando un alumno tiene duda, se lo dice con la voz muy bajita, porque tiene un miedo tremendo de que se reirían sus compañeros, un miedo al ridículo y al perder su respecto delante los demás. Te dice la pregunta siempre cuando cree que no se oyen los demás.

Los alumno españoles lo consideran un éxito al hacer reír a los demás, pero los chinos tienen miedo a fallar.

这对于我和对学生来说都是一个问题。我的方法是直接要求他们回答。如果我提一个问题，没有人主动回答，我就会在名单上选一个：“Lluvia，你来回答”。

中国学生的沉默会影响到我。但我知道这跟文化有关。我在课上一个接一个提问，如果哪个同学有疑问，她/他会很小声提问，小到只有自己能听见，因为她/他非常害怕被同学笑话，而失去大家的尊重。

而西班牙学生觉得把同学们逗笑是一种本事。中国学生却害怕犯错。

J：Nos pone nerviosos el silencio

沉默会让我们感到紧张。

12 En su cultura, ¿qué características se notan con la parte que domina el discurso, o sea, que tiene el turno del habla? ¿Le cuesta ceder o pedir el turno del habla cuando conversa con los amigos chinos o compañeros de otros países?

在您的文化中，谈话时是不是总是有人掌握着话轮，这些人有什么特点？你在跟中国学生或其他国家的人谈话时，让出或争取话轮时是否感到困难？

A：En nuestra cultura los turnos del habla están relacionados con las estructuras de poder que expresan quien domina el discurso y el turno del habla. Sin embargo, cuando se trata de la interacción con personas de otras culturas no es tan marcada la diferencia en quién domina o tiene el turno del habla. Todo depende de los contextos del intercambio.

在我们的文化里，谁掌握话轮也是与权力等级相关的。但是，跟其他国家的人谈话时，是谁在掌握话轮差别不是很明显，这些都与谈话的具体情况和背景有关。

B：La parte que domina el discurso generalmente no deja hablar al otro y otros empiezan a hablar para interrumpir. Cuando está el rector，como el dominante，él puede interrumpir cuando quiera y los colegas se pueden interrumpir entre ellos pero no a su superior.

掌握话轮的总是不给别人说话的机会，别人要想说话就要打断他/她。但比如有校长在场，他可以随意打断大家，同事之间可以互相打断，但不能打断上级。

No，para nada. Yo creo que es de forma natural y en ocasiones，inconscientemente，los interrumpo. Los amigos chinos no luchan por el turno por lo que se ve más tranquilo y se hace mucho fácil conversar.

一点也不会。我觉得这都是自然的事，有时会不自觉地打断对方。中国的朋友在谈话中不会争着抢话，感觉更安静，跟他们谈话很舒服。

C：Pero en España nos interrumpimos mucho，es muy natural.

Para no ceder el turno，subir la voz o con gestos.

在西班牙，人们谈话期间总是会相互打断，这很正常。

为了不让出话轮，可以提高声调或是用一些手势。

D：No para de hablar o dice “un momento” para mantener el discurso.

西班牙人总是不停地讲，或者说“等一等”来保持自己的话轮。

E：Es muy natural. Si hay mayor en el grupo，domina el turno，por contrario，es una falta de respeto.

是的，很自然。如果是长辈，那么他/她会掌握话轮；如果是其他人掌握的话，则是对长辈的不尊重。

F：Nosotros llevamos la conversación，hablamos y cambiamos el tema muy natural. Si hay un mayor en el grupo，lo respetamos mucho y lo escuchamos.

我们谈话的时候都很自然随意，转换话题也很自然。如果人群中有年长的人，那么大家都会尊重长辈，听长辈讲。

G：Es un signo de mala educación hablar sobre a los demás. Uno tiene que esperar a que el hablante termine su voz y que ceda el turno.

打断别人的讲话是不礼貌的表现，应该等别人讲完并让出话轮再讲话。

I：Es una cuestión de poder en la cultura española. Yo soy más poderoso，tengo la razón，soy más listo que tú，pues yo sentencio como un juego.

在西班牙文化里，这是有关权力的问题。如果我的权力更大，我比你懂得更多，我就更有话语权。

J：Levantar la voz，pretender acabar el tema. Si ya está la discusión，"es esto"，"y cambio del tema，hombre"

可以提高嗓音来争夺话语权，试图结束话题。如果所有人开始一起争论，则可以说"够了，够了"，"拜托，换个话题吧"。

Lenguajes objetuales 客体语言

Se refiere artículos artificiales –cosmético，indumentaria，joya，muebles，ornamento así como otros objetos manufacturados duraderos e induraderos.

13 ¿Puede presentar la indumentaria típica en su cultura o de su región?¿Qué sabe usted sobre la indumentaria china?

您能介绍一下你所在地区的传统服饰吗？您对中国的传统服饰有了解吗？

A：La indumentaria típica de la región suele ser exhibida en fiestas o rituales，o como instrumento de propaganda generalmente política，pero realmente ya no son utilizadas en el mundo cotidiano.

传统服饰一般会出现在节日或者仪式中，或作为政治宣传的手段，但在日常生活中几乎不会使用。

Las indumentarias son diversas，se usan de acuerdo a los grupos sociales，por ejemplo，en las ciudades la indumentaria es estándar occidental y se diferencia según las clases sociales o grupos，pero el corte es la moda globalizada occidental. En las regiones apartadas，también se impone la moda，aunque las indumentarias son más simples y varían según los climas.

并且，各个社会阶层的服饰也是不同的。比如，在城市里，服装都是西式风格，虽然不同阶级和群体的样式有差别，但是剪裁都是统一的西方风格。在一些偏远地区也会有自己的时尚，但服饰更简单，而且会随气候变化而改变。

B：La indumentaria típica sigue siendo muy común entre los campesinos. Las mujeres siempre llevan falda corta o larga mientras los hombres siempre ponen una camisa y un sombrero. El Sombrero Paisa normalmente es de varios estilos pero es blanco o de color claro con una franja negra. El sombrero costeño es de color negro pero muy delgado. El ala es muy grande porque hay más sol. En la costa，en Santa Marta，el traje típico es de color blanco para hombre y mujer. La falda blanca es muy larga hasta taparte los pies y en la parte arriba deja descubiertos los hombros.

传统服饰在农民当中仍很常见。女人总是穿着长裙或短裙，男人穿衬衫带大沿帽。帕伊萨地区的大沿帽有很多种，但都是白色或者浅色，有一条黑色的带子。沿海地区的帽子是黑色的，比较窄，帽沿很大，因为太阳很毒。沿海地区，比如圣马尔塔，男人女人的传统服饰都是白色的。女人的裙子很长，能盖住脚，上面也能遮住肩。

C：Cada comunidad autónoma tiene su ropa tradicional. En las fiestas，se visten con la ropa tradicional de cada región. Por ejemplo，Andalucía tiene el traje de flamenco.

西班牙每个大区都有自己的传统服饰。每逢过节，人们便会穿上当地的传统服饰。比如，安达卢西亚人会穿上弗拉门戈的服饰。

D：Normalmente el traje típico es el traje típico del baile propio de la región，entonces la gente que baila utiliza eso cada vez que tiene actuación，pero nunca sale a la calle con eso.

一般来说，各地的传统服饰就是当地舞蹈服装，所以每当有演出的时候演员也会穿上民族服饰，但是平常在街上不会有人这样穿。

F：En Argentina hay mucho traje tradicional，tenemos traje por folclórico como tango y caucho，son más típicos. Pero se ven poco en la calle.

阿根廷有很多传统服饰，最有代表性的比如探戈服饰和高乔人的服装。但是在大街上很少看到。

H：En argentina，es vestido típico es la gaucha. Su uso presenta diferencia en las ciudades y en las zonas rurales. En las ciudades se viste solo en las ocasiones festivales，como el día de independencia，mientras en las zonas rurales se puede llevar habitualmente.

在阿根廷，最有代表性的是高乔人的服饰。但在城市里人们只是在节日的时候穿，比如独立日；而在乡村是一种日常的穿着。

G： En cuba，la prenda representativa es la guayabera，cuyo color es principalmente blanco. Como en la Cuba hace demasiado calor，la guayabera está hecha de una tela muy fresca. A diferencia del uso de la gaucha argentina，la guayabera se viste en la vida cotidiana.

古巴的传统服饰是瓜亚贝拉衬衫。颜色多为白色，面料很轻薄，因为古巴天气炎热。与阿根廷的高乔服饰不同，古巴的瓜亚贝拉是人们经常会穿的日常服饰。

I： Los trajes folklóricos，de la tradición sirven para espectáculos，ceremonias u ocasiones，pero no se usa en la vida cotidiana. Hay muchos trajes tradicionales en España. El traje de flamenco es un traje folklórico，cláscico e histórico.

Cada región tiene sus tradicionales fiestas donde se puede ver los trajes tradicionales.

西班牙有很多传统服饰，比如弗拉门戈的服装就是一种民族的、传统的、历史的服饰。每个地区都有自己的传统节日，那天人们会穿上传统的服装。但这些服装都是在节日、庆典或一些重要场合才使用，日常生活中人们是不会穿的。

Yo conozco el Hanfu. Para mí，eso no es la indumentaria china y forma parte de la mitología cultural china.

我知道汉服。但对于我来说，这不是传统服饰，而是中国神话的一部分。

J： Sí，en cuanto a la ropa tradicional española，hay ropa que solo se pone para fiestas o ceremonias.

是的，在节日或庆典的时候，西班牙人会身着传统服饰。

14 ¿Qué características se muestran en el maquillaje de las mujeres y los hombres de su país? ¿Le parece muy distinto el maquillaje chino?

贵国女人和男人的妆容有什么特点？您觉得跟中国人的妆容是否有区别？

A： En Colombia，la mayoría de las mujeres se maquillan，se pintan el pelo，se pintan la cara y las uñas，se hacen cirugías plásticas –implantes de todo tipo， especialmente，caderas y busto. La vestimenta también funciona como maquillaje，generalmente，la ropa es muy ceñida para resaltar los volúmenes y curvas del cuerpo femenino. Los hombres poco a poco vienen incursionando en la moda de intervenir el cuerpo con cirugías estéticas y se pintan el pelo.

在哥伦比亚，大部分的女人都化妆：染头发、脸部化妆、涂指甲，做整形手术，做各种植入，尤其是丰臀和丰胸。她们也会在服装上下功夫，比如穿紧身的衣服来凸显女性的丰满和曲线。男性也慢慢受这种潮流影响，会去做整形和染头发。

El maquillaje en China también es muy común entre mujeres y hombres，pero con algunas diferencias culturales.

中国男人和女人化妆也很普遍，但也存在一些文化差异。

B：Pues las mujeres，en general，no nos maquillamos mucho. Las partes claves son las cejas，los ojos y los labios. Y los colores que más se usan son el rojo en los labios，y últimamente se usan los colores más suaves. También se usa mucho el brillo de labios. Se usan las cejas depiladas y ver una mujer sin cejas depiladas es muy raro. Y en los ojos se usan delineador o sombras，y una base para cubrir bien por toda la parte. El color de piel muy blanco no es llamativo，entonces las mujeres blancas buscan verse morenas，pues hay bronceadores y rubores que hacen que la piel se vea más morena.

一般来说我们不化太浓的妆。只化主要的部分：眉毛、眼睛和嘴唇。嘴唇常用红色，最近流行更浅的颜色，也会用唇彩。会修眉毛，不修眉毛的女人看起来很奇怪。眼睛会化眼线或眼影。脸上打粉底。白皮肤不太引人注意，所以女生喜欢使用粉底把皮肤擦成棕色。

La tendencia del maquillaje masculina es muy reciente. Los hombres jóvenes están empezando maquillarse，pero se limitan a poner la base，pintar una línea delgada para ojos，depilar，pintar y arreglar las cejas un poquito y no más. Y algunos también cambian el color del cabello. Pues el maquillaje de los hombres no es tan normal en el momento.

最近男性化妆也是一种趋势。年轻的男孩子开始化妆，但只是打些粉底，化一点细细的眼线，修一修眉毛，还有一些会染发。总之，当下男人化妆还不是特别普遍。

La diferencia más grande es que las mujeres chinas en general se ponen la piel muy blanca，pero hay maquillajes que son muy gruesos y muy blancos，entonces se ven muy raros. Y otra diferencia más grande es la lente de contacto con diferentes colores，son muy raros.

最大的不同是中国女人都喜欢把皮肤涂得很白，有些粉底很厚很白，看起来很奇怪。另外一个不同是中国人会带不同颜色的美瞳，也很奇怪。

C： Creo que en China el maquillaje de las mujeres es más suave，como las chicas se ponen（hay excepciones）en general como la sombra de ojos más clara，los pinta labios más claros.

Nosotras nos ponemos el maquillaje un poquito más oscuro que nuestra piel.

El prototipo de belleza es diferente. En Asia siempre quiere blanquearse.

En España los hombres nunca se pintan，pero en China sí.（algunos alumnos también pintan labios，y sombra de ojos y uñas）

我觉得中国女人的妆容更淡一些，比如她们的眼影或口红一般都涂浅色的（也会有例外）。

而我们的妆容则是把皮肤变得颜色略深一些。

人们的审美标准不同。亚洲人以白为美。

西班牙男人从不化妆，但中国（有一些男学生也会化嘴唇、眼影和指甲）。

D： Eso porque la piel es más blanca. En España lo que intenta es moreno.

对，这是因为中国人希望皮肤显得更白，而西班牙人更希望化成棕色皮肤。

H： En Argentina：El maquillaje chino procura la piel blanca. No obstante，en Argentina no lo prefieren. Lo consideran como una enfermedad y un fenómeno muy anormal. En Argentina se quiere tomar el sol y se prefiere una piel bronceada.

中国人喜欢把皮肤涂得很白，但阿根廷人觉得很奇怪，感觉像是生病了，不正常。阿根廷人喜欢晒太阳，把皮肤晒成古铜色。

Además，en los países asiáticos se presta mucha atención a la ceja y la decoran con mucho interés. Pero en Argentina，es mejor tenerla fina o no tenerla directamente. Hay que tener en cuenta que los hombres，principalmente，no maquillan. En tal caso，los que maquillan los consideran como homosexuales.

此外，亚洲人很在意眉毛，会把眉毛修理得很精致。而阿根廷人喜欢细细的眉毛，或者直接没有眉毛。阿根廷的男人几乎不化妆，如果化妆的话会被认为是同性恋。

G： En Cuba：en la Cuba también se considera el color bronceado como uno saludable. En cuanto al color del labio，la preferencia de Asia es rosa，naranja，etc. Sin embargo，en Cuba se procuran el color oscuro，como el marrón. En la Cuba，los chicos jóvenes también llevan pendientes y，sobre todo，los musicales.

在古巴：古巴人也认为古铜色是健康的肤色。亚洲人喜欢把嘴唇涂成粉色、橘色等。但古巴人喜欢深色的唇色，比如棕色。在古巴，男孩子也会带耳环，尤其是搞音乐的男孩子。

I： Las chicas chinas no suelen pintar mucho los ojos，solamente con una raya. Yo pongo el rímel o un poco color，pero no se hace aquí.

中国女生不太化眼妆，只画一点眼线。我会化带颜色的眼影，还会涂睫毛膏。

15 En su país，¿se relaciona estrechamente el uso de los objetos personales（p.ej.：coche，bolsa，móvil...）con la identidad social de la gente?¿Le parece obvio el fenómeno en China?

在您的国家，人们的社会身份和使用的个人物品（车、包、手机……）是否有很大的联系？您觉得在中国这种现象是否明显？

A： Tanto en Colombia como en China，poseer objetos fortalece la identidad social y las diferencias sociales，económicas y culturales.

在哥伦比亚和在中国一样，拥有的个人物品都会加强一个人的社会身份，从中也能看到社会、经济和文化的差别。

B： Sí. 是的，有联系。

C： Sí，en China mucho más que en España，se refleja la estado social.

在中国比在西班牙关联更大，在中国个人物品会反映一个人的社会地位。

D： En España es normal este fenómeno pero no definitorio，el valor de la persona no es directamente relacionado con esa cosa.

在西班牙这种现象也是正常的，但不是特别明确，一个人的价值和他/她的个人物品不是有非常直接的联系。

E：En España，ostenta por el coche.
西班牙人喜欢炫耀自己的车。

F：Sí. 是的，有联系。

H：En Argentina，la ropa deportiva está asociada al nivel económicamente bajo. También se puede distinguir la clase social mediante la marca de los coches y los relojes.
在阿根廷，穿运动类服装的人会被认为经济水平不是很高。人们也会根据手表和车的牌子来判断一个人的社会阶层。

G：En la Cuba，demasiado uso de oro no significa que uno sea rico，a pesar de que el oro es una cosa que tiene mucho valor.
在古巴，如果过分使用金饰意味着没有钱，虽然金子是很贵的东西。

I：Sí. La moda tiene muchas corrientes y el estilo de la personalidad es otra cosa. Las ganas de aparentar es cosa de nuevos ricos，que acaban de ser ricos，quieren demostrar que tiene muchas cosas.
是的。时尚有各种潮流，但个人风格是另外一件事。喜欢摆阔是暴发户的行为，他们想要证明他们有很多东西。

J：Sí，el coche siempre ha sido casi todo el mundo un símbolo，pero el móvil en España no.
是的，在全世界，车几乎都是身份的标志，但在西班牙手机不算是。

16 ¿Le parecen similares o diferentes el patrón estético de la cultura hispana y el de la china o el español y el latinoamericano?
您觉得中国和西语国家的审美标准是否相同？西班牙和拉丁美洲之间呢？

A: Los patrones estéticos de la cultura china y la colombiana son muy diferentes. Por ejemplo，en la cultura colombiana se exalta la mujer y el hombre bronceado，en China se evita el sol porque se prefiere ser blanco.
中国和哥伦比亚的审美标准区别很大。比如，哥伦比亚不论男人女人都更喜欢古铜色皮肤，而中国人注重防晒，因为他们以白为美。

B： Totalmente diferente. Los colombianos buscamos mucho que los colores combinen，pero en China，los colores se choquen. Mientras más colores y más cosas，mejor.

完全不同。哥伦比亚人喜欢协调的颜色，而中国人喜欢撞色，颜色越多越好。

C： Los chicos extranjeros llaman más atención en China aunque no sean guapos. También puede ser una forma de ostentar.

一般外国男孩，即使他不帅，在中国也会受到关注。可能一些女孩子也是出于虚荣心吧。

D： Hemos visto algún chico extranjero superguapo o sea，está de moda，pero no lo quiere nadie.

我们也见到过有些外国男孩非常时尚，非常帅，但是却不受欢迎的。

E： En España la mayoría de las chicas prefieren un chico que parece formales，afeitado y peinado bien，tiene que ser masculino，tiene la especialidad de sexo. Para mucha gente，el cuerpo es más importante que la cara.

西班牙的女孩子更喜欢着正装、头发梳得整齐、胡子刮得干净的男生，而且要有男子气概。对于很多人来说，身材比脸更重要。

F： En China，las chicas delegadas son más populares，pero en Argentina y España，no.

在中国，苗条的女孩子更受欢迎，但是在阿根廷和西班牙不是这样。

17 ¿Se evoluciona o cambia el patrón estético en su cultura?

在你们国家的文化里，审美标准是否随着时间而有所改变呢？

A： Los patrones estéticos son impuestos por los medios de comunicación masivos y la sociedad de consumo，de ahí que la tendencia es seguir el patrón que se impone. Solo algunos intelectuales，académicos y grupos de resistencia escapan a la imposición de la moda.

人们一般会跟随大众媒体和消费社会定义的审美标准，只有一些知识分子、学者和反对派会抵制这种潮流。

B：Creo que se ha venido cambiando. Por ejemplo，el tema de los tatuajes，que antes no eran aceptados. Y ahora para la mayoría de las personas，ver a un hombre con tatuajes es algo bueno.

我觉得是在慢慢变化的。比如纹身的问题，之前是不被接受的，而现在大部分人看到有人纹身也不会觉得有什么不好。

C：Más o menos igual. Ahora en los últimos años，está más de moda tener buena figura.

基本上是一样的。最近几年，人们更在意身材好坏了。

D：Creo que es más o menos igual. Las mujeres españolas buscan lo más varonil，quien tenga un poquito de músculo y cuerpo grande，haga mucho deporte y con barbas. Pero en China，bajo la influencia de prototipo o los actores populares，hay una tendencia que cada vez a las chicas le gustan más los chicos aniñados，bien blanco，muy delgado，y también con un poquitito músculo.

我也觉得没有太大变化。西班牙女人会喜欢更阳刚一点的男人，大块头，有一点肌肉，喜欢做运动，有胡子等。但是在中国，受明星艺人的影响，有一种趋势是女孩儿更喜欢阴柔的男子，白白的皮肤，瘦瘦的身材，但也可以有一点肌肉。

I：Va cambiando. España tiene un grupo textil que se llama Inditex con marcas como ZARA. ZARA marca el patrón，pero no lo marca ZARA porque se inspira en las grandes casas de costura de París y del mundo，lo copia y las hace más baratas. El patrón estético español no solo es muy europeo，sino también universal.

是一直在变化的。西班牙有 Inditex 服装集团，旗下最有名的品牌是 ZARA。ZARA 会带动审美走向，但它也会跟随那些巴黎或国际大品牌，制造便宜的仿品。西班牙的审美标准不仅是欧洲的，也是世界的。

J：En España todo cambia porque es un país muy abierto，hay una enorme emigración e inmigración.

在西班牙一切都不是一成不变的，因为这是一个拥有大量移民的开放的国家。

Cronémica 时间观念

La cronémica o cronemia, consiste en la interpretación de la conducta humana con respecto al tiempo, un elemento cultural que permite cualificar la forma en que se producen los episodios comunicativos dentro de las relaciones sociales.

Se habla normalmente de tiempo monocrónico (tiempo M) y tiempo policrónico （tiempo P):

El primero se refiere a hacer una cosa a la vez y es característico programar las actividades y el segundo significa hacer varias cosas al mismo tiempo.

18 ¿A cuál pertenece su cultura，el tiempo M o el tiempo P?
在你们的文化里，时间观念是遵循单向性的还是多向性的？

A： Pienso que la cultura universitaria y de trabajo en general maneja el tiempo P. Esta dinámica está muy globalizada por el sistema capitalista que invade todos los ámbitos culturales y sociales en busca de mayor productividad.

我觉得在大学和大部分其他的工作中都是遵循多向时间观。由于资本主义体系渗入各个文化和社会层面，寻求提高生产力，这种时间观也越来越全球化。

B： Policrónico. No es decir que podamos hacer todas las cosas bien al mismo tiempo，pero sí hacemos muchas cosas al mismo tiempo.

多向性的。不是说我们可以同时做好很多事，但我们确实同时在做很多事。

C： Creo que para mí la mayoría es policrónico. Sobre todo，en cuanto al trabajo.

我觉得对于我来说主要还是多向时间观，尤其是在工作中。

D： La vida privada y la vida de trabajo serían separadas totalmente para los españoles.

对于西班牙人来说，私人时间和工作时间是完全分开的。

E： Monocrónico. No todo es igual，pero la mayoría es monocrónica.

不是每个人都一样，但大部分是单向时间。

F： Monocrónico. Tiempo personal es muy apreciado. No se mezcla el tiempo personal con el tiempo de trabajo. Pero en China，se mezclan.

单向时间。私人时间十分宝贵。不要把私人时间和工作时间混在一起。但是在中国，常常是这样的。

H：Argentina：el tiempo P.

阿根廷：多向时间。

G：Cuba：el tiempo P，que se hacen varias cosas al mismo tiempo.

古巴：多向时间，也就是同时会做很多事情。

I：Monocrónico. No se puede hacer varias cosas a la vez. Las cosas se pueden hacer una tras otra solamente.

单向性。不能同时完成很多事，只能一件一件完成。

J：En España las mujeres hacen varias cosas a la vez，los hombres solo podemos hacer una.

西班牙女人可以同时做很多事，但男人只能做一件。

19 ¿Cómo estiman el significado de la puntualidad los hispanos en la vida de hoy?¿Existen diferencias entre la cronémica de los nórdicos y la de los españoles?

西语国家的人对于现在的“守时”怎么看？

A：Para los colombianos siempre ha sido difícil la puntualidad en el sentido europeo. Tenemos nuestra propia manera de regirnos por el tiempo，es decir，la puntualidad puede variar de acuerdo a la importancia del evento，generalmente，se es puntual si no se excede diez o quince minutos de diferencia a la hora acordada.

哥伦比亚人很难做到欧洲人的守时。我们有自己遵从的时间观，准时的程度依事情的重要性而定。一般来说，不超过约定时间十或十五分钟都算准时。

B：La puntualidad es un valor relativo. Depende de la situación，de la persona y de muchas cosas. Un colombiano puede esperar mucho más de una hora. Si es un encuentro oficial，se puede esperar una hora. Y un encuentro de amigos，sin límite. Así que es muy relativo.

En cuanto a las normas，por ejemplo，una cita médica，tienes que llegar con veinte minutos de antelación. Pero es posible que puedas esperar al médico por dos horas. O en las clases，los estudiantes esperan en el salón quince minutos，si el profesor no llega，se van. Y el profesor no espera a los alumnos，si solamente hay un alumno，también da clase.

准时是一个相对的概念。取决于当时的情况、人物和其他因素。哥伦比亚人可以等待一个小时以上。如果是正式的会面，可以等待一个小时。如果是朋友聚会，可以无限等待。所以说是相对的。

但比如预约看医生，要提前二十分钟到达，但有可能你会等待医生两个小时。如果是上课，学生会在教室等待老师十五分钟再离开。而老师不会等学生，即使只有一个学生，老师也会按时上课。

C： Muy mal. Eso lo llevamos muy mal. En cuanto a trabajo，somos puntuales. Al quedarse con amigos，se retrasa un poco. Quince minutos está bien para espera，pero lo que tarda media hora es preocupante.

这方面我们做得很差。在工作中，我们是准时的。但是，如果是和朋友们约会就会迟到一会儿。迟到十五分钟是可以接受的，但是半个小时就不太好了。

D： Sí，en el trabajo somos puntuales.

是的，在工作中我们是准时的。

F： No creo que consigan puntuales. Agitamos entre 15 y 20 minutos.

不准时。我们有 15～20 分钟的灵活时间。

I： En España，culturalmente la gente se retrasa，que es una cosa de mala educación. Pero yo personalmente no. Creo que es una cuestión de respeto.

西班牙人习惯迟到，这是不礼貌的。我个人不会迟到，我觉得这对别人不尊重。

J： Si cuartito de hora，nos aguantamos sin ningún problema. En España si tú has quedado a las 10:00，y llega la persona a las 10:10，10:12，10:13，en principio，hay personas que llevan mal，que podía crucificar，pero en principio，se tolera. En América Latina，en México，tu puedes llegar 40 minutos tarde.

如果迟到一小会儿，我们是可以忍受的。在西班牙，如果约定在 10 点，然后对方 10:10、10:12、10:13 到，原则上是可以忍受的，但也有人会受不了。在拉丁美洲，比如在墨西哥，你可以迟到 40 分钟。

20¿Cuáles son los regalos que suelen hacer los españoles en diferentes ocasiones，tales como el cumpleaños，la boda，bautizo，etc. y los tabúes a la hora de hacer un regalo?

西班牙人在不同的场合（生日、婚礼、洗礼等）都会送什么样的礼物？送礼有何禁忌？

A： En Colombia，hoy en día，se acostumbra consultar a los próximos（amigos o familiares）del festejado para elegir el regalo más apropiado.

在哥伦比亚，如果送给亲近的人（朋友或家人）我们一般会询问对方的喜好，选择更适合的礼物。

En mi región un tabú es regalar pañuelos porque según la tradición，este regalo trae lágrimas.

在我的家乡，送手帕是一种禁忌，因为传说手帕代表流泪。

B： Para una boda，hay una lista de boda. Para cumpleaños，se puede regalar cualquier detalle，que no sea muy comprometedor. Para un bautizo，también se puede hacer una lista，o puede hacer lluvia de sobres，que es meter dinero en un sobre. O se puede llevar juguetes o ropa，pero no se debe dar comida para el bebé en un bautizo.

婚礼会有礼物清单；过生日可以随意送礼；洗礼也可以依照礼物清单送礼物，也可以包红包，或者送玩具或衣服，但不能送食品。

C： Entre las chicas，yo creo que ropa，collares，perfume，etc. Son los regalos que les gustan más.Al hacer regalos，lo que hace mucho es elegirlos según los gustos del recipiente. En cuanto a un banquete，normalmente，los invitados suelen llevar comida o bebida，por ejemplo，una botella de vino，pero asisitirlo sin traer nada es descortés

女孩儿之间的话，一般是衣服、首饰、香水之类的。而且会根据对方的喜好来选择礼物。如果是应邀赴宴，一般会带上食物或饮品，比如一瓶红酒。但是什么也不带去赴宴就不太礼貌了。

Ahora es muy de moda hacer la lista de regalos en la boda. Por lo demás，dinero en efectivo también incluido. En España generalmente，la cantidad de dinero depende del restaurante que se celebre la boda，a lo mejor，del valor de platos o menú.

婚礼现在很流行列礼物清单，新郎新娘事先列一张希望收到礼物的清单发给亲友，大家可以自由选择想送的礼物。另外，送现金也是可以的，具体的金额一般会根据宴请餐厅的规格或是菜品的人均价格而定。

Sobre los tabúes no sé，creo que en China sí，en China nunca se regala reloj porque significa muerte. En España casi no hay，pero regalo también puede ser algo con doble sentido. Por ejemplo，existe castigo como la madre le regalará un libro a su hijo cuando haga malas notas.

关于禁忌，我知道在中国不可以送钟，因为意味着死亡。在西班牙几乎没有，但有一些双关或是讽刺的礼物，比如孩子考试考砸了却送一本书给他。

D： No hay regla escrita para llevar comida o bebida a un banquete.

没有明文规定说赴宴一定要带食物或是饮品。

En la boda puede hacer una lista y esa lista se la manda a sus amigos por correo. También es una forma de hacer regalo dar un sobre de color blanco con dinero.

婚礼可以列一张清单，然后以邮件的形式发给亲友，亲友可根据清单送礼。也可以发红包，但是一般把钱放在白色的信封里。

En España es muy poco，casi no hay regalos prohibidos.

很少，在西班牙送礼物几乎没有禁忌。

H： En Argentina，el regalo para casamiento presenta dos tipos. En el primero，los novios van a preparar una tienda y una lista de regalos. Los amigos y los invitados compran regalos según la lista. Si una persona compra los que ya han comprado los demás，ésta tendrá que retirarlos y volver a comprar otra cosa del mismo valor. Si los novios no necesitan una casa，van a abrir una cuenta bancaria a la que los amigos envían dinero. Con ese dinero，los novios recién casados van de viaje de luna de miel. Para nacimiento o bautizo，se tiene que preguntar antes a los padres qué necesitan y，principalmente，se regala la ropa.

在阿根廷，婚礼赠礼分为两种。一种是，新人们事先选定一个商店，再列一张礼物清单。亲友们根据礼物清单来购买礼物。如果你选择的礼物已经有人购买了，就需要换一个同等价位的其他礼物。另外一种，如果新郎新娘不需要给新家添置物品，也可以到银行开一个账户，亲友们可直接向里面存钱。然后新人可以用这部分钱去旅行或者度蜜月。孩子的生日或洗礼日，通常会询问孩子的父母需要什么。一般情况下会送衣服。

G： En la Cuba，nunca se concede el dinero como regalo. Para regalo de casamiento，se suelen regalar juegos de cuarto o utensilios de cocina. Los amigos se preguntan para que sus regalos no sean repetidos. En cuanto a los cumpleaños，la persona que cumple sus años suelen ser la invitada. Además，para hacer regalos，es mejor regalar las cosas que se queden y que no se consuman rápidamente.

古巴从来不会用现金作为礼物。婚礼的话，人们会送一套床上用品或是厨房用具。亲友们也会互相确认，以免礼物重复。生日的话，大家会一起请过生日的人（吃饭）。此外，送礼时尽量不要送消耗品，要送一些能够保存下来的东西。

I： Para el cumpleaños，yo siempre regalo libros para los niños. En boda，se regala dinero. Para el bautizo，también el dinero. Le compras un pequeño detalle y le das dinero. Los regalos son inconvenientes siempre porque no sabes si te viene bien y es muy difícil acertar con lo que desean los demás.

孩子过生日，我会送书作为礼物。婚礼我会送礼金。洗礼也是送现金，或买一个小礼物，然后再送现金。送具体的礼物不太适宜，因为可能会不合适，很难猜出对方想要什么。

Si vas a cenar a la casa de alguien，tienes que lleva un regalo. Fruta también se regala en España y sería una cestita de fruta.

如果受邀去别人家里吃晚饭，也是要带礼物的，比如水果篮。

J： La lista de boda es más reciente，tú das dinero y así con el dinero，ellos al final eligen la lista que compran. Pero esto es lo reciente，en la boda de mis padres，no se haría，no existía la lista de boda.

Los bautizos ya serían menos，te dicen los padres qué quieren para el niño，“necesitamos la cuna，comprar la cuna”.

Es muy habitual llevar postres si vas a comer o una botella de champán.

在西班牙，现在参加婚礼可以送现金，然后对方用这笔钱购买礼物清单上的东西。但这是最近的做法，以前在父母那个年代是没有礼物清单这一说的。孩子的洗礼，父母会告诉你他们需要什么，比如“我们需要一个婴儿床”，那么就送婴儿床。去朋友家做客会带饭后甜点或者一瓶香槟酒。

21. ¿Hay algunas normas de etiqueta en la mesa que le llaman la atención o le salen algo incómodo?

在中国有没有一些餐桌礼节引起您的注意或是让您觉得不舒服？

A： Las normas de etiqueta para mí siempre han sido incomodas y artificiales，sin embargo，me adapto fácilmente.

对于我来说，所有的餐桌礼节都是做作的、不舒服的。不过我适应得很快。

B：Sí. Me parece incómodo que no se pueda coger ciertas cosas con la mano，por ejemplo，el hueso de pescado. He visto que la gente no toma con la mano ni coge con el palito，sino escupe en el plato o la mesa. Por eso me parece incómodo y raro. Y otro que me parece incómodo es cuando fuman en la mesa，porque no fumo.

比如我见过中国人不用手或者筷子去拿鱼刺，而是直接吐在盘子里或餐桌上，这一点我觉得不舒服。另一点是在餐桌上吸烟也会引起我的不适，因为我不吸烟。

C：No，no incómodo pero algo curioso es cuando brindas，siempre tienes que ponerlo por debajo.

不舒服倒是没有，但有一些觉得奇怪，比如在敬酒碰杯的时候，人们总是把自己的杯子放低，尽量低于别人的杯子。

D：En China，la manera de comer es como compartir la comida con todo el mundo，y también los platos que se sirven al mismo tiempo. Pero en España，se trata de una comida sencilla separada y personal. Para los españoles，se nos hace mucho hincapié en no hacer ruido bajo ningún concepto.

在中国，人们喜欢共享菜品，而且同一时间上菜。但是在西班牙，人们吃得比较简单，并且实行分餐制。而且西班牙人吃饭的时候不会发出噪音。

H：Argentina：No，pero tenemos diferencia. Los chinos suelen tomar platos compartidos. Sin embargo，en Argentina solemos tomar platos individuales，y utilizamos cuchillos y tenedores.

没有，还是有区别。比如中国人会在同一个盘子里共享菜品。但在阿根廷实行分餐制，并且我们使用刀叉。

G：Cuba：En Cuba prestemos atención en algunos puntos. No está bien que uno hable cuando tiene comida en la boca. Uno tiene que masticar las comidas con la boca cerrada. Si uno toma algo caliente，no está bien absorberlo con demasiado ruido.

古巴：古巴人会注意一些餐桌礼节，比如：嘴里有东西的时候不讲话；咀嚼食物的时候尽量闭嘴；如果吃较热的东西，最好不要发出太大的噪音。

J：A mí me parece muy incómodo la costumbre de “si de bebe alcohol que tú no puedas decidir cuándo bebes y cuándo no". Esto de "ganbei" y todo el mundo tiene que beber y "ganbei" es beber todo.

En China se come más，de muchas cantidad. Sobra mucha comida.

我不喜欢中国餐桌上的敬酒文化。你不能决定自己什么时候可以喝酒，什么时候不喝。当有人说"干杯"的时候，所有人都要喝光。

另外，中国人总是点很多菜，吃不完会浪费很多食物。